中小微企业发展与
创新研究

赵 宇⊙著

吉林大学出版社
JILIN UNIVERSITY PRESS

图书在版编目（CIP）数据

中小微企业发展与创新研究 / 赵宇著 . -- 长春 : 吉林大学出版社 , 2017.2
ISBN 978-7-5677-8869-5

Ⅰ.①中… Ⅱ.①赵… Ⅲ.①中小企业－企业管理－研究－中国 Ⅳ.① F279.243

中国版本图书馆 CIP 数据核字 (2017) 第 033666 号

书　名：中小微企业发展与创新研究
　　　　ZHONG-XIAO WEI QIYE FAZHAN YU CHUANGXIN YANJIU
作　者：赵宇 著

责任编辑：陈颂琴 责任校对：杨平　　　　　　封面设计：寰宇工作室
吉林大学出版社出版、发行　　　　　　　　廊坊市兰新雅彩色印刷有限公司
开本：710× 1000 毫米 1/16　　　　　　　　2017 年 7 月 第 1 版
印张：14.5 字数：265 千字　　　　　　　　2022 年 8 月 第 3 次印刷
ISBN 978-7-5677-8869-5　　　　　　　　　　定价：48.00 元

社址：长春市明德路 501 号 邮编：130021

发行部电话：0431-89580028/29
网址：http://www.jlup.com.cn
E-mail:jlup@mail.jlu.edu.cn

前　言

中小微企业在中国经济发展中具有突出的地位和作用。为数众多的中小微企业在我国的加工制造业方面发挥着主力军的作用，他们创造的最终产品和服务价值已经占国内生产总值的近 60%，并提供了 75% 以上的城镇就业机会。改革开放以来，约 65% 的专利是中小微企业发明的，75% 以上的技术创新由中小微企业完成，80% 以上的新产品由中小微企业开发。中国中小微企业发展很快，已经成为推动经济增长的重要力量。

随着我国入世，改革开放向纵深发展，组织、发掘、培育和充分调动经济领域中最具活力、生机的那部分积极因素，激励科技创新，提高竞争能力已成为当前我国经济可持续发展中的重中之重，并且是当务之急。近年来，我们对发展中小微企业的认识在不断提升，目前"抓大放小"已成为我国深化企业改革的一个重要战略方针，国家和地方已相继成立中小微企业行政协调机构，各地都在研究制定中小微企业的发展战略和相关政策措施，建立和完善中小微企业的服务体系，以促进中小微企业的健康发展，增强我国社会主义市场经济的活力。

经济理论的研究总是紧密地关注社会经济发展的焦点问题，关注企业发展的需要。目前我国的中小微企业发展问题可以说是集难点、热点和亮点于一身，但由于我国中小微企业有着技术水平落后、产品质量差、市场竞争力不足、生产消耗高等诸多内在劣势，因此决定了其发展与创新之路不会一帆风顺，与此同时，我们也应看到我国中小微企业有着政企关系明确、优胜劣汰机制明显、劳动力成本低、现代管理科学方法容易落实到位等优势。如何立足于我国国情，发挥其自身优势，克服诸多不利因素，打造自身核心竞争力，走出一条有中国特色的中小微企业发展与创新之路，这正是本书的研究目的。

本书紧紧围绕创新是企业发展的动力和源泉的理论观点，结合中小微企业发展的特点，针对中小微企业为什么要创新，怎样进行创新，如何有效地创新促进自身发展，即中小微企业创新动力、创新战略、提高创新的能力和创新绩效等问题，展开深入系统地研究，旨在为中小微企业创新发展提供理论指导，为政府制定有关中小微企业创新发展的政策提供决策依据。全文分九个章节，其中第一个章节为理论论述章节，对中小微企业的概念进行界定，并对中小微企业创新、竞争、集群等相关理论概念进行介绍。第二章到第五章围绕中小微企业的创新研究展开，第二章从中小微企业的动力机制的构成和运用角度出发浅谈中小微企业的创新动力；第三章探讨中小微企业创新战略的分类、选择和应用；第四章重点论述中小微企业的创新能力建设，这是中小微企业创新研究的核心，本章从创新能力的构成、创新能力的评价体系构建及评价应用三个角度出发探讨中小微企业创新能力建设及评价；第五章就目前以区域经济为依托的中小微企业集群创新现状及优势进行了分析，并提出了基于知识的中小微企业集群创新机制，以晋江中小微企业为例进行了案例分析。第六章就目前我国中小微企业发展现状、贡献及存在的问题进行了分析，并提出解决问题的相关方案。第七章借鉴西方经济学领域对中小微企业创新发展的相关理论成果，以期为我国中小微企业发展研究提供参考。第八章展望未来，就新形势下中小微企业创新方向及模式进行了分析。最后一章以长春市中小微企业为例，通过调查分析长春市中小微企业的发展现状、创新发展过程中存在的问题，并就长春市中小微企业特点提出相应对策。

本书综合运用创新经济学、产业经济学、企业经济学等理论，以及系统方法、实证分析方法和比较方法等方法，研究了中小微企业创新动力、创新战略、创新能力和集聚创新及其对发展的作用和影响。

本书的创新之处在于构建了适合中国国情的由企业内部动力因素和外部动力因素综合作用构成的中小微企业创新动力模型。依据中小微企业的创新特点和创新战略选择构建中小微企业创新发展模式；构建基于创新过程的创新能力评价体系；提出集群创新是提高中小微企业创新绩效；形成中小微企业竞争优势的最佳途径的观点。

在编写本书的过程中，我们查阅和引用了网络、书籍以及期刊等相关资料，因涉及内容较多，在这里不一一注明引用出处。谨向本书所引用资料的作者表示诚挚的感谢。此外，本书在编写的过程中，得到了相关专家和同行的支持与帮助，在此一并致谢。由于水平有限，书中难免出现纰漏，恳请广大读者指正！

目　录

第一章 中小微企业创新发展理论基础

中小微企业在中国经济发展中具有突出的地位和作用。至 2006 年底，我国经工商行政管理部门注册的中小微企业已超过 360 万家，个体工商户 2800 万家，共占全国企业总数的 99.6%。为数众多的中小微企业在我国的加工制造业方面发挥着主力军的作用，他们创造的最终产品和服务价值已经占国内生产总值的近 60%，并提供了 75% 以上的城镇就业机会。改革开放以来，约 65% 的专利是中小微企业发明的，75% 以上的技术创新由中小微企业完成，80% 以上的新产品由中小微企业开发。中国中小微企业发展很快，已经成为推动经济增长的重要力量。

然而，2007 年世界金融危机给中小微企业发展带来了沉重打击。目前，中国实体经济中，受国际金融危机伤害最大的是民营经济和中小微企业。国家发改委中小微企业司统计数据表明，全国 2009 年上半年有 6.7 万家以上中小微企业倒闭，其中作为劳动密集型产业代表的纺织行业，倒闭超过 1 万家。中国过去依靠出口保持经济高速增长的模式，已经不适应当前的形势，而应当重视扩大内需，并且通过产品创新寻求解决困境的办法。金融危机爆发后，失业率上升，职工们普遍没有工作，而且每月失业人数以百万左右朝前推进。农民工更是首当其冲，他们生活没有保障。如何让他们有饭吃，有衣穿，已经成为党政机关着重思索的问题。中小微企业的出路何在，中小微企业怎样才能发展，怎样才能持续发展？这已成为各级政府、企业界和学术界共同关注的重大问题。

第一节 中小微企业理论

一、中小微企业概念界定

在中小微企业概念上，我国对中小微企业主要是从企业规模角度来理解的，即"中小微"的主要含义是指企业规模。

1949 年新中国成立以后，我国对中小微企业界定采取了单一的定量标准。1962 年我国按照企业从业人员数量将企业界定为三种规模：企业从业人员数量在 500 人以下的为小企业，在 500~3000 人之间的为中型企业，在 3000 人以上的为大企业。1978 年，把企业的界定标准修改为"年综合生产能力"。1984 年，按照企业的固定资产原始价值和生产经营能力创立了专门的界定标准以划分非工业的规模，主要涉及零售业、物资回收等行业的国营中小微企业。1988 年，对 1978 年的界定标准进行了修改和补充，根据不同行业的不同特点将企业规模划分为特大型企业、大型企业（包括大一、大二两个种类）、中型企业（包括中一、中二两个种类）和小型企业四大类共六个种类，而将中小微企业的范围界定为中二类和小企业。1992 年，对 1988 年的界定标准在内容上进行了补充，增加了对轻工业、电子工业、公共市政工业、医药工业和轿车制造业等行业企业的界定标准。1999 年，我国对原来的界定标准进行了较大规模地修改，把企业资产总额和企业销售收入作为主要界定标准，将所有行业的各种组织形式的工业企业划分为特大型、大型、中型和小型四类。2003 年 2 月 19 日发布了关于印发中小微企业标准暂行规定的通知（国经贸中小微企 [2003]143 号），对主要行业的中小微企业的标准做出了明确的界定（如表 1-1 所示）。

表 1-1　统计上大中小微型企业划分标准（2003）

行业名称	指标名称	小型
工业企业	从业人员数（人）	300 以下
	销售额（万元）	3000 以下
	资产总额（万元）	4000 以下
建筑业企业	从业人员数（人）	600 以下
	销售额（万元）	3000 以下
	资产总额（万元）	4000 以下
批发业企业	从业人员数（人）	100 以下
	销售额（万元）	3000 以下
零售业企业	从业人员数（人）	100 以下
	销售额（万元）	1000 以下
交通运输业企业	从业人员数（人）	500 以下
	销售额（万元）	3000 以下
邮政业企业	从业人员数（人）	400 以下
	销售额（万元）	3000 以下
住宿和餐饮业企业	从业人员数（人）	400 以下
	销售额（万元）	300 以下

二、中小微企业特点

中小微企业起步于 20 世纪八九十年代，在竞争日益激烈的赛程中，不少企业消失了，又有不少企业诞生了。我国中小微企业是在中国工业化初始阶段和经济转轨的过程中崛起的，因而带有这个特定条件下的明显特征。中小微企业的特点主要表现为以下几点。

1. 非国有企业为主体，投资主体和所有制结构多元

近年来，中小微企业主要以私营企业的形式大量涌现。2006 年，私营企业数量达到 498 万户，比 2005 年增长 24%，主要以非国有企业为主体。目前，我国中小微企业发展主要是通过民营经济实现的，近几年以产权制度改革为核心的企业改革不断深化，一批国有中小微企业转制为民营企业，中小微企业形成了多种所有制结构、多种经营方式、投资主体多元化的格局，灵活多变、市场适应力强。中小微企业产权和投资主体多元化格局基本形成。

2. 数量众多，分布不平衡

中小微企业已经成为我国经济发展，扩大就业、改善人民生活水平和优化经济结构的重要力量，截至 2007 年我国中小微企业数量已经达到 4200 万家，占全国企业总数的 99% 以上，创造了 58.5% 以上的 GDP，吸收了 75% 左右的劳动就业人口，缴纳的税金全国总数的 50% 左右。

中小微企业在各个地区的分布不平衡。在数量、从业人员、营业收入和资产规模上，东部地区的中小微企业要明显多于中西部和东北地区。从中小微企业数量看，东部地区占全部中小微企业总数的 62.33% 左右，中部地区占 16%，西部地区占 13.87%。在就业方面，东部地区中小微企业吸收从业人员最多，达 7439.23 万人，占全国中小微企业从业人数的 58.23%。其次是中部地区和西部地区，分别为 19.24% 和 15.47%；东北地区仅占所有中小微企业从业人数的 7.06%。

3. 劳动密集型行业占主体

目前我国中小微企业的经营范围十分广泛，几乎涉及了所有的竞争性行业和领域，除了航天、金融、保险等技术、资金密集度较高和国家专控的特殊行业外，广泛地分布在第二和第三产业的各个行业，特别是劳动密集型行业和传统行业，如一般加工制造业、采掘业、建筑业、运输业、批发零售贸易业、餐饮业和社会服务业等。从调查中可以知道，中小微企业主要集中在以下几个行业：以农副产品深加工为主的食品制造业，以农产品为原料的纺织业，以化肥、农药和日用化工品为主的化学原料及化学制品制造业，以水泥和砖瓦为主的非金属矿物制品业，以小五金为主的机械制造业，以及劳动力比较密集的土木工程建筑业、日用品批发业、零售业和酒店服务业等。由此可见，中小微企业在劳动密集型行业中占主体。

4. 特色经济初具雏形

中小微企业特色经济初具雏形，涌现出一批科技型中小微企业、新型工业园区和健康的农副产品加工"龙头"企业。不少中小微企业坚持技术创新，向"专、精、特"方向发展。湖北省就出现了如武汉田田集团、双利电线、华联化工，咸宁的田野集团、玉立砂等一批有特色、有一定知名度的企业。据不完全统计，2006 年已经有 5000 多家中小微企业被评定为省级科技型企业。而到 2007 年末，湖北建成和在建的县级以上工业园区 188 个，入园企业 1.49 万个，从业人员 33 万多人。这些工业园区多因地制宜，形成自己的特色产业，如武汉的民营科技工业园、仙桃的丝宝工业园、随州的三里岗食用菌生产基地、黄冈新春的塑料工业园、恩施的农副产品加工园等的兴起。

5. 中小微企业是成长最快的科技创新力量

产品的小型化、分散化生产为中小微企业的发展提供了有利条件。特别是在新技术革命条件下，许多中小微企业的创始人往往是大企业和研究所的科技人员或者大学教授，他们常常集管理者、所有者和发明者于一身，对新的技术发明创造可以立即付诸实践。正因为如此，20 世纪 70 年代以来，新技术型的中小微企业像雨后春笋般出现，它们在微型电脑、信息系统、半导体部件、电子印刷和新材料等方面取得了极大的成功，有许多中小微企业仅在短短几年或十几年里，迅速成长为大公司，中小微企业已成为成长最快的科技创新力量。

三、中小微企业在创新发展中的优劣势分析

中小微企业与大中型企业相比较有其自身的优势和不足，这主要可以从营销、管理、内部交流渠道、技术力量、外部联系、融资、规模经济、扩展、知识产权和政府管理等方面得以体现。

中小微企业组织结构简单，能使内部成员直接沟通，从而减少内部信息损失，增强凝聚力；中小微企业能及时适应市场及用户需求的变化，受固有的组织文化束缚较少，容易接受创新；能够有效从外部合作中获得技术信息，促进科技成果的市场化；善于捕捉国际国内市场的信息，对市场需求的变化迅速做出反应。特别是中小微企业在因特网时代，凭借风险投资资本的注入，中小微企业在高科技领域具有比以往更多的优势。中小微企业机动灵活，能将技术创新与市场需求有效地结合起来。由于中小微企业规模比较小，能够与客户保持密切地接触，便于捕捉市场需求并及时开发市场上急需的技术和

产品；能够根据市场的变化及时调整经营方向，抓住开发的有利时机；便于经营者与一般从业人员之间、技术人员与非技术人员之间保持密切而频繁地接触与交流，从而能够迅速解决企业在创新进程中遇到的问题。小企业与大企业在创新中的优势和劣势的比较（见表1–2）。

表1–2 小企业与大企业在创新中的优势和劣势比较

项目	小企业	大企业
营销	对市场需求的变化能迅速做出反应，但开拓国际市场的代价较高。	具有健全的经销和服务体系，对现有产品有较强的市场开发能力。
管理	清规戒律少，有活力，业主/经理敢冒风险，能抓住机遇，当机立断	职业经理有控制内部复杂机构的能力，也善于制订公司战略，但官僚机构办事效率低，决策时往往受怕担风险的财务人员的牵制。经理大多是行政管理人员，对可能带来长远发展前景的机遇缺乏敏感性。
内部交流	具有非正规的、有效的内部交流网络，解决问题快。	内部交流的手续烦琐，渠道不畅通，导致对来自外部威胁或机遇反应迟钝。
技术力量	往往缺乏称职的技术人员和设施，难以在相应规模上将技术力量组织起来支持研究开发。	有能力引进关键的科技专家，有力量建立和支持大型研究开发实验室。
外部联系	缺乏时间和资金用来物色和引进关键的科技力量和信息。	有能力物色外部科技人员并提供必要的信息和设施。可以将研究开发任务包给有专业特长、成本较低的外部单位。有实力购买关键信息和知识产权。
融资	筹措资金，尤其是风险资金的难度大。创新往往是一项不自量力的财务风险。也没有能力同时投入若干项项目，以分散风险。	有能力同时投入若干项目以分散风险，有较大能力进行新产品和新工艺的多样化开发，以及多渠道开拓新的市场。
规模经济	在某些领域规模经济对小企业带来负面影响。无力建设完整的生产线，进行生产的纵向一体化。	有能力在研究开发、生产和营销中取得规划经济效益。有能力开发生产一系一相互配套的产品。有能力对大型项目投标。
扩展	难以为扩大生产筹措资金。经理难以控制因扩大规模而越来越复杂的机构。	有能力为扩大生产筹措资金。有能力为多种经营、组织联合企业或兼并其他企业投入资金。
知识产权	在处理知识产权时会遇到难题，也无时间和精力投入法律诉讼。	有能力聘请知识产权专家。能对侵公者提出法律诉讼。
政府管理	往往不能适应复杂的规章制度，企业难以承担照章办事带来的开支。	有财力为烦琐的规章制度提供法律服务。为应付政府管理而引起的高昂支出，可以在规模经营中分摊。

四、中小微企业的发展地位与作用

中小微企业是国民经济的重要组成部分。我国中小微企业数量众多，分布于各行各业中，所提供的产品和服务与人民生活息息相关。中小微企业的发展为增加财富，满足人民群众日益增长的物质文化需求，不仅有直接的贡献还有间接的贡献，不仅有有形的贡献还有无形的贡献。

1. 中小微企业对经济发展的贡献

在我国，改革开放以来，中小微企业得到了迅速发展，其在国民经济中的地位日益提高。在我国经济发展过程中，中小微企业创造了大部分工业产值。2006年底，中小微企业完成的工业总产值占全部工业总产值的66%，大型企业占34%，可谓"三分天下有其二"，经济效益保持较快增长。近年来，中小微企业进出口贸易迅速发展，一批有实力的企业已经走出国门。根据2004年经济普查数据，在出口交货值方面，大中小微工业企业几乎三分天下，41529.3亿元的出口交货值中，大中小微型企业分别占31.93%、37.08%、30.99%。其中，中小微企业出口交货值共占比达到68.07%。

2. 中小微企业对社会发展的贡献

中小微企业在社会发展方面主要体现为社会发展的稳定器和可持续发展的助推器。中小微企业已成为扩大就业的主渠道，中小微企业是创造就业的主要力量。2004年全国经济普查数据显示小型企业以25.87%的资产占有量创造了43.91%的就业岗位，中型企业以34.87%的资产占有量提供了33.36%的就业岗位，而大型企业以39.26%的资产占有量吸纳了22.73%的就业人口。很明显，中小微企业已成为我国新增就业的主体。

中小微企业对于农村剩余劳动力的吸引功效更为突出。改革开放以来，我国从农业部门转移出来的2.3亿劳动力，绝大多数在中小微企业就业。工业新增加的8000万从业人员中，75%在中小微企业实现了就业。中小微企业稳定发展，就可以稳定一支庞大的产业队伍，这将对整个社会的政治、经济、文化和民族关系等产生很好的影响和作用，是国家长治久安的根本保证，对缓解我国经济增长方式的转变与扩大就业的矛盾具有重要意义。

中小微企业是社会财富均衡分配的平衡器。我国的实践经验表明，由于小企业的发展，极大地改变了计划经济体制的分配格局，在小企业发展较好的浙江、广东等省，其城乡差别显著缩小，而小企业不发达的西部地区、东北地区，城乡差别却进一步扩大。经验表明，小企业在财富的分配过程中已发挥了平衡器的稀释功能。

3. 中小微企业对技术创新的贡献

据统计，我国中小微企业提供了全国约66%的专利发明、74%以上的技术创新、82%以上的新产品开发。中小微企业技术创新优势主要表现为，中小微企业机制灵活，对高新技术的吸收与运用比较主动、快捷，能更快地把高科技成果转化为现实生产力。

科技部火炬中心统计资料显示，高新区的中小微企业是技术创新最活跃的企业群体。2006年高新区企业共申请专利37872件，发明专利申请20707件。在国家高新区中，中小微企业已成为经济增长和高新技术产业化的重要力量。2005年，我国高新区内共有高新技术企业4.5万家，高新区全年营业总收入超过3万亿元。在全国53个高新技术开发区中，中小微型民营企业占到80%以上。

中小微企业是我国市场经济最具活力的部分。在信息技术、工业设计、生物技术等高新技术产业和现代物流、社区服务等新兴服务业的发展中，中小微企业发挥了积极的作用，对提升产业技术水平，加快传统技术进步发挥了重要作用。

4. 促进经济结构高速和优化，带动新兴产业的发展

经过多年的发展，不少中小微企业已经从早期的加工、建筑、运输、商贸等领域，向基础设施、机电制造、新兴服务、高新技术等领域拓展，实现了产业结构的升级。部分中小微企业在"专、精、新"方面迈出了步伐，以中小微企业集聚为特征的产业集群发展迅速。中小微企业在其自身发展过程中，更加关注市场和顾客的需求，同时积极寻求技术和管理方面的创新，表现出更强的创新动力和创新效率，带动了新兴产业的发展。

第二节 中小微企业的创新理论

一、中小微企业与创新的关系

1. 创新是经济增长的动力和源泉

熊彼特（Joseph Schumpeter）自1912年在他的《经济发展理论》中提出创新概念以来，迄今已有百余年的历史了。熊彼特认为，创新就是通过引进新产品、引用新技术、开辟新市场、控制原材料的供应来源以及实现工业的新组织等五种形式建立一种新的生产函数，就是把一种从来没有过的关于生产要素和生产条件的新组合引入生产体系。它通过生产要素有机组合变化，改变各种生产要素尤其是劳动和资本的相对边际生产率，从而改变其收益率之间的平衡。当这种创新达到相当的规模时，便会突破经济资源的瓶颈约束、替代传统的投资驱动力成为增长的主要驱动力，从而促进经济持续快速增长。

2. 创新的主体是企业家

熊彼特非常强调和重视"企业家"在资本主义经济发展过程中的独特作用，把"企业家"看作是资本主义的"灵魂"，是"创新"、生产要素"新组合"以及"经济发展"的主要组织者和推动者。熊彼特认为，创新是企业家的唯一职能，企业家是资本主义的"灵魂"，如没有创新，资本主义经济就不可能产生，更谈不上它的发展。熊彼特意义上的企业家不是发明家，而是决定如何配置资源以便发明利用；企业家也不是风险承担者，承担风险的是向企业家提供贷款的资本家的职能。他认为，企业家的创新活动是经济体系从一种均衡走向另一种均衡的根源，并且经济周期也与创新活动的特点有重大关系，企业成长是一个创造性毁灭的过程。

马歇尔在其著名的《经济学原理》中还系统地论述了企业家的作用。他认为，一般商品交换过程中，由于买卖双方都不能准确地预测市场的供求情况，因而造成市场发展的不均衡性。而企业家则是消除这种不均衡性、透过迷雾解决种种难题的特殊力量，因此企业家是企业"车轮"的轴心，是企业成长的关键和根本动力，无论是实现内部经济、还是突破销售障碍都需要有赖于"能干、辛勤、富于进取心的、创造性和组织能力的企业家。

3. 企业家精神的核心是创新

德鲁克承继并发扬了熊彼特的观点。他在《创新与企业家精神》一书中，第一次将创新上升到企业精神层面。他提出企业家精神中最主要的是创新，进而把企业家的领导能力与管理等同起来，他所说的企业家就是创新家，所谓的企业家精神也就是创新精神。在德鲁克眼中，"企业家"（或"企业家精神"）的本质就是有目的、有组织的系统创新。他认为企业家精神既非科学又非艺术，而是一种实践，创新是否成功不在于它是否新颖、巧妙或具有科学内涵，而在于它是否能赢得市场。创新是企业家特有的工具，他们将变化看作是开创另一个企业或服务的机遇。从某种意义上讲，德鲁克认为企业核心竞争力是企业家精神的一个反映或扩展，它体现的正是企业的创造与冒险，体现的正是企业的合作与进取。企业家在企业中的独特地位，决定了企业的核心价值观必然受其重要影响，决定了企业的组织创新、管理创新、价值创新等冒险活动只能由企业家自身承担。它同时也决定了企业的经营发展的兴衰成败，从而也就决定了企业核心竞争力能否形成。因此可以说，企业家在其精神的鼓励下对企业核心竞争力起着关键性保障作用，企业家精神通过企业家自身保障了企业核心竞争力的培育与提升。

二、中小微企业创新的内容分析

1. 技术创新——企业 21 世纪的通行证

企业创新理论最重要的是技术创新，1998 年江泽民在与科学家座谈的时候说：世纪之交，世界经济发展的一个明显趋势，就是科学技术发展日新月异，科技在经济发展中的作用越来越大。这一趋势的主要特点是：一是以信息技术为主要标志的高技术革命来势迅猛；二是经济与科技的结合日益紧密；三是科技革命创造了新的经济技术体系，产生了新的技术管理和组织形式；四是各国更加重视科技人才，同时他还强调，把科技创新放在更加重要的战略位置，使经济建设真正转到依靠技术进步的轨道上来。

技术创新是国际社会通用的一种经济概念，其基本含义是指某项新产品从设想、研究、开发、工程化、商业化以及销售一系列技术创新活动的总和，有三大突出特征：首先，它是一个过程，系统；其次，它追求市场满足和商业利润；最后，它的主体是企业。应明确企业是创新的主体，由于我国正处于经济体制转轨阶段，出现了技术创新主体模糊不清的现象，必须尽快扭转这一局面，使企业成为技术创新的主体。

技术创新作为技术革新活动包括三个基本方面：一是产品创新，即在技术变化基础上的产品商业化；二是工艺创新，指商品生产技术上的重大变异；三是技术的扩散，指技术通过市场或非市场渠道的传播。从技术创新包括的内容看，技术创新在企业的生产经营、组织管理以及科研的每个环节中都存在，无论一般劳动者，还是生产经营者，都有机会有义务进行技术创新，推动企业发展和经济增长。

2. 管理创新——企业振兴必由之路

企业管理是企业搞好搞活的最基础性工作，管理创新是中国企业优化软环境的关键。有人认为，管理创新就是真正按现代企业制度的要求，放弃旧的传统的管理模式及其相应的管理方式和方法，创建新的管理模式及其相应的管理方式和方法，用经济学的语言来说，管理创新就是指创造一种更新、更有效的资源整合范式，这种范式既可以是新的有效整合资源的方式，从而达到企业目标和责任的全过程式管理，也可以是新的具体目标制定等方面的细节管理。从这个意义上说，管理创新至少可以包括以下五种情况：提出一种新的经营思路并加以有效实施；创设一个新的组织机构并使之有效运转；提出一种新的管理方式方法；设计一种新的管理模式；进行一项管理制度的改革。

在我国，企业问题绝不是单靠在改革企业制度和体制后就能全面解决的，为此，也要从各方面进行适应现代市场经济要求的管理创新。在管理创新中，管理集成化即集成管理当算作最佳的管理模式，即把集成思想有效运用于企业管理，主要内容是：整体软化，即按系统化的要求，对各生产要素进行合理搭配，发挥整体效应；连锁互动，即利用事物之间作用和反作用的力量，相互作用，并发生连锁反应，相互推动，从而形成综合而又巨大的能量，以推进企业发展。

我国企业创新的外部环境比较恶劣，在新旧体制过渡中，传统的、经验性的管理方式作为一种习惯势力还难以摆脱，因此，中国企业要建立中国特色的现代企业管理模式还有很长的路要走，管理创新是一个系统，包括经营理念、国有资产管理方式、资本营运与金融方面管理的创新，在这个创新系统的建立中，还要意识到尽管管理创新是一个动态的过程，但是管理本身也需要企业保持一定的稳定性，管理上不去，再好的企业制度和体制也无济于事。

3. 制度创新——企业创新的核心内容

制度创新是创新的核心，对中国企业来说，进行制度创新和再创新十分关键。对企业来讲，随着市场竞争的加剧，能否成功地进行制度创新已成为企业成败的关键。在制度上创造一种创新的土壤，使技术创新、产品创新等得以有效运行，是企业的重要任务。

对我国大多数企业来说，制度创新显得尤其迫切和关键，因为几十年来与计划体制相适应的企业制度已经成为严重制约企业技术创新、产品创新的桎梏。产权制度改革的不到位，经济制度的落后，管理制度的乏力，企业没有真正进入市场，故而缺乏市场压力和与市场竞争的动力，正是由于中国缺乏完善的企业创新制度保障，所以许多企业具有优良的资源条件，却不能够脱颖而出。

制度创新是一个动态概念，需要企业在改革中创新，在创新中再改革，不断调整企业的组织结构、权责关系、运行规则、管理规章等制度要素，使企业制度满足企业内部一系列创新的要求，迎接知识经济时代外部环境多变性的挑战。

制度创新与企业发展有密切关系，企业发展需要充分合理地配置企业内部资源，充分调动企业各方面积极性，发挥其创造性，而要做到这一点，需要通过科学的制度安排。

我们知道企业制度主要包括产权制度、经营制度和管理制度三个层次。企业制度创新就是实现企业制度的变革，通过调整和优化企业所有者、经营者和生产者之间的关系，使各个方面的权利和利益得到充分体现，使企业内部各种要素合理配置，发挥最大限度的效能，企业制度创新是企业整体创新的基础。

4. 竞争力创新——当今企业的新世纪重任

市场经济是竞争经济，企业的核心能力是企业竞争力的源泉，但是目前对于中国企业来说，核心能力还是一个似是而非的概念，大多数企业理解的都是狭义上的核心能力。事实上核心能力是一组技能和技术的集合体，而非单个分散的技能或技术，它具有以下几个特点：有助于实现用户所看重的核心价值；与竞争对手相比，具有独特性；具有延展性，企业能从某种核心能力衍生出一系列产品与服务；不是资产，不会出现在资产负债表上，因此，核心能力不仅是企业目前成功的要素，更是未来维持竞争优势的保证；具有相互关联性，很难被竞争者模仿；是通过学习积累得到的，不能通过市场买卖获得。

核心能力是企业成功的法宝，尤其是 20 世纪 90 年代后，企业竞争的成功不再被看作是短暂产品开发或战略经营的结果，而被看作是企业深层次物质——一种以企业能力形式存在的，促使企业大批量生产新产品的结果，企业竞争变成核心能力的竞争，实质上是加强核心能力。在企业取得和维持竞争优势这一过程中，企业内部能力的培养和各种能力的综合运用是最关键的因素，而经营战略不过是企业发挥智力资本的潜能并充分应用到新的开发领域的活动与行为。

企业能力可以区分为"核心"型能力和"支持"型能力，核心知识或技术能力本质上是战略性的，它们本身就会带来竞争优势，支持型能力是成功所必需的，但并非控制企业能力的内在关键因素。支持型能力对核心能力的绝对领导地位起支持作用，应该指出，企业能力观是对企业本质认识的进一步深入，它从企业内源解释了现代企业竞争之源，并具有重要的实践指导意义。围绕核心能力组织起来的企业，一切生产经营活动都建立在能力基础之上，这样的企业实现了自组织，有了核心能力这一重点，组织内部各个层次的人员都能清楚地理解商业决策的依据，并就其进行交流。

核心能力是企业在市场竞争中胜过对手的能力，它是在市场预测、研究开发、生产加工、市场营销、经营决策等一系列过程中形成的，有着自己独特优势的关键技术、关键程序、关键机制决定的巨大的资本能量和经营实力。它的本质内涵是"消费者剩余"——企业让消费者得到真正好于竞争对手的不可取代性品质和价值的能力。也就是说，同样质量的产品和服务，谁能给消费者提供更多的消费剩余——无论是价廉还是物美，谁就拥有更大的核心能力。

第三节 企业成长与竞争理论

一、企业成长的决定因素

1. 企业规模决定成长

最早在著述中涉及企业成长思想的当属古典政治经济学的开创者亚当·斯密。古典经济学主要是从劳动生产率的提高来解释企业存在与扩张的，认为分工的规模经济利益是企业成长的主要诱因——企业中生产作业的分工和专业化提高了劳动生产效率，同时也促进了企业生产规模的扩大，而这又进一步深化了企业的分工协作，如此循环往复，最后通过企业规模经济的获得实现了企业的成长。

在古典经济中，对企业成长问题研究最全面的当属马歇尔。他的企业成长理论是由企业规模经济论（内部经济和外部经济）、企业的市场结构论和企业家理论等三部分构成。在企业成长这个问题上，马歇尔认为企业要想成长为大规模的经济，需要内部经济和外部经济同时具备，这才是企业成长的源泉。他的企业市场结构论认为企业完全有可能达到非常大的规模，甚至可以持续成长以至形成行业垄断。但由于企业规模的扩大会导致灵活性的下降，从而竞争力下降，成长的负面效应最终会超过正面效应，使企业失去成长势头，更重要的是随着企业的成长，企业家的精力和寿命均会对企业成长形成制约，而且新企业和年轻企业家的进入竞争，会对原有企业的垄断地位形成挑战，从而制约了行业垄断结构的维持，企业的垄断最多是"有限的垄断"，企业的成长道路是艰难曲折且难以持续的，企业的成长不会造成持久的垄断市场结构（马歇尔，1965）。

在1937年的《企业的性质》一文中，科斯将企业的规模看成是交易成本与组织成本共同运动的结果，指出企业的边界是由在企业内完成交易的费用与在市场上完成交易的费用相比较而确定的。他认为企业成长通常既表现为经营规模的扩大，也表现为企业功能的扩展，即企业把一些以前通过市场进行的交易活动纳入企业内部进行，这意味着企业边界的扩大，因此从新制度经济学来看，企业成长就是企业边界扩大的过程。

奥利费·威廉姆森教授作为交易费用经济学的创始人和代表性学者，一直注重对企业存在和企业与市场的边界的研究，揭示了企业边界的决定因素：交易频率、资产专用性以及企业所处的契约环境。在威廉姆森看来，不论是交易费用、管理费用，还是规模经济与范围经济，都是资产专用性的函数；因此企业的最优规模一定可以用资产专用性表示出来。他认为，企业边界的扩张与收缩均服务于最大限度节约成本的目的。

美国芝加哥学派的经济学家乔治·斯蒂格勒（Geoge. J.Stigler）在研究规模经济理论时，提出了生存技术理论。他运用成本—产量曲线，解释了中小微企业具有需求灵活性特点，从而解释了其存在的原因。他认为，如果平均成本曲线为 U 型曲线，U 型曲线底部越平缓，即边际成本上升速度越慢，企业的灵活性越大；反之，U 型曲线底部越陡峭，边际成本上升速度就越快，企业的灵活性就越小。

2. 企业资源决定成长

资源论是企业成长理论的重要理论观点。资源观是对企业内部的资产、技能、能力和知识的研究，重点强调企业内部资源的获取与开发而不是从外部获取。企业的资源观认为，企业的竞争优势根植于企业内部的资源以及资源的异质性。不同企业的内部资源并不同质，因此，企业可以凭借其异质性资源提供有别于竞争对手的独特产品或服务。

彭罗斯把管理功能作为企业成长的解释性变量，把知识的增加定义为基于内部资源的企业成长的主要动力，为当代动态战略管理学奠定了理论基础。彭罗斯把企业定义为"被一个行政管理框架协调并限定边界的资源集合"。她认为企业拥有的资源状况是决定企业能力的基础，由资源所产生的生产性服务发挥作用的过程推动知识的增长，而知识的增长又会导致管理力量的增长，从而推动企业演化成长。她认为，组织学习和知识积累能提高企业的资源积累率，而资源及其服务的积累又为组织学习创造了条件。彭罗斯特别强调团队作业的经验积累，认为它是企业的组织资本，起到推动企业内部合作和协调的作用。基于此，她提出管理团队是企业最有价值的资源之一，这些资源决定了企业的管理能力。彭罗斯同时强调了创新能力对企业成长的重要性，她认为产品创新和组织创新均是企业成长的推动因素，企业成长的重要一环是发现潜在的成长机会，二者均取决于创新能力。

彭罗斯是把增长过程定义为对不断产生出来的未利用资源的利用，而对未利用资源的发现则主要是知识的增加所推动的。从这种观点出发，只有不断创新才能有效使用资源，而停滞则导致低效率，不管已经达到的经济规模有多大。彭罗斯认为企业的规模很难存在着限制并不是说较大的企业会比较小的企业更有效率。彭罗斯认为"增长经济效益存在于所有规模的企业，所以从企业的观点和整体经济的观点两方面来看，任何规模企业的增长都可以是对资源有效率的使用。"

她认为企业拥有的资源状况是决定企业能力的基础。她认为企业是"建立在管理型框架内的各类资源的"，"获取和组织人力与非人力资源以赢利性地向市场提供产品或服务"的集合体，"企业的成长则主要取决于能否更为有效地利用现有资源"（Penrose，1997）。她认为企业拥有的资源状况是决定企业能力的基础，由资源所产生的生产性服务发挥作用的过程推动知识的增长，而知识的增长又会导致管理力量的增长，从而推动企业演化成长。

彭罗斯特别强调团队作业的经验积累，认为它是企业内部合作和协调的基础，可看作是企业的组织资本。正因为如此，随时间推移而形成的管理团队是企业最有价值的资源之一，这些资源决定了企业的管理能力。彭罗斯还把企业内部的未利用资源作为企业创新能力的重要来源，她认为企业内部资源的利用存在着永不平衡性，因此总是存在未利用资源，从而创新也就是企业的内生过程。管理资源不可能通过市场交易而获得，它是管理团队的专业化经验和能力。

企业能力特别是管理能力状况与企业多元化成长的可能性高度正相关。企业能力决定了企业成长的速度、方式和界限。企业能力的关键是管理能力，它是限制企业成长率的基本因素。彭罗斯否认新古典经济理论认定的对企业规模的三个限制因素），即管理能力、产品或要素市场以及不确定性和风险。她认为真正限制企业扩张的因素来自企业内部。但是，由管理力量所决定的企业扩张的限度不是固定不变的，是一个可以随着管理力量的扩展而不断退却的限度。这就是说，既然企业的增长主要受制于管理力量，那么管理力量的增长也必然会推动企业的增长。

二、企业成长理论

英国的彭罗斯教授所著的《企业成长论》以个体企业为分析对象，论述了企业成长的若干规律，奠定了现代企业成长的理论基础。其主要贡献在于修正了传统经济学研究企业成长的视角和方法，在企业成长经济学中融入了管理学理论。她认为，企业内部积累着许多资源，尤其是决策能力资源，企业是一种有意识地利用各种资源获利的组织过程，企业的生产活动受制于企业家可以发现和利用的"生产性机会"，所以成长理论的实质是对变化中的企业生产性机会的考察。她认为，限制企业成长的因素主要来自企业内部，企业现存管理人员的力量必然在任何给定的期限内限制企业的扩张。也就是说，既然企业的成长主要受制于管理力量，那么管理力量的增长也必然会推动企业的成长。长期内，一个企业的盈利能力、生存和成长并不取决于能组织生产大范围、多样化的产品，而取决于有能力建立一个或更多的宽阔而相对坚不可摧的基地，从这些基地出发，企业能够在一个不确定的、不断变化的和竞争性的世界里调整并扩展它的业务。重要的并不是生产规模，也不是企业的大小，相反，而是企业能为自己建立的基本阵地的性质。对企业至关重要的并不是企业必不可少的生产性资源本身，而是对它们的利用，亦即生产性服务。"服务"而非"资源"才是每个企业独特性的根源，生产性服务又可分为"企业家服务"和"管理服务"两个相对照的部分。前者用来发现和利用生产机会，后者用来完善和实施扩张计划，只不过在某种意义上，企业家服务对成长的动机和方向影响深远，企业家管理是企业持续成长的必要条件。

德鲁克指出，一个企业必须拥有与其市场、经济和技术水平相符的合适规模，而合适的规模才能利用生产资源获得最优化的产出。规模的最大问题是成长的问题，是从一种规模转变为另一种规模的问题。成长的问题多半是缺乏一种明确的手段来确定企业已处于什么阶段，及管理态度的问题。企业对成长机会的把握取决于内部的成长准备，企业应该有一个切实合理的目标和一套相应的成长战略，而成长战略要求进一步集中。他认为一家企业所能成长的程度完全由其员工所能成长的程度决定，而成长的控制性因素是企业最高管理层人员改变管理的结构和改变高层管理人员的态度和行为的自愿性和能力，因此最高管理层必须从思想到行动作好不断改变的准备。尤其重要的是不断保持和加强企业的创业精神和创新精神，实行有效的创新管理是在急剧变革的年代中求生存发展的先决条件。

三、企业竞争力理论

从古典经济学的劳动分工理论到当代的核心竞争力理论，竞争力理论一直是经济学家和管理学家研究的热点问题。竞争的基础是竞争力，缺乏竞争力的竞争是失败的竞争。中小微企业如何应对入世的挑战，在竞争日益国际化的环境下如何继续生存和发展，竞争力建设是迫切需要解决的问题。

美国著名战略管理学家波特教授从产业的角度对企业竞争优势进行定位研究，他认为，一个企业的竞争战略目标在于使企业在产业内处于最佳的位置，保卫自己抗争五种竞争作用力，即同业竞争者、替代业者、潜在进入者、购买者和供应者，如何应对这五种竞争力是企业构筑竞争战略的关键。波特提出了三种战略以获得竞争优势：一是成本领先战略，即降低成本可以获得高于产业平均水平的收益，最后，低成本又使企业在同替代品竞争时所处的地位比产业中竞争对手的地位更为有利；二是差异化战略，指企业提供的产品或服务有别于其他企业，从而形成在全行业范围内具有独特性的产品，从而可以利用顾客对品牌的忠诚而降低其对价格的敏感性，在面对替代品威胁时，处于更加有利的地位；三是目标集中战略，它是主攻某个特定的顾客群、某产品系列的一个细分区段或某一个地区市场，这一战略的前提是企业能够以高效率，更好的效果为某一狭窄的战略对象服务，从而超过在更广阔范围内的竞争对手，这一战略对于实力不强的中小微企业有着特别重要的意义。

1990 年，美国著名学者普拉哈拉德和英国战略管理学教授哈默，从企业动态发展的战略高度提出比较完整的企业核心能力概念，从而在全世界范围内掀起了该理论实际应用研究的高潮。与传统理论相比，核心竞争力理论关注的不是企业现有的、显性的、外在于企业静态的物质资源，而是基于市场的、隐性的、无形的、动态的能力资源。企业的核心能力是能使企业为顾客带来特别利益的一类独有技能和技术，具体说是指能给企业带来市场竞争优势的诸多要素系统的有机融合。

第四节　企业集群发展理论

一、企业集群的定义和特征

1. 企业集群的定义

企业集群这一组织形式早在 18 世纪中后期就随着社会分工和专业化的发展而初显端倪。此后，企业集群化的趋势开始缓慢发展。19 世纪末，英国经济学家马歇尔曾在设菲尔德和兰开夏郡对当时这两个地区较为明显的集群化现象作过研究。20 世纪 70 年代以来，国外开始逐渐重视对企业集群的研究，相关文献陆续出现。目前，集群化现象在西方国家较为普遍，其中尤其以意大利最为典型。

企业集群的定义由于研究背景及目的不同，学者们有着不同的定义：（1）亚当·斯密从分工的角度认为企业集群是由一群具有分工性质的中小微企业以完成某种产品的生产联合为目的而结成的群体。（2）韦伯在企业集群的定义中引入集聚因素，强调集群是企业的一种空间组织形式，是在某一地域范围内相互联系的集聚体。（3）德瑞奇和特克拉认为企业集群是通过相互间的配套合作能获取绩效优势的众多中小微企业在地理上的集中。（4）威廉姆森从生产组织形式的角度认为企业集群是基于专业化分工和协作的众多中小微企业集合起来的组织，是介于纯市场组织和层级组织之间的中间性组织，它比市场稳定，比层级组织灵活。（5）罗森菲尔德强调社会关系网络及企业间的合作对企业集群的活力起决定性作用，他认为企业集群是相似的、相关联的或互补的众多中小微企业在一定地理范围内的聚集；有着通畅的销售渠道、积极地交流及对话，共享社会关系网络、劳动力市场和服务，共享市场机会及分担风险。（6）迈克尔·波特以其竞争优势理论为基础在《国家竞争优势》中认为企业集群是某一特定产业的中小微企业和机构大量聚集于一定的地域范围内而形成的稳定的、具有持续竞争优势的集合体。他给出了垂直企业集群与水平企业集群的定义：垂直的企业集群是通过买卖关系来联结的众多企业所形成的企业集群，水平的企业集群是由包括共享终端产品市场、使用共同技术、技巧及相似的自然资源的企业所组成的集群。（7）杰克伯斯和戴蒙把水平和垂直企业集群的定义拓展到用来识别集群的关键的衡量因素上。这些因素包括经济活动在一定地域范围内的集群过程、产业间不同部门的水平和垂直联系、共享技术的使用、中心活动主体（如大企业、研究中心等）的产生以及企业网络和企业合作的特点等。

2. 企业集群的理论流派

从组织创新角度而言，企业集群是一种有较强生命力和创新力的企业间新的组织形式。企业集群的理论研究主要有三大流派：外部经济理论、集聚经济理论和新竞争优势理论。（1）外部经济理论是马歇尔从新古典经济学的角度首先提出来的，他认为外部经济部分来源于企业集群产生的外部经济，即企业集群有利于技能、信息、技术、技术诀窍和新思想在集群内企业之间的传播与应用。（2）集聚经济理论是由工业区位经济学家韦伯从微观企业的区位选择的角度首先提出的，他认为区位因素可分为区域因素和集聚因素，从集聚因素造成的经济性"一般经济开支成本"降低来研究集群产生的动因，他把地区集中的原因归结为共享辅助性服务和公共设施带来的成本节约。（3）新竞争优势理论是由波特首先提出的，他从组织变革、价值链、经济效率和柔性特征所创造的竞争优势角度重新审视企业集群的形成机理和价值。他认为企业从集群中获得供应商、专业化的信息、公共服务以及获得有专业化技能和工作经验的雇员，从而获取竞争优势。

可见，企业集群理论源自于马歇尔企业群落理论，后来又得到了区位经

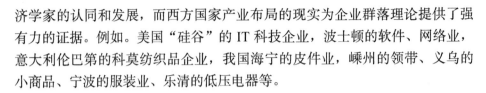

济学家的认同和发展，而西方国家产业布局的现实为企业群落理论提供了强有力的证据。例如。美国"硅谷"的 IT 科技企业，波士顿的软件、网络业，意大利伦巴第的科莫纺织品企业，我国海宁的皮件业，嵊州的领带、义乌的小商品、宁波的服装业、乐清的低压电器等。

3. 企业集群的特征

企业集群具有如下的经济特征：（1）从社会文化特征看，集群内有共同的文化背景和制度环境即根植性以及不可替代的社会资本。集群运行机制的基础是"信任和承诺"等人文因素，这种人文因素是维持集群内企业所形成的长期关系的纽带，使集群在面对外来竞争者时，拥有独特的竞争优势。（2）从产业联系看，集群具有同质性和关联性，集群内的企业从事相同、相似和辅助性的经济活动。集群内企业间联系密切、相互依存，从强度看，企业间的联系大大增强，相互间存在着密切的交互作用；从范围看，已从工厂联系延伸到产业联系，包括实体的物质联系和非实体的信息联系，而后一种联系日益成为企业间联系的核心内容。（3）从演化特征看，集群呈现从低级到高级和简单到复杂的动态化和可塑性。由于进入或退出集群的障碍较小，集群总是处于不断的发展变化之中；各企业具有一定的适应性，以使企业间的关系能长期维持而及时解决成员间的不一致性，因此使集群组织结构具有一定的可塑性特点。（4）从生产经营方式看，集群具有专业化的特征。通过纵向专业化分工和横向经济协作实现弹性专精的生产和经营活动。其成员企业通常包括上游的零部件、机械和服务等专门的供应商，下游的客商向侧面延伸到互补产品的制造商或由于共同投入培训技能和技术而相联系的公司以及基础设施的供应者。（5）从地域分布看，集群内各企业地缘接近，但彼此独立。各企业是独立的法人，保持各自的所有制、隶属关系、投资渠道，实行独立核算，按市场原则进行平等交易，具有自己的主导产业和竞争优势，并且形成良好的声誉。（6）从内部关系看，集群内企业间呈现系统化和有序化。表现在企业间通过专业化分工与协作以获取外部经济；企业间通过交换以获取外部资源、销售产品和劳务、促进知识和技术的尽快积累；集群内部同时存在激烈的竞争和紧密合作，满足资源的共享、知识的快速扩散和价值链上的相互需求。（7）集群具有跨区域和跨产业的双重特点。首先，跨区域指自然发展的集群的地理范围与信息、交易、激励政策及所跨越的距离有关，其范围往往不符合现有的行政疆界，并且很难有准确的边界，但其空间尺度是有限的，且在一定时间范围内是稳定的；跨产业指虽然集群企业同处在一个特定的专业化产业领域，但由于它包含支撑产业的企业，集群界线一般和标准产业分类系统不一致。（8）从组织结构看，具有网络化的组织结构包括贸易网络和非贸易网络（社会关系网络）。网络中经济活动主体和各种组织机构不断完备和强大，易于形成累积效应和扩散效应。企业集群在地区产业群内易于形成累积效应，在地域空间上则易于形成较强的扩散效应，实现横向规模扩张、纵向规模扩张和整体合力扩张。

二、企业集群理论

企业集群更能清楚准确地反映众多中小微企业聚集在某一区域的现象，这些企业之间是一种互相竞争又互惠互利的共生关系，这种关系是立体的、分层次的，不同行业、不同规模的企业分别利用不同空间和层次的资源，获取自己所能及的利益，企业之间密切联系形成一个立体的网络。现实中我们观察到的影响较大、业绩突出的企业群落多数是由中小微企业组成的企业群落。企业群落所具备的优势以及能最大限度地节约交易费用，使得势力单薄的中小微企业能够通过细致的分工（一个企业只从事生产流程中的一个环节或一个工艺）取得只有大型企业才具有的规模经济和范围经济，极大地增强了竞争优势。这一组织形式对于中小微企业来说效用是最大的。

集群理论是对企业理论的深化和发展，在承认市场依赖和技术依赖重要性的同时，他们寻求这种依赖更深刻的根源，提出了企业间的互补性活动和资源依赖的观点。根据企业互补性活动的观点，企业只是从生产和服务过程中截取某些阶段从事分工活动，企业从事分工活动的范围取决于它的能力，它将从事与它能力相适应的活动，而把其他活动留给别人。因而企业的边界是由它的能力所决定的。由于企业从事的只是分工活动中的某个阶段，故它的活动不是孤立的而是与其他企业相互依赖的。

1. 企业集群形成外部性

较早对企业集群进行全面研究并上升到理论高度的是马歇尔。马歇尔解释了基于外部经济的企业在同一区位集中的现象，马歇尔关于产业集群理论起源的外部性理论，成为产业集群形成机理分析的经典，被称为"马歇尔外部性"。马歇尔在1890年发表的《经济学原理》中，在分析个别厂商和行业经济运行时，首创了外部经济和内部经济这一对概念。马歇尔从"外部经济"的角度对此进行了探讨，他认为是由专门人才、专门机械、原材料提供、运输便利以及技术扩散等"一般发达经济"所造成的"外部经济"促使小企业的集聚从而形成小企业集群。马歇尔认为企业集群可以提供协调创新的环境。"行业的秘密不再成为秘密，而似乎是公开了。孩子们不知不觉地也学到了许多秘密。优良的工作受到正确的赏识，机械上以及制造方法和企业的一般组织上的发明和改良之成绩，得到迅速研究；如果一个人有了一种新思想，就为别人所采纳，并与别人的意见结合起来，因此，它成为更新的思想之源泉源。"马歇尔的另一重大贡献是发现了集聚能产生一种"氛围"——协同创新的环境，近百年后的企业集群内，恰恰也是充满着这种氛围，充分印证了马歇尔的远见卓识。

韦伯从工业企业区位选择的角度阐述了产业集群现象。根据韦伯提出的工业区位理论，区位因子的合理组合使得企业成本和运费最小化，企业按照这样的思路就会将其场所放在生产和流通上最节省的地点。工业区位论的奠基人韦伯首先提出了影响工业分布的因素除了地价、运输成本等基本的"区域性因素"以外，集聚因素也非常重要。他认为，当集聚所带来的好处能抵消或超过由此引起运费的增加时，集聚因子便会对工厂区位选择产生作用。也就是说，集聚经济是工业集聚的重要诱因。

克鲁格曼发展了马歇尔的外部性理论，将导致产业集群的外部性分为经济型外部性和技术型外部性，从理论上证明了工业活动倾向于空间集聚的一般趋势，并阐明由于所处环境的限制，如贸易保护、地理分割等原因，产业集聚的空间格局可以是多样的，特殊的历史事件将会在产业区形成过程中产生巨大的影响力。

2. 企业集群提高中小微企业的创新能力

熊彼特（A. Shcmupeert，1935）认为产业集聚有助于创新，而创新业有赖于产业集聚，他指出：创新不是孤立的事件，并且在时间上不均匀地分布，往往趋于集中地发生。Freeman（1991）在研究集群竞争优势过程中发现，集群内部存在着知识溢出效应，促进集群创新网络的发展，是集群创新的源泉。Baptista Swann（1998）通过实证调查，发现处于集群内部的企业比外部孤立的企业更能创新。Capellv（1999）通过对特定产业集群的实证分析，提出集群学习与小企业突破性产品创新之间存在显著相关关系，即产业集群有助于提升小企业的创新绩效。波特从竞争的角度分析，认为集群可以提高创新的能力效率。群落内的成员间保持着持续的关系，有助于企业更早地了解到演进中的技术、零部件的机械的可用性，使学习变得更为容易。群落内的企业能以较低的成本进行实验，供应商和合作伙伴能够并确实紧密的参与创新过程。创新能力的增强来自于群落内部的一种绝对压力。

我国学者魏江（2003）指出产业集群的创新及绩效来自于集群成员之间的知识外溢作用。集群内的企业具有地理临近性、共同的知识基础、信息溢出、集体学习能力等有利于创新活动的特点。集群内，临近企业之间的相互学习和竞争增加了企业创新的机会；集群企业都知道产业特有的技巧、了解其诀窍，这种共同的认识成为集群企业创新优于其他企业的基础。

3. 企业集群增强产业竞争优势

在经济学领域,从马歇尔的产业区位理论(1890)、韦伯的区位理论(1909)、熊彼特的创新理论（1912）、佩鲁的增长极理论（1938）、Granovetter的社会网络理论（1973）、新产业区学派（20世纪80年代中期）到波特的钻石模型理论（1988）等在分析产业集群的形成和发展动因的同时，也探索了产业集群竞争力的产生和积累过程。Krugman（19%）认为，生产经营活动空间格局演化的结果一般都将是在某特定区域集聚，同时形成相应的专业化分工，最终从中获取专业化利益并实现规模报酬递增优势。Stamer（2000）研究发现，产业集群可营造区域合作的创新环境，知识和技术要素涌现出独特的区域创新能力，从而成为产业集群竞争力的主要来源。

产业集群内部那些为集群内企业所共享的无形或深层次的资源或能力（如集群整体品牌、集群创新性知识、集群的组织学习能力、集群竞合氛围等无形的战略性集群资产），这类资源或能力对集群外部企业具有排他性，而对集群内部企业却具有公共物品特性，因此，共享性资源成为集群内部企业相对于集群外部企业获取竞争优势的一个重要源泉。由于集群内部企业可以凭借共享性资源而赢得集群外部企业所不具备的竞争优势，因而整个产业集群的竞争力得到了增强。

波特于1998年发表了《企业群落与新竞争经济学》一文，把企业群落纳入竞争优势理论的分析、框架，创立了企业群落的新竞争经济理论。波特认为群落成员的企业能获得优势：第一，获取资源的交易成本较低。在有活力的群落内企业可以利用现有的各种专业化、有经验的雇员，从而降低他们在招聘过程中的搜索成本和交易成本。一个发展状况良好的企业群落能够提供一个深层次、专业化的供应商基础，就地取材不仅可以降低交易费用，而且有助于避免生产延误。地理位置的相近性有利于改善通信联络、有利于供应商提供辅助性服务，诸如安装、排除故障之类的服务。第二，互补性。群落内各个成员是相互依赖的，某个成员的优质服务将促进其他成员的成功。波特（1998）认为，如果将一个产业集群看作一个整体，其竞争力取决于四个相互关联的因素：生产要素状况、需求状况、相关及辅助产业的状况和企业的战略、结构和竞争方式。这四个因素相互作用，形成了产业集群竞争力。波特认为，产业集群强化和提高了各项影响因素的相互作用。企业通过横向和纵向联系形成了一个具有竞争力的产业链。产业集群一旦形成，整个关联企业就会互相支持。波特认为，产业群通过三种形式影响竞争：首先，通过提高立足该领域公司的生产力来施加影响；其次便是通过加快创新的步伐，为未来生产力的增长奠定坚实的基础；再次便是通过鼓励新企业的形成，扩大并增强产业群本身来影响竞争。

三、企业集群的竞争优势理论

1.竞争优势理论流派

集群的持续创新优势可从集群组织结构优势、集群的竞争优势、集群的合作优势和集群的文化优势四个方面来阐述。组织结构优势表现为企业的组织为扁平化和小型化；竞争优势表现为总成本（交易成本、投资成本和管理成本）领先优势、差异化（产品差异化和市场形象差异化）优势和目标集聚（产业目标和市场目标）优势；合作优势表现为企业间形成网络促进创新，政府部门对集群的引导，产、学、研一体化合作、中介机构的交流合作和风险投资家的合作；文化优势表现为鼓励冒险和善待失败、勇于变化和敢于创新、强调变化和不断进取。

国外对企业集群竞争优势理论研究中，主要有基于直接经济因素的企业集群竞争理论和强调非直接经济因素重要性的企业集群竞争理论两大类。他们的代表分别为哈佛商学院波特教授以及"新产业区""加利福尼亚"和"北欧学习型经济"这三个相似学派。（1）波特认为企业首先从集群中获得供应商、专业化的信息、公共服务以及获得有专业化技能和工作经验的雇员，获得竞争优势，然后通过本地竞争对手和顾客需求加强竞争优势，最后由于地理接近性形成的产业集聚，使本地化经济和外部经济得到加强，产生协同效应获得竞争优势。他提出了菱形理论，认为有四个方面的因素使企业产生竞争优势，即菱形的四个角分别代表环境要素、需求状况、竞争战略及对手、相关支持企业或产业。（2）后者从知识经济背景下知识和技术要素出发，强调集群的竞争优势在于区域的创新能力，强调区域产业增长或衰退的重要因素是特定的资源和制度背景、企业间的非市场关系，如信任、习俗、文化结构和非编码化的知识，具有促进创新、鼓励企业家精神和有利于降低交易成本的作用。

2.集群竞争优势的要素

对这两大学派进行综合和引申，我们把集群的优势用直接经济要素的竞争优势（主要由垂直和水平联系的企业间合作与竞争形成）和非直接经济要素的区域创新系统（由支撑机构和企业群间相互作用形成）两个方面体现出来。

直接经济要素的竞争优势。企业群通过地理集中和产业组织优化，通过群体协同效应获得经济要素的竞争优势。具体表现为：生产成本优势、产品差异化优势、区域营销优势、市场竞争优势四个要素。（1）生产成本优势。假定技术条件不变，生产成本优势可用集聚经济、规模经济、劳动分工、范围经济和劳动力供给来解释。包括城市集聚经济、外部规模经济、专业化分工提高了生产率，交易成本降低，形成外部范围经济的竞争优势。（2）基于质量基础的产品差异化优势。包括质量体现了产品的卓越性，集群中同类企业同居一地，同行业相互比较，有了价格、质量和产品差异化程度评价标尺，为企业带来了竞争的压力。（3）区域营销优势。集群内企业不仅通过传统途径如建立"区位品牌"、加强营销网络等扩展分工，获得纵向一体化利润，而且可以依靠现代科技，利用"区位品牌"从事电子商务，改善营销方式，取得协同效应，营造市场优势。（4）市场竞争优势。企业群在市场上获得竞争优势体现于所在产业的吸引力、市场竞争地位和议价能力三个方面。产业方面决定企业盈利能力首要的、根本的因素是产业的吸引力。产业吸引力的定性分析可以用产业在生命周期（初创、成长、成熟和衰退期）中所处的阶段解释和分析；产业吸引力的定量分析指标通常有市场规模和增长速度、市场竞争的地理区域、进入和退出的难易程度、基本技术的变革速度、规模经济和经验效应曲线以及行业整体的盈利水平。集群在市场竞争方面一个很大的特点是发展特色产业，或者说"小市场、大巨人"策略。企业不是整个行业全面出击，而是选择某一顾客群、某产品系列的一个细分市场作为主攻方向，或在产品价值链中的某一环节上成为大公司甚至跨国公司全球生产系统中的一个重要环节，依托大企业参与市场竞争。集群的议价能力表现在作为买方力量和卖方力量两个方面。

非直接经济要素的区域创新系统：（1）基于区域创新能力的动态竞争优势。依靠本地企业与企业间、企业与支撑机构间集聚形成"区域创新系统"是持续创新的一个重要基础。即指形成一个由完善、发达的供应商，有经验的客户群，垂直、水平联系的众多企业和各个支撑机构之间共同作用，形成知识和技术创新及其有效的扩散系统。它包括企业间在创新中的合作；支撑机构如大学、研究所、职业培训单位、R&D 机构、技术中介、行业协会和金融机构等支持知识和技术在集群中的创造和扩散。集群的创新能力还取决于根植于不同制度系统中的学习轨迹，一些重要类型的知识通常具有非正式、隐含的特性，而且有效使用正式、编码化的知识需要一些隐含、难以编码化的知识。而企业集群提供了知识、技术创新和扩散的"摇篮"和途径。（2）

区域系统的创新机构。集群创新环境包括外部环境和内部环境，前者指集群和外部联系物质、信息和知识与技术流、集群外部的产业环境，后者指企业与企业间、企业与支撑机构间如何形成互动网络，共同创新。包括企业与企业间形成网络，促进创新；政府部门对集群创新起引导作用；利用大学、研究所等和企业经常交流，形成产学研的密切合作网络；金融部门不仅促进新企业的诞生和企业的发育与成长，而且支持本地企业与大学等进行科研结合；中介机构在政府优惠政策和资金的扶持下，形成非营利组织，为区域提供市场竞争力较强、发展迅速的企业，促进创新、创业企业的发展。

3. 集群竞争优势的综合分析

企业集群竞争优势理论从不同的角度，有如下的表述：（1）从经济学角度看，企业集群内每个企业交易成本的降低将获得成本优势。这主要是由于纵向关系中各种供应商—客户邻近带来的交易费用节约效应，同时也使交易不确定性所导致的风险成本得以降低。（2）从经营有效性角度看，企业集群能够提高集群内企业的生产率，使每个企业在不牺牲大规模企业所缺少的柔性条件下，从中获得规模经济性，这主要是从横向的同行企业大量集聚带来的外部范围经济性和规模经济性。企业集群一方面降低了企业进入壁垒，使集群内企业与孤立的企业相比有更大的生存发展空间；另一方面企业进入集群的增加，提高了原材料、资本、技能、劳动力的利用程度。（3）从战略科学性角度看，集群这个组织形式能从价值链整体上创建竞争优势，同时使成本领先、标新立异、集聚这三种战略能合理运用和优势互补。（4）从产业角度看，企业集群能有效地推动产业结构的升级，上游企业之间、下游企业之间以及上游企业与下游企业之间的交互过程不断推进产业的提升，而产业结构的升级又是保持集群长期竞争优势的关键。（5）从竞争优势的排他性看，企业集群规模效应易得到政府政策的倾斜和扶持，企业集群可经过统一对外促销、规范产品质量标准等手段，谋取自身与其他集群外企业的差异性。（6）从企业集群技术创新的优势看，企业集群在技术创新方面的优势从内在机理方面看主要是由"本地化"所产生的两种效应所引起的，即邻近效应和社会化效应。邻近效应是指信息和知识短距离传递效率的提高，特别体现在创新所需要的大量隐含（经验类）知识必须面对面进行交流才能共享。社会化效应是指由于地理接近而产生的信息和知识传递所需要的社会氛围，两种效应的三种组合性都能在企业集群中得到较好地体现。

第二章 中小微企业创新动力与企业发展

第一节 发展的本质就是创新

创新是进步的灵魂，是发展的不竭动力，是企业制胜的法宝，而发展则是进一步创新的基础，为更高层次的创新提供了技术、人才、资金等环境条件的支撑。创新与发展是相互依存、相互作用的关系，创新是企业发展的动力，而发展又有利于创新，二者的互动效应推动着企业不断创新、发展壮大。因此，企业要长盛不衰，需要在发展的基础上进一步创新，才能形成创新与发展的互动效应。

一、创新是企业生存与发展之本

从经济学角度来看，创新和发展是统一的。创新是把潜在的资源变成现实的资源，引入新的生产要素，扩大生产组织的生产能力与范围。创新追求的是资源投入所获得的更高价值与效益。创新是采取资源创新的组合方式，产生新价值、效用与收益，实现财富增长的新途径。因此，创新是推动经济增长的主导力量，它可以推动一个企业、一个国家持续地保持较高的增长率。发展是创新的必然结果，实践证明创新所带来的巨大能量和所发明、创造出的新鲜事物，以其特有的力量和速度改变着人生存的世界及人本身，为人类创造出新的生存条件和发展空间，直接或间接地影响、作用于人，推动整个社会不断向前发展。从发展的角度来看，创新是企业生存与发展之根本。

事实上，世界上许多著名企业也都是通过创新从小企业成长起来的。例如，索尼公司在刚创立时只有 20 名职工，只能生产伏特计、电褥子、电报共鸣器的发声器等简单的电器产品。20 世纪 50 年代以后，引进美国的晶体管技术，在消化吸收的基础上加以改革，开发自己独特的产品，自主创新能力不断提高，最终成为当代自主创新的典范。又如美国杜邦公司，成立之初仅仅是一个拥有 17 人、3 万美元的火药厂，而日立公司一开始也只是一家主要从事进口电机修理工作的小型电器修理厂，它们都是通过技术创新迅速成长为世界一流企业的。在 20 世纪 70 年代，英国餐具业受到进口餐具的猛烈冲击，餐具行业几乎全军覆没，但有一家企业——Richardsons 公司在逆境中脱颖而出。该公司在 70 年代初期的销售额仅为 100 万英镑，在 1974 年增长到 2300 万英镑，到 1989 年，该公司已经从一家专营刀具的小企业成长为餐具行业的领先企业。Richardsons 公司的发展得益于该公司对于产品创新和工艺创新的长期重视，在关键的餐具技术领域形成企业的核心能力。上述这些企业的一个共同点就是：它们无可置疑的成功在很大程度上应归功于创新。虽然说竞争优势还有其他来源，譬如企业规模、资产等，但在科技进步对经济发展的推动作用越来越明显的今天，确立竞争优势的模式在逐渐向技术创新靠拢，也就是说，新的竞争优势模式偏爱那些有能力利用知识、技术、经验来创造出新产品、工艺及服务的企业。创新已成为推动中小微企业成长最重要的动力。

事实证明，创新活动的广泛开展，源于创新意识的增强。当问及目前创新对企业的生存、发展起到什么作用时，68.2% 的企业家认为创新起到非常重要的作用，30.3% 的企业家认为创新产生了一定作用。当问及"十一五"期间的后几年，企业是否将采取一些技术战略促进企业发展时，91.9% 的企业家表示肯定。在技术战略措施的选择上，选取"增加研发投入提升创新实力"的企业家占企业家总数的占 39.9%，选择"保持率先创新者地位"的企业家占 24%，选择"赶超国内同行业创新领先企业""保持现有的技术水平和生产经营状况""赶超国际同行业创新领先企业"的企业家分别占 13.7%、8.3% 和 5.6%。创新作为企业参与市场竞争的重要手段，已经受到企业及其经营者的普遍认同。

二、创新是企业发展的动力

彼得·德鲁克说过："创新是努力创新价值"，着重转变企业经济或社会潜能。吉列公司的董事长兼 CEO 詹姆斯·基尔茨指出："应当鼓励冒险精神。我们认为成功的反面不是失败，而是懒惰。"这番话道出了创新的真谛，即创新决定企业能否在竞争环境中得以发展。不创新，就会停滞不前，竞争对手就会超过你，你就会失败。创新是保证顶线发展和底线成果的关键。如果企业单纯依靠降低成本和流程再造，是无法得到发展的。

在过去 100 年中菲利浦公司获专利 3000 项，正是不断创新使公司的新产品层出不穷，被誉为"最富创造力"的公司。美国 IBM 公司 2000 年有 2886 件发明专利，2001 年增至 3411 件，2002 年为 3289 件。我国企业 2000 年专利为 1061 件，2002 年为 1461 件，即在 2002 年，全国专利总额只占 IBM 一家企业当年专利量的 44%。美国 3M 公司年销售额 100 多亿美元。平均每年有 200 多种新产品推向市场。它们有一个共性，这就是勇于创新，善于创新，借助于创新促进自身的发展。创新是企业生存与发展之根本。《福布斯》中文版通过对 8000 多家主营业务在中国大陆、年销售额小于 6.5 亿人民币的中小微型企业进行深入调查。在调查过程中发现，创新是这些中小微企业健康快速成长的最重要动力。对于许多新创业企业来说，只有创新才能求生存。在榜单上排名第 4 位的空中网在创立之初举步维艰，2003 年凭借开创性地将电影（如《英雄》）和手机无线数据业务相结合，终于找到了独特的赢利模式，并由此走上超高速增长之路（年均销售增长超过 500%）。对于已有一定规模的中小微企业来说，要保持持续增长，同样必须依靠创新。今年排名第一、成立于 1994 年的握奇数据之所以能保持 10 余年的持续增长（近 3 年平均销售增长达 167%），靠的是不断的技术与应用创新。据浙江省统计局创新调查结果，在浙江省实现了产品创新的企业中，五成左右的企业家认为创新对其产品各个方面产生了显著影响。有 51.1% 的企业家认为创新显著增加了产品品种或功能，51.5% 的企业家认为创新显著提高了产品性能或质量，52.0% 的企业家认为创新开拓了新的市场或扩大了市场份额。在实现了工艺创新的企业中，认为创新显著提高了"企业的生产效率""提高了生产的灵活性""降低了人力成本""节约了原材料""降低了能耗"的企业家占前五位，分别占 46%、41.3%、40.6%、39.4% 和 37.5%。

纵观企业兴衰的轨迹，走向兴盛的企业无一不与创新行为紧密相伴。据美国学者对美国技术中小微企业的调查，有 75% 的被调查者生存期超过了 10 年，被调查的约 200 个企业平均寿命为 25 年。调查结果显示正是由于不断创新，中小微企业的生存期得以延长。中小微企业通过研发投入，使本企业在产品质量、顾客服务水平等方面明显高于竞争对手。通过研究开发活动，中小微企业在产品创新方面取得明显成效。据 Cordes 等人对高技术型中小微企业的调查研究，约 39% 的企业成本比竞争对手低，约 34% 的企业生产成本基本与竞争对手持平；约 45% 的企业认为可以提供更加优惠的价格，约 37% 的企业主认为提供的产品价格不比竞争对手高。

在技术迅速变化的年代，创新的节奏加快、产品寿命缩短，一个公司的竞争成功主要看其是否有迅速开发及将成功的创新推广的能力。创新的目的就是帮助企业保持和提高竞争地位（Hart，1996）。为了维持市场份额，企业必须不断地改善或完全更新产品，或者增加产品种类和改变产品的组合（Michael，1996）。

纵观国内外企业走过的历程，企业发展的历史就是创新的历史，企业生

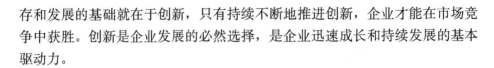

存和发展的基础就在于创新，只有持续不断地推进创新，企业才能在市场竞争中获胜。创新是企业发展的必然选择，是企业迅速成长和持续发展的基本驱动力。

三、中小微企业创新政策分析

中小微企业的根本发展动力来源于创新，创新研发是提升中小微企业竞争力的重要因素。然而许多现实性问题一直困扰着中小微企业管理者，其中资金不足、技术落后、人才匮乏等因素被认为是阻碍中小微企业进行创新的"三座大山"。另一方面，对于一些具备较好发展潜力或者亟须通过创新来转型的中小微企业，创新愿景常常由于找寻不到合适的创新源最终胎死腹中。即便企业具备资金和创新愿景，但创新研发活动所具有的外部性、非排他性以及非敌对性，导致企业往往缺乏动力从事创新研发活动。如果仅仅依赖市场机制运作，市场将无法保证足够的创新研发数量，且企业创新方向极易发生偏移。而创新研发活动本身具有的高度不确定性，使得企业无法承受庞大的投资费用和高额风险。

为了确保社会整体利益及保障市场的有序运作，政府应该借助政策工具，以刺激企业创新研发活动。中小微企业创新政策作为国家对中小微企业扶持政策体系中的重要组成部分，主要肩负着引领中小微企业创新发展导向，提高中小微企业创新投入力度，优化中小微企业创新产出绩效以及保证中小微企业创新成果转化等责任。据课题组统计，仅 2008 年 1 月至 2012 年 6 月期间，国家各部委就发布针对中小微企业的创新政策多达 94 项，各地方性政策发布超过千项，可见从中央到地方对中小微企业创新管理的重视程度之高。目前对中小微企业政策还缺乏梳理和评价性研究，特别是结合国际上发达国家的中小微企业创新政策所积累的大量成功经验，相信进一步对各国系统整理和分析可以对促进新形势下我国中小微企业健康发展提供重要借鉴价值。

1. 国外中小微企业创新政策现状

（1）基于 R&D 的直接资助政策

政府对研发活动的直接支持，可以获得很高的外部性，或者更好的市场表现。因此政府通常集中资助最能满足公共政策目标，并可能获得最高社会回报的活动或部门。如美国对 R&D 资助的比例很高，并通过政府购买手段集中于国防和航空产业两大部门；针对高科技研究和创新项目的合作资金，丹麦提出了国家先进技术基金项目（Danish National Advanced Technology Foundation），此项计划目前拥有 16 亿丹麦币的资金基础，用于投资具有明显商业潜力、技术转移潜力，并能增加公共部门的研究机构和私营公司之间合作机会的项目；为促进发明的产生和商业化，芬兰政府成立了"芬兰发明基金会"（Foundation for Finnish Inventions），加拿大政府也有类似的NRC-IRAP计划。

英国的资金和资助计划（Matched Grant Funds）以贴息贷款方式或者夺标现金拨款方式（outright cash grant）来资助企业特定的经营活动，同时其技术战略委员会投资用于支持商业以及驱动技术支持性的创新项目，以对技术研究、开发和商业化提供支持。另外，针对个人和中小微企业，英国提供专门的"创新、研究和开发资金"（Innovation，Research and Development Grants）用于其研究和开发技术创新产品和过程。荷兰提出了创新信贷计划（Innovation Credit Scheme）来解决中小微企业创新资金问题，针对正在创业或初期阶段的企业的技术创新产品发展项目，提供不超过项目开支的35%、最高限额500万欧元的资金资助；美国中小微企业创新投资计划（SBIC）通过私人风险投资公司以贷款和股权投资形式向小企业提供25万美元至600万美元之间的投资缺口；德国新技术企业资本运作计划（BJTU）通过扶持风险投资公司向技术小企业提供90%被担保的最高100万马克、最长10年的无息再投资贷款；新加坡天使基金对注册未满一年，年收入低于100万新币的技术型、出口导向型和知识密集型风险企业提供不超过25万新币的资金支持。

同时，多国政府也制定了相应的政策支持为中小微企业提供资金担保，如英国小企业信贷组织计划（SFLGS）以英国贸工部为担保方，为企业向银行贷款提供担保；日本"畅通中小微企业周转资金的特别贷款"等计划向知识密集型或准备创业的中小微企业提供低息、长期、无抵押贷款，并提供企业债务担保的再保险，以缓解中小微企业的资金紧张问题。

（2）基于财务的税收优惠政策

近年来，越来越多的国家开始向中小微企业提供财政奖励以刺激其对R&D的投资，目前最常见的是税收优惠形式的创新政策。税收优惠的主要基点是基于现有的研发能力（英国、挪威、丹麦等国）或者目前的机械和设备能力之上（加拿大、澳大利亚等国）。如加拿大在2008年提出持续二十年的科学研究与试验发展计划（SR&ED），对加拿大境内的个体企业（CCPC）实行现金退税或者税收抵扣：企业可以申请抵扣300万加币以内研发支出的35%，以及超出300万部分的20%；其他加拿大公司、独资企业、合资企业、信托基金可以获得符合要求的R&D支出的20%的投资税收抵扣。澳大利亚2010年推出R&D税收津贴，主要面向小型企业提供最高2000万澳元的可退还的税收抵扣，在税前亏损下可以抵扣研发支出的45%；同时还规定，研发支出少于 200 万欧元的小企业在税前亏损的前提下可以申请税收补贴。

此外，丹麦政府规定实验研发活动开支可以抵扣当年或 4 年内税收，对于特定的 R&D 支出实行 200% 的抵扣率；新西兰的 WBSO 计划（The Research and Development Promotion Act）针对产业和服务业的中小微企业，通过降低研发相关劳动力的开支来激励企业进行研发；挪威的 Skattefunn 计划为中小微企业提供符合标准支出的 20% 的退税；法国技术创业投资激励计划对投资于技术型初创公司的投资者实行税收优惠，并且投资损失可以进行税收抵扣，以支持技术型创业公司的投资；英国为中小微企业的减免税为研发费用的 175%，且规定没有盈利的中小微企业即可以选择将 175% 的税收减免留至盈利年，或者直接获得 24% 的合理研发开支的退税。

（3）基于创投的金融支持政策

近年来西方各国政府开始加强面向新创型、技术导向型的中小微企业的金融政策支持力度，主要有以下两种方式：一是直接的金融支持，如澳大利亚的 IIF 基金（The Innovation Investment Fund）和 ICP 计划（Thevictorian State Government Smart SMEs Innovation Commercialization Program），芬兰的 FOF 成长基金，加拿大的创新风险资本基金（Alberta Innovation venture Capital Fund）以及英国的创新投资基金（Innovation Investment Fund）；二是间接的金融支持。其中，间接的金融支持手段包括：①制定政策手段吸引国外风险资本和私人风险资本投资本国公司，如澳大利亚的 CLP 计划（Venture Capital limited Partnerships Program）、芬兰的维哥促进计划（Vigo Accelerator Program）；②设立小企业银行为小企业提供财政和咨询服务，如加拿大针对技术和出口企业，为小企业提供灵活的财政、风险资本和咨询服务，并对新成立的公司提供包括固定资产、营运资本、市场费用和专营权在内的费用；③引导私人部门投资股权市场解决中小微企业股权融资供应过小问题，如英国的风险资本计划（Venture Capital Schemes）；④政府投资于民间基金，如挪威的国家种子基金计划（Nationwide Seed Capital Scheme）投资于四个大学城的基金中，通过促进高校和企业之间的合作来间接提升企业的 R&D 能力。

（4）基于培育的企业孵化政策

为帮助研发者、创新企业家将他们的智力成果转化为成功的商业企业，政府通过对企业的技能和知识、有经验的行政人员、新产品、流程或服务的商业可行性测试以及早期商业化过程等分别提供资金资助，以协助研发者和创新企业家开发新产品、流程或服务，并使之可以市场化。如澳大利亚的 PSF 基金（Preseed Fund）鼓励私人部门投入基金并管理大学和研究机构的研发成果商业化；挪威的 FORNY 计划针对创立早期，尚不能得到种子基金或风投资助的公司，鼓励其基于高校 R&D 的商业创意的开发，以在原有产业基础上建立新的公司和开发新的技术。2007 年，丹麦开始实施 PC 计划（Proof of Concept Scheme），旨在加强公共研发机构研究者的创新的进一步开发和管理，使得研发者能够专注于发明的进一步开发，并减轻他们的教育和研发有关的负担。另外，法国创新企业项目竞赛计划，它通过支持只有创意而未进行可行性研究的项目，或已通过可行性研究的项目来支持创建公司。

所谓技术孵化器，是政府为达到提高企业的出生率，大学研发的商业化，扩大基础设备的供给目的而采取的政策手段。技术孵化器通常包括预孵化器和孵化后两个阶段，企业通过预孵化器阶段的预算和产品计划测算后，可以在两年内获得个体辅导服务。与一般的混合使用的孵化器不同，技术孵化器通常隶属于某个大学，并且具有高增长潜力业务的准入标准。技术孵化器的优势在于，运用孵化器企业之间的信息共享和协同效应的实现，这些共享信息不仅包括所有权知识，还包含典型的影响小型快速成长企业的日常营运问题。此外，技术孵化器通常提供知识产权相关的服务，并吸引非正式股权投资。目前，英国的牛津大学创新中心和新西兰 Jyvaskyla Science Park 都采用了技术孵化器方式来支持创新型新创企业和成长型企业。

（5）基于采购的市场支持政策

考虑政府通常具有庞大的采购能力，因此，对于特定领域的政府采购，特别是具有创新要求的采购，可以大幅度地提升该领域的创新能力。通常政府采购分为适应型采购、技术型采购、实验型采购和高效型采购四种类型。当前各国政府采购按照项目划分主要可以分为一般性政府采购和公共 R&D 政府采购两部分。一般性政府采购主要是政府采购能够促进中小微企业开展创新活动的产品或服务，如芬兰 2010 年的需求和用户驱动的创新政策实施计划（Action Plan for The Implementation of Demand and User driven Innovation Policy）、澳大利亚 2009 年的创新议程（Powering Ideas）、英国 2007 年的 FCP 政策（Forward Commitment Procurement）以及新西兰的 PIP 政策（Public Innovation Procurement）都在采购计划中提出了对企业能力开发、制度改革、公共部门经营模式管理和开发激励基层倡议方面创新的要求。而公共 R&D 采购则是区别于一般产品或服务的政府公共采购，此类政府采购更具有专业性和针对性，也更能促进采购相关的技术创新。为此，各国都将公共 R&D 采购作为采购预算的重要组成部分，如美国 R&D 采购实践中国防和航空产业绝对占比，英国的小型企业研究计划（SBRI）中 R&D 采购占其采购预算的 11% 左右，澳大利亚中小微企业市场需求审定计划（M.P）3000 亿欧元左右，加拿大也在 2010 年提出了国家创新商业化计划（CICP）。

（6）基于服务的创新扩散政策

政府通过技术相关的合作和网络来支持高校研发成果向企业的转移，以解决企业和高校研发之间脱节的问题。通过增加产业的 R&D 投入，促进研发成果的商业化等手段，鼓励高校和企业之间的合作，使企业获得具有战略意义的知识，同时也刺激高校机构增加商业相关的研发和训练的投入。此类政策主要是为解决新技术产生过程中的特定问题，或者以创新方式运用已有知识，通常资助于早期研发项目，或者是促进新技术的竞争前开发，以鼓励研发成果向企业的转移。

为此，政府或提供资金资助，如加拿大的 EG 计划（Engage Grants Program）提供解决企业特定问题的直接项目费用，英国的知识转移伙伴计划（Knowledge Transfer Partnerships）承担 33%～60% 的开支，法国企业创新计划支持 500 人以下的中小微企业与公共研究机构的合作研究，以支付其用于产品开发、企业发展、专利注册、市场调研等费用；或建立专门的技术或企业网络，如澳大利亚的企业联结计划（Enterprise Connect）和丹麦的卓越中心网络计划（NCE Program）；或起到辅助桥梁作用，如英国的协作研究与发展计划（Collaborative Research and Development）和加拿大的 NCE 计划，美国小企业技术转移研究计划（STTR），德国中小微企业创新能力促进计划（PROINNO）都旨在通过加大两者交流来促进高校、产业、政府和非政府机构的多学科、多部门合作。

创新中心和卓越中心是创新产生的另一重要区域，它们在长期研发项目中联结研发密集型企业和高校研发团队来增强创新能力。企业可以通过创新中心和卓越中心的创新突破来获取新的市场，加速某些领域具有领先优势的技术、商品和服务的商业化运程，并吸引投资。因此，政府的支持直接关系到相关产业的发展。加拿大的 CECR 计划（Centers of Excellence for Commercialization and Research Program）、挪威的 CRI 计划（Centers of Research–Based Innovation）、丹麦的国家研发基金（The Danish National Research Foundation）、新西兰的科技、技术和创新战略中心（Strategic Centers for Science，Technology and Innovation）都通过创建国际认可的商业化和研发中心为中小微企业提供创意产生、伙伴项目、研发和创新项目、B2B 合作关系、知识信息和交流、咨询以及技能开发等服务。

2. 国外中小微企业创新政策发展趋势

综合以上政策现状扫描工作，可以看到传统型创新政策仍然占中小微企业创新政策的主体，这也是由这一类创新政策的基础性决定的。如直接的

R&D 创新支持政策通过集中创新资源到目标企业，帮助解决了诸如 R&D 私人投资不足、信息不对称问题以及中小微企业公共采购市场准入等问题。但是正是因为此类政策手段的专门性，使得政府容易获得"圈定赢家"的称号，这也导致越来越多的政府倾向于将直接资助给予有竞争力的企业。同时，现有的 R&D 资金分配手段是政府首先给候选企业按一定的标准进行优先排序并分配资金，直至资助资金分配完毕，这就造成创新资源投入被大量劣质项目吞噬。

R&D 税收优惠政策具有非歧视性特点，且相对于某些直接支持手段，R&D 税收抵扣方式更加容易实施。R&D 税收优惠政策适用于所有的产业部门、研究和技术领域，税收优惠对企业的研发策略影响较小，并且允许市场机制决定 R&D 的优劣。这类的政策工具既可以刺激投资者进行投资，还有助于改善企业的现金流，从而提升企业的经营绩效，也使企业有更多的资源进行创新活动。但是该类政策是针对所有正式的 R&D 活动，因此可能对匹配公共资源和具有最高的社会回报的 R&D 活动的效率不高。

其他一些以非 R&D 为基础的公共支持政策，包括金融支持政策、企业或技术孵化器政策和知识转移支持政策等，旨在帮助中小微企业获取信息、专有知识和建议。新创企业或者是以新技术为基础的中小微企业，在获取初期资金方面具有很大的局限性，需要政府吸引和引导风险资本进入以使企业获取运转能力。同时，相对于产出来说，中小微企业搜寻和筛选信息的投入成本更高。再者，中小微企业在技术快速变化的环境中，很难确定其真正的信息需求，而面向广大中小微企业的建议机构更是缺少针对性，因此需要政府的政策措施加以引导。

最后，企业和学研机构长期缺乏有效地沟通导致了企业研发能力不足，而学研机构的研发不能很好地与市场结合从而实现经济利益，针对这一问题，政府通过企业或技术孵化器以及知识转移支持政策等多种手段来提升两者之间的联系和合作，并以此创建了多个创新中心和卓越中心，以集聚的效应来快速提升企业的创新能力。总之，此类政策具有很高的政策针对性，同时不会对市场机制产生破坏性，是对市场活动的更为直接的补充。

因此，通常传统的创新政策在实施过程中始终存在一些局限，没有带来改进创新绩效和产量的理想水平。随着政策制定者对创新需求方面的政策越来越关注，政策制定者开始加大此类政策的力度。创新需求政策旨在解决与创新市场引进以及市场扩散有关方面的问题，如生产者和消费者的信息不对称问题，新技术的高转换成本和高准入成本问题以及技术路径依赖问题等。因此，在相对有限的政府支出预算分配条件下，创新需求政策如果能够有效

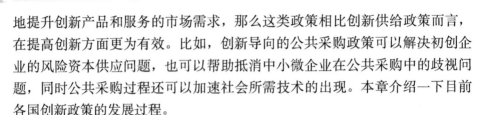

地提升创新产品和服务的市场需求，那么这类政策相比创新供给政策而言，在提高创新方面更为有效。比如，创新导向的公共采购政策可以解决初创企业的风险资本供应问题，也可以帮助抵消中小微企业在公共采购中的歧视问题，同时公共采购过程还可以加速社会所需技术的出现。本章介绍一下目前各国创新政策的发展过程。

（1）非直接的创新支持政策运用增多

供给方面的创新政策变化趋势之一是非直接创新支持政策增多，尤其是越来越多的 R&D 税收抵扣方式的运用。为增加创新的私人投资，随着 R&D 税收抵扣方式运用的愈加成熟，各国的 R&D 税收抵扣量开始急剧增加。为了扩大创新政策的绩效，各国都采用了不同的方式，或改变 R&D 税收优惠政策以扩大受益范围，或降低税收减免核定标准，或者扩大税收减免企业的覆盖面。R&D 税收优惠政策的日益重要也部分反映了这类非直接的创新支持政策相对于那些直接的、具有特定目的性的支持政策来说，对私人部门和市场行为的破坏更小。但是，非直接创新支持政策的比重增加以及 R&D 税收优惠等的总量的增加，更容易导致各国之间关于税收的竞争，从而引起恶性后果，因此各国政府应该注意这个方面的问题。

（2）创新支持方式的重心转向多层次

随着非直接创新支持政策的增加，传统的直接创新支持政策手段日益减少。同时，直接创新支持政策也开始为不同的政策目的服务，如增加企业之间或者企业与科研机构之间的合作和知识转移、提升高科技新创企业的成长性、鼓励风险资本活动的发展，或者支持有关气候改变和环境等相关的创新活动等。直接的创新支持政策虽然在运用上相对比例减少，但由于此类政策工具允许政府解决企业创新过程中影响创新绩效的特定问题，或者可以直接促进具有高社会回报的特定领域的绩效，因此直接创新支持政策工具始终是各国提升企业创新的重要政策工具。

（3）激发中小微企业创新需求成为创新政策的新方向

传统的注重供给的创新政策虽然具有一定的政策绩效，且在近几十年来得到日益改进，但是这些创新政策对于怎样激发企业主动提升创新产出和创新绩效缺乏成效。并且，政府可自由支配开支的限制也激发政府以更少的开支来获得更多的创新绩效。

由于创新过程中供给和需求之间的反馈关系的重要性越来越为人所关注，因此，各国也逐渐增加对于加强创新需求的政策来刺激创新需求的产生，如创新导向的公共采购等。在实践中，很多人都意识到，创新的一个最重要的问题不是缺乏知识或者技术，而是将这些知识或技术与市场相结合以获取商业价值。这对于有主要公共产品的市场来说尤其如是，如环境产品和服务、特定的健康服务和其他公共和半公共服务市场。

（4）连贯性创新政策成为政策主角

以往的创新政策多为解决某个具体问题而出台，所以在政策的连贯性上往往有很大缺陷，常常形成政策的滞后性。近年来，特别是金融危机以来，对于扶持中小微企业的政策提出了前瞻性与稳定性的新要求。当然，目前各国对于创新政策的影响力和绩效的评价是不完善的，但是人们已经致力于对某些 R&D 直接或非直接的创新支持政策，特别是其所带来的私人 R&D 支出的变化的评价，结果显示，连贯性的政策对于中小微企业具有更强的扶持性。

第二节 中小微企业创新动力机制的核心要素

所谓中小微企业创新动力机制，就是指推动中小微企业进行创新活动的各种动力要素的相互关系与作用机理，以及为维护和改善这种作用机理所形成的动力要素与外部环境之间各种关系的总和。

从中小微企业的角度来看，可以把决定和影响创新活动的各种动力要素区分为两大类：中小微企业外部动力要素和中小微企业内部动力要素。中小微企业创新是在多种因素的影响下实现的，每种动力在中小微企业发展不同阶段所占据的地位和所起的作用不同。因此，我们有必要对这些因素进行详细分析，以解决中小微企业创新与发展过程中的动力问题，从而促进中小微企业的迅速发展。

一、内部创新动力要素分析

中小微企业内部创新动力要素主要是指由于中小微企业自身原因对中小微企业创新与发展产生影响的要素，主要包括企业家精神、知识产权、技术、利益等核心要素。在这个框架体系下，各要素相互影响、相互制约，形成一个统一的整体，共同促进企业创新和发展。在中小微企业整个创新过程中，企业家精神是创新主体，其自身创新意识、营造创新氛围、决策和监督创新过程对创新成功与否具有很大影响。知识产权是一种无形产权，它是指智力创造性劳动取得的成果，并且是由智力劳动者对其成果依法享有的一种权利。知识产权能够极大地激励创新。创新成果是由创新者创造的，只有赋予创新成果创造者以专有权，才能激发他们的创造热情，生产出更多、更适合社会需要的创新成果。对知识产权的保护和尊重是中小微企业能否进行创新的决

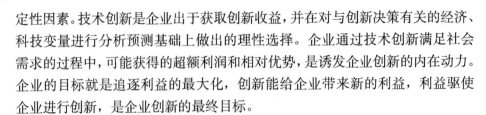

定性因素。技术创新是企业出于获取创新收益，并在对与创新决策有关的经济、科技变量进行分析预测基础上做出的理性选择。企业通过技术创新满足社会需求的过程中，可能获得的超额利润和相对优势，是诱发企业创新的内在动力。企业的目标就是追逐利益的最大化，创新能给企业带来新的利益，利益驱使企业进行创新，是企业创新的最终目标。

1. 知识产权

知识产权一词是从英文 Intellectual Property 翻译而来，在我国台湾地区又译为"智慧财产权"。知识产权是关于工业、科学、文学和艺术领域内以及其他来自智力活动所取得的一种财产属性的权利。知识产权主要包括工业产权和著作权（版权）。人的智力劳动表现为产业领域的发明创造、商标等，称之为"工业产权"；人的智力活动表现在文学艺术创作上，则称之为"著作权"或"版权"。工业产权又包括：专利、实用新型、工业品外观设计、商标、服务商标、商号、地理标志以及制止不正当竞争。

实际工作中，科技成果权属争议仍然大量存在。由于不能恰当解决知识产权问题，加上企业内部管理体制存在问题，许多中小微企业往往存在技术人员无心开发，许多研究成果可能都在技术人员脑子里，但不愿意拿出来，因为一拿出来就归单位公有了，人人都可以无偿利用。真正开发出成果的人得不到相应的回报，没有技术没有成果的却可以通过各种方式得到更多的资源。有的企业业主甚至形成"买技术不如偷技术，偷技术不如挖人才，只要人才挖到手，技术跟着人才走"，导致中小微企业的高技术人才流失和知识产权的大量流失。所以，要想提高中小微企业技术创新的积极性，必须加快建立产权制度，创新产权激励的条件。这是一种最经济有效、持续的创新动力手段。它可以使资产所有者与资产发生者产生最直接的经济关系，资产所有者因此成为资产能否增值的最直接的当事人，产权的法律性、持久性又会使人们具有一种安全感，技术创新在这样一种制度氛围中获得强大的动力。只有当创新企业、创新者的产权得到了应有的保护，人们才愿于、敢于创新。没有一个企业愿意将自己的创新成果被无偿的复制、模仿、享用，所以解决这一问题的根本在于使技术创新的成果有所保护，创新企业的收益不至于被迅速耗散，建立健全知识产权和专利保护制度，使创新企业的创新成果被有偿使用，形成一种自主创新—有偿转让—二次自主创新的良性循环。

2. 企业家创新精神

企业家创新精神是企业创新的主体。优秀企业家不仅是企业技术创新的决策者，还是企业技术创新的组织者、指挥者，企业家的创新精神直接影响着整个企业的技术创新行为。"不平衡增长"理论的倡导者赫希曼指出，发展中国家最稀缺的资源并不是资本，而是运营资本的能力，最紧迫的问题并非资本形成的多少，而是现有资源能否得到合理而有效的配置。在经济发展中，倘若缺少富有远见、能及时捕捉投资机会、富于开拓精神而敢冒风险的企业家阶层和较高水平管理的有机配合，所投入的资本便不能发挥其应有的效益。因此，企业家的创新精神至关重要。

企业家精神是一种对新鲜事物的观念，一种持续和一致地看待世界的方法，它是一种特殊的思维倾向，这种思维倾向于鼓励创新和改革，改变游戏规则，并且标新立异。企业家的这种思维倾向渗透于其事业活动的各个方面，不论它是商业、政治、体育，还是个人的职业发展；它无论在企业的内部风险控制和外部风险投资中都起着举足轻重的作用。在德鲁克的眼中，"企业家"（或"企业家精神"）的本质就是有目的、有组织的系统创新。而创新就是改变资源的产出；就是通过改变产品或服务，为客户提供价值和满意度。所以，仅仅创办企业是不够的。一个人开一家餐馆，虽然他冒了一点风险，可也不能算是企业家，因为他既没有创造出一种新的满足，也没有创造出新的消费诉求。企业创新过程中起主导作用的是企业家，而不是某个部门以及其经理和员工。首先是因为任何基层的创新必须得到企业家的大力支持；其次是各个部门的员工是否是创新型人才决定于企业家经营企业的指导思想和用人标准。企业家和普通经营者的区别在于他能关注到其他人忽视的商业机会，因而才能得到其他人注视的成就。企业家精神才是企业创新的真正主体。

3. 技术

技术创新的主体是企业，每个企业都有着各自的相对而言独立的利益，它们的利益又结合为企业自身的整体利益。在市场经济条件下，企业不再是政府的附属物，而是市场活动的主体，它们的生死存亡完全由市场来决定。为了在竞争中生存、发展、壮大，企业必须注重整体利益，这是企业技术创新最根本最主要的动因。企业技术创新的动力，来源于创新所带来的利益和优势。追求利润最大化，是企业技术创新的最主要的动力来源。通过垄断定价这一现象可以看到，通过技术创新，可以使企业在一段时间内成为某种商品的唯一生产者，即寡头垄断企业。因而可以进行垄断定价，从中获得更大的利润。企业在追求短期利润最大化目标情况下，不可能产生以技术创新来追求效益的要求。在追求中长期利润最大化的情况下，企业着眼于未来，将会大力改进生产工艺以最大限度地降低产品成本、提高产品质量，并努力开发新产品，以新技术为基础，在市场上确立自己的价格优势和规模优势。可见，通过技术创新实现企业的利益目标是创新活动开展的目的，也是企业技术创新的动力。

4. 利益

企业内部的激励机制恰如一块"电磁铁"，通过对个人主体产生"磁场"，实施恰当的精神奖励、丰厚的物质奖励，能够牢牢地"吸引"个人主体向企业期望的目标靠近，使个人主体积极地投身于创新活动。所以，在市场经济条件下，有效的创新激励机制，必将使企业员工始终保持创新的动力和活力。但是有了利益，中小微企业采取的策略不一定的是创新，在制度不完善的情况下，他们有可能采取模仿或照搬照抄。

二、外部创新动力要素分析

外部动力因素是指由于外部环境发展变化给中小微企业带来的影响，并能够左右中小微企业做出决策的各种因素，这些因素可以来自政府、市场和科技的发展等等。它们对中小微企业的创新与发展产生着或促进或阻碍的作用。

1. 政府激励

良好的外部环境对中小微企业技术创新起着至关重要的作用，政府的行为在某种程度上极大地推动着企业通过技术创新提高企业核心竞争能力，促使企业实现可持续发展。因此，政府必须为中小微企业技术创新营造良好的外部环境。外部环境主要包括建立完善的中小微企业法律体系，加强政府的财政、金融、信贷支持、给予税收减免和优惠，加大技术开发投入，完善信息体系、大力发展社会化服务体系等。

2. 市场动力

市场动力包括两个构成要素，一个是市场需求，另一个是市场竞争。随着经济全球化的发展，竞争日益激烈，企业存在强烈的危机感，这种危机感就是企业通过技术创新谋取竞争优势的推力。

市场需求引发企业为生存和发展进行技术创新，而市场竞争则促使企业比竞争对手更快、更好地进行更有效的技术创新活动。任何技术创新活动给企业带来的只能是一时的市场先机，当市场上的竞争对手也纷纷推出自己的创新产品时，企业的技术创新活动的动力就不仅仅是源自于市场的需求，更多的是来自于激烈竞争的强大压力。换言之，当企业在市场需求变化的拉动和市场竞争的促使下而进行技术创新活动并取得创新收益，这种创新收益会吸引更多的企业加入该创新活动，从而使潜在市场需求和未来市场需求更迅速地转化为现实需求和现时需求，而为争夺这些需求而进行竞争的压力就越来越大，又迫使企业去寻求新的市场机会，去开始新的创新活动。市场竞争是中小微企业创新的一种无形推力。大多数中小微企业处于竞争激励的市场中，要在这种环境中生存与发展，犹如"逆水行舟，不进则退"。在对外开放的环境下，企业不仅要面对国内市场的竞争，更要正视国际市场的竞争。竞争与保持是相对的，随着经济全球化的加速，各国保护国内市场的措施越来越少，特别是在这场金融危机的影响下，许多企业产生了由市场竞争所带来的强烈的危机感。这种危机感本身是企业通过创新谋取竞争优势的推力。

3. 科技推力

新兴技术的高速发展，改变着人们的生活、生产方式。产品寿命周期变短，企业生命周期变短，新产品、新企业层出不穷，对企业技术创新提出了更新、更高的要求，这种冲击不断推动企业向前发展。科技突破是社会经济发展最强的推动力。中小微企业接受信息能力强、反应快，应变灵活，易于将新技术应用于生产，实现技术创新的概率较高。

美国马奎斯（D.Marquis）等人的研究表明，在 567 项技术创新案例中，20% 左右的情况归因于科学技术的推动。科技突破是社会经济发展最强的推动力，往往可以影响行业的兴衰、企业的兴亡。仅有市场需求，没有科学技术的保障，技术创新是无法实现的。在科技高速发展的今天，科技发展是推动技术创新的另一个决定性因素。

第三节 中小微企业创新动力机制

通过对中小微企业内、外创新动力核心要素的分析，我们知道影响中小微企业创新的因素有两种：一个是来自于企业内部，如企业家精神、知识产权、技术和利益等核心要素，另一个是来自外部的因素，如政府激励、市场拉力和科技推力。创新是企业发展的动力源泉，企业的创新动力各有不同，无外乎是源于企业发展、用户需求和国内市场竞争需要。随着生产要素的不断紧缩以及利润的快速下降，经过多年粗放型发展的中小微企业已经从"不想创新"的梦中醒来，但现实的"创新遏制症"使得中小微企业"不敢创新"，严重影响了企业的技术创新和产业结构的调整和提升。目前严重阻碍中小微企业创新的因素是知识产权没有得到应有的保护，市场需求拉力不够、政府激励不足致使中小微企业不是不愿，而是不敢创新。中小微企业创新是系统综合作用的结果，它在知识产权保护推动之下，受市场拉力和政府激励、内外部技术推力及利益驱动力的协同作用（如图2-1）。

创新是一个相互匹配的过程，其中相互作用是必要的因素。有时"推力"为主导，有时"拉力"为重要，或是成功的创新需求这两者之间的相互作用。以"保护知识产权"为核心的中小微企业创新动力机制蝶型模型（如图2-1）表明：现阶段只有解决好知识产权保护问题，才会有越来越多的中小微企业投身到创新的浪潮中。知识产权保护问题不是某一个人，某几个人，或某一部门、某几个部门能够解决的，它需要全社会方方面面的人、部门和群体的通力合作，在全社会形成一个良好的知识产权保护意识和法律环境。仅仅解决好知识产权的保护问题还远远不够，因为中小微企业的创新发展是一个系统工程，它还需要社会方方面面的合作与协作，现阶段市场需求和政府激励显得尤为重要。

中小微企业的创新发展活动需要在基础设施完善、服务体系良好、市场需求充分，市场竞争有序的环境中进行，这些工作和创新条件不是中小微企业一个个体或行业能够独立完成的，它还需要政府的激励和支持。政府应当为中小微企业创造一个宽松、有序的创新发展环境。任何事物都有其作用力和反作用力，中小微企业的创新发展也不例外。中小微企业创新活动的顺利开展，会使中小微企业本身和整个社会受益，这是一个双赢甚至多赢的问题。如前所述，我们知道中小微企业在社会经济发展中起着重要的作用，已经成为推动经济增长的重要力量。中小微企业、社会团体、组织机构、政府和个人都会成为创新活动的受益者。中小微企业创新所带来的创新收益会也会反作用于科学技术、推动技术创新和应用，产生更多的市场需求，促使政府给予更多的激励和扶持。当企业家主体、发明者、专利的所有者看到创新成果给他们带来的可观的收益，自身利益得到保全的时候，创新活动就会源源不断的产生。所以对知识产权的保护和尊重成为推动中小微企业创新的动力源泉。各核心要素，如知识产权、市场需求、政府激励、科学技术、利益间交互联系，相互作用，如此往复，形成一个良性循环的创新动力机制。

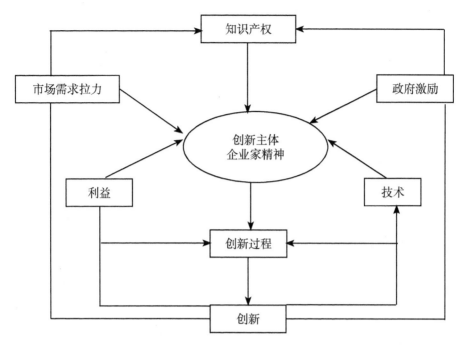

图 2-1 以"保护知识产权"为核心的中小微企业创新动力蝶型模型

一、知识产权

从企业内部来说，在各种制度中，产权制度关系到企业的市场主体地位，影响着企业的创新积极性和创新决策的科学性。中小微企业自主知识产权问题关系到生产力三要素中最积极、最活跃的因素——劳动者的切身利益。众所周知，知识产权是一种无形资产，通过交易，可以转化成资本。很多时候，一项专利就是一个企业的"身家"，一项技术几乎就等于一个企业的全部"家底"，构建行业诚信机制，大到对产业，小到企业，都是必要且必需的。自己搞研发，别人仿冒而可逍遥法外。几年时间研发的核心技术，遭遇员工恶意跳槽而被泄露，如此的投资环境，如何留得住项目？知识产权保护不到位，使创新产品、技术、专利等得不到有效保护，企业不敢创新。

知识产权制度对不同行业和不同规模的企业作用不同。有关统计结果表明，在技术累积效果明显、研究开发投入大、风险高、设备通用性强的行业，专利保护对促进创新的效果比较明显。例如，在生物、医药、化工和IT等行业，专利保护对促进创新、增加收益具有比较明显的效果。同时，知识产权在规模效益比较明显的领域，能给市场份额较大的企业带来更多的超额收益。例如，商标保护对市场占有率较高的企业能带来明显的效益。

二、企业家创新精神

1. 企业家理论

企业家是一种稀缺的资源，它的一个重要特征是以无形资产的形态存在，即企业家才能是一种由企业家自己创造的，属于他自己的无形资产，主要包括企业家个人的才能、信用、社会形象等。这种无形资产对企业的价值是巨大的，企业家关系到企业的经营成败，是推动中小微企业发展的原动力。经济学家坎特龙在 1755 年出版的《商业概览》一书中首先提出企业家的概念，他把每一个从事经济活动的人都看作是企业家，认为这些人是不能按固定的价格买卖商品的，他们要面对不确定的市场并承担价格风险，实际上是第一次在经济学文献中揭示了企业家"风险承担者"形象，指出企业家的职能就是承担风险。

萨伊是最早强调企业家的重要地位的人，他把企业家定义为结合一切生产手段并为产品价值寻求价值的代理人。萨伊认为，企业家能够把经济资源从生产效益较低和产量较少的领域转移到生产效益较高和产量较大的领域，企业家是预见特定产品的需求以及生产手段，发现顾客并克服困难，将一切生产要素结合起来的经济行为者。

马歇尔认为，企业家的作用在于在从把原始的生产资源变为成品这一"产品成熟化过程"中发现不均衡因素，并给这一过程指定出经济上更为合理的方向，使之秩序化。在企业家活动的推动下，通过市场或在企业内部修正不均衡状态，以便更有效地改善整个经济结构中的资源分配情况。马歇尔从商业和工业两个角度论述了市场均衡化过程中商业企业家的中间人职能和工业企业家的要素组合职能。

熊彼特则突出强调企业家的"创新"职能，把创新活动的倡导者与实施者称为企业家。他认为企业家的职能就是引进"新的组合"，实现"创新"，"创造性的破坏"经济循环的惯性轨道，推动经济结构从内部进行革命，促进资本主义经济的发展。第一次把创新作为企业家的首要职能，强调创新是企业家的判别准则。

卡森提出了"判断性决策"的概念，用以描述企业家的职能。在他看来，企业家是专门就稀缺资源的配置作判断性决策的人。而判断性决策的本质在于，决策过程中不存在任何一种明显正确的决策规则，决策结果取决于决策者的个人判断。于是企业家的职能便是在不确定的经济环境中，凭借自己的信息获取能力和信息处理能力对稀缺资源的优化配置做出非重复性、非程序化的判断性决策。

2. 企业家精神

对于现代经济增长而言，没有任何一种群体像"企业家群体"那样具有如此重要的创造力。一个没有企业家的社会，无论其资源多么丰富、资本如何雄厚、劳动力怎样强壮，都不会有现实的持续经济增长。在发达国家企业家的地位和作用得到了充分的体现，企业家及其精神无可置疑地扮演着一个发动因素。事实证明，企业及企业家精神，在发展中国家的工业化进程中，同样具有其他因素不可替代的作用。一个中小微企业经营好坏，主要取决于企业经营者素质的高低；一个经济体运营优劣，很大程度上，也受企业家群体素质高低影响。改革开放以来我国广东的深圳、东莞；江浙的杭州、宁波经济持续高速增长，本质上来源于这种不断创新的企业家精神。现阶段，我国中小微企业特别需要敢冒风险、有判断力和充满信心的大批中小微企业家。

三、市场需求

国内低层次需求过大、缺少作为主流的挑剔型客户群、消费升级慢、政府需求则管理政策不到位、全社会鼓励创新的消费文化缺失等，严重制约了需求对创新的牵引和拉动作用。一些产业集中度低、产业低端恶性竞争严重、国家一些产业政策存在偏失等也在一定程度上抑制了企业创新的激情。由于历史原因和政府出于保护企业的考虑，一些重要生产要素的价格被长期扭曲、压低，要素价格不能反映其在市场上的稀缺程度。企业既然能较容易地获得低廉生产要素，便没有足够动力去改变靠消耗资源、追求低成本和规模扩张的发展模式。既然走老路仍能活下去甚至还活得不错，谁也不愿去冒创新的风险。

市场需求是企业不断创新和可持续发展的拉动力。市场需求的变化，既影响企业的市场销售水平和利润水平，也为企业提供了新的市场机会和产品开发的新的思路，引导企业以此为导向开展技术创新活动，从而形成对企业技术创新的拉动和激励。厄特巴克（Utterback）在 1974 年的一项研究表明，60%～80% 的重要创新是受需求拉动的。马奎斯等对 567 项不同的技术创新进行研究的结果，70% 以上的创新项目都是以满足市场需求为出发点的，其他目的的创新项目只占 25%。从以上数字不难看出，市场需求对中小微企业创新有很强的拉引作用。特别是中小微企业要不断创新和维持企业的可持续发展就要有足够的需求作保证。市场对现有产品的质量要求，引发改进产品品质和性能的工艺创新；市场对新产品和服务的需求，引发产品创新等。池化勇等人针对浙江省中小微企业所做的调研结果表明，在整个企业创新网络中，中小微企业与客户、供应商的联结是最紧密的，系数分别为 0.754 和 0.737。说明现在广大中小微企业在市场经营的导向下，主要精力在于维护现有产品的经营，维持和扩展与客商和供应商的经营性联结。从另一侧面反映了广大中小微企业主要依靠市场需求拉动式创新。

四、政府激励

新古典经济学者习惯于以"市场失灵"的假设架构来讨论创新问题。他们认为，创新主要来源于基础的科学研究，一旦基础研究有了突破性的发现，人们对自然界就会有新的认识，而这种一般性的科学新知自然而然地会被应用到许多个别的企业，带来新产品和新技术，从而全面提升生产力，因此，政府的角色主要是弥补研发投资的不足，政府有必要维持社会的研发投资水准，以避免研发投资不足所造成的生产力低落和竞争力衰退。政府一方面以降低税率、产权保护、低息贷款、经费补助等方式，降低研发成本和提高研究成果的收益，来增强民间企业对研发活动的投资诱因；另一方面则设立研究机构从事研发活动，来直接补充研发投资的不足。就中小微企业而言，市场对中小微企业创新活动的调节存在明显的缺陷，无论是在商业性、短期性的创新活动方面，还是在基础性及长远性的发明研究方面，中小微企业都处于不利的竞争地位，市场机制在这些方面的调节作用存在着严重的不足，甚至在一定程度上阻碍了中小微企业创新活动的进行。因此，政府在中小微企业创新过程中起着重要的引导作用。

政府的政策是企业技术创新的引导力，市场需求和市场竞争是企业技术创新的市场动力，这是基于在完善的市场机制的条件下，但在一些产业的发展初期，或者是在市场发育不健全，市场机制动力作用不足甚至失效的情况下，就有必要通过政府的激励政策有效地刺激和引导企业技术创新活动。发达国家和新兴工业国家的实践说明，小企业是技术创新的主力，而政府在中小微企业技术创新的过程中，发挥着不可替代的作用。欧美发达国家的政府都是极力支持中小微企业的技术创新，以增强企业的开发能力、生产能力。为引导和支持中小微企业的持续创新，并使其规范化，欧美等发达国家政府从计划指导、法规保障、技术发展方向、技术转移、信贷担保到财税倾斜等对中小微企业都有一系列的支持。

五、技术创新

技术创新是为了获得经济利益，因而获利性是创新的动力和目的，获利性特征主要表现在，强调市场实现程度和获得商业利益是检验创新的成功与否的最终标准。从技术创新的内涵及其主要特征来看，技术创新是一个系统工程，它受诸多因素的影响和制约，这些要素主要包括：基础知识的创新，如知识的创造、知识的流动等；市场的成熟程度，如创新的动力、创新环境、创新主体等；科技政策的引导和扶持，如设立创新基金和奖金、科技立法等。

随着科技产业领域的扩张和能力的提升，创新能力的扩散有其必然性，但我们也看到，中小微企业在研发方面的局限性，大大限制了技术推动对创新的作用的发挥。因此，政府如何积极辅导中小微企业创新，如何更大地发挥研究机构的杠杆桥梁作用，是发挥技术推动力的前提。

六、利益

利益分配政策决定了企业与国家、企业与职工之间的创新效益分配方式和具体分配数额比例，是切实关系到企业和职工切身物质利益的根本政策。利益分配政策直接制约着企业创新系统的主体——人的行为。在企业创新动力机制的运作过程中，利益起着重要的作用。这不仅由于企业进行创新的目的是实现利益最大化，而且还因为企业外部的各种动力要素最终都将转化成企业利益而发挥作用。具体表现为：首先，只有当某种需求能够创造经济效益时，企业进行创新才会有利可图，企业也才会产生生产的冲动。其次，在创新动力机制中，与个人主体行为目标关联较密切的就是企业内部的激励机制。因为个人主体参与创新的目的就在于实现个人利益最大化，企业内部的激励机制是能够帮助个人主体实现这一目的的捷径。

第四节 中小微企业创新动力运行机制

中小微企业创新活动是一个螺旋式上升的循环过程，它从创新设想的产生与形成到研究与开发，从创新内容的形成到创新结果的扩散，再到市场效益的形成，然后又由于市场需求发展再进入新一轮创新，在这个过程中，既有顺序，也有交叉和交互作用，只有在正确有效的企业创新机制的支持和推动下，企业创新活动才能真正得以不断循环，持续发展。

通过对企业创新动力机制核心要素的分析，我们知道在企业的创新活动的过程中，来自于企业内部和外部的各种力量共同推动着企业技术创新活动的进行，这些对企业创新产生相互影响、交互作用的因素总和组成了企业创新的动力系统。由于中小微企业自身的特点，其创新的运行机制显然区别于大企业。一般认为，创新包括四大要素：创新主体、创新机会、创新环境和创新支持系统。考虑到中小微企业的特点，我们认为"一元主体，多元支撑"的创新模式能较全面、较准确地描述中小微企业创新动力运行机制（如图2-2）

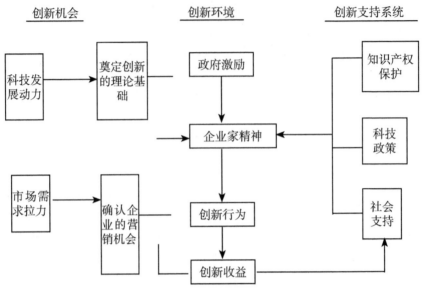

图2-2 中小微企业技术创新动力运行机制

一、创新主体

在"一元主体，多元支撑"的模式中，重点突出强调了创新者的主体地位。按照熊彼特的观点，创新的承担者只能是企业家，"企业家的创新活动是经济兴起和发展的主要原因"。企业主体创新意识是企业创新的内在动力。企业是创新的主体，中小微企业的创新活动的开展很大程度上依赖于主体创新意识。企业主体创新能力是企业创新的内在保证力。在这些诸多因素中，人的因素无疑是很重要的，它对企业的创新活动起着至关重要的作用，其他各种动力因素是需要通过企业的主体创新能力来发挥作用的。企业的主体创新能力是企业根据市场需求、竞争状况以及自身的条件，组织人员进行技术研究开发、研制新产品、开拓新市场过程中一系列能力和因素的综合体现。企业的主体创新能力是企业技术创新活动的核心动力因素之一。

严格来讲，企业创新主体包括两层，企业和企业人。在构寻企业创新动力运行机制时应从企业整体动力机制和企业内个体动力机制两个方面把握。从个体的创新动力机制来看，企业内个体的创新潜能和创新动力蕴藏在不同的人中，即不同的工人技术人员、管理人员、企业家等个体当中。由于不同的职工技术人员、管理人员和企业家，他们的经济利益、价值实现方式都有很大的不同，这就需要进行企业制度方面的创新，充分激发和强化企业人的创新动力，通过对企业家精神的培养、对企业文化的建设、对不同人员的激励实现创新。

二、创新机会

目前创新有两种：一种是推动式创新，创造人们日常生活和工作中有价值的新理念，推动整个社会，也就是科技推动；另一是拉动式的创新，即市场、顾客已经有了，创新的产品是满足现在的市场，也就是市场拉动。无论是科技发展，还是市场需求，都能提供企业创新的机会。不难看出，以科技发展为动力的模式强调科技发展奠定了创新的理论基础，市场需求则帮助确认企业的营销机会。

1. 企业内部创新机会的四种来源

（1）"意外情况"，包括意外成功、意外失败和外部环境出现意想不到的变化等。意外的原因在于我们已有的知识不能对变化做出分析和判断。意外往往意味着新东西的出现，注意寻找市场和社会上的"违反常规"的现象，分析其背后的原因，就能找到创新的机遇。

（2）"不一致"，指实际情况与预期状况之间的不一致，或者与原本应该的状况不一致。在激烈的市场竞争中，当环境与条件发生变化时，有些规律会突然失灵，或者某些现象显得不合逻辑，出现了与过去规律不一致的问题，这就意味着规律本身有了新动向或者过去规律成立的条件正在发生变化，市场将有新动向，这其中就孕育着创新机会。敏感的企业家就会把握这些机遇，开发新的产品或服务，满足市场的需要。

（3）"过程需要"，在日常生活和工作中，我们会感觉到诸多不便，这就意味着人们的某些需要没有得到满足或者至少是没有得到充分满足。当然，这其中有的需要现阶段或许是无能为力的，但是也有很多需要我们可以大有作为。过程需要既不模糊，也不笼统，而是相当具体，它存在于产业、服务业或者企业的内部。

（4）"行业和市场结构的变化"，多数情况下，行业和市场结构的变化是循序渐进的，表面上看起来是十分稳定的。但是这种量变往往是质变的积累过程，尤其是目前技术进步的步伐加快，随着新技术和技术组合不断在生产和服务领域的推广和扩散，产品结构、价格结构、消费结构都会不断发

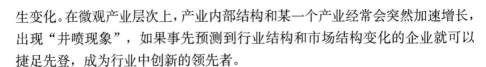

生变化。在微观产业层次上，产业内部结构和某一个产业经常会突然加速增长，出现"井喷现象"，如果事先预测到行业结构和市场结构变化的企业就可以捷足先登，成为行业中创新的领先者。

2. 企业外部创新机遇的三种来源

创新机会的来源也可以来自外部，包括社会环境、政治环境、文化环境以及知识环境的变化等等。发生于企业或者产业以外的创新机遇的来源德鲁克概括为：

（1）"人口统计数据"（人口的变化），事实上一切经济活动的最终目的都是围绕人类本身展开的。因此，从人口统计数据中反映出来的人口状况的变化对于经济活动的创新来说是相当重要的，人口变化包括人口的年龄结构的变化，人口的素质结构的变化，人口在城乡之间分布的变化等等。从人口统计数据中可以预计出某种产品的需求者类型和需求数量的大小。

（2）"社会认识的变化"，人们对于事物的认识都将随着人们经济状况、社会地位、生活水平、文化素质等方面的变化而变化。这是社会不断进步的源泉，也是创新机会的重要来源。

（3）"技术和知识的变化"，新知识的发现和新技术的利用往往孕育新的商业机会和创新机遇。对于公众来讲，这种创新机遇最令人瞩目。但是，事实上以知识为基础的创新时间跨度长，损失率高，可预测性差，对企业家提出的挑战更大。

总之，以上不论是企业内部还是企业外部的创新机遇出现时，都蕴涵着企业进行创新的机会。对创新机遇敏感的企业家善于把握变化，能够抓住机遇，在适当的时机果断地投入各种要素，就能实现系统化的创新，企业的创新成果就会源源不断，从而能保证企业在市场上长久的竞争优势。

三、创新环境

创新环境主要是指政府行为及其创造的有效启动技术创新的政策环境，包括合理的价格、公平的竞争、完善的法制、对技术创新的鼓励政策及对知识产权的保护等等。政府加强对中小微企业发展和中小微企业创新的引导和支持，是当前世界各国战略调整与管理的一个显著特点。

政府在创新活动中越位和缺位在一定程度上压制了中小微企业创新。政府越位表现为对中小微企业行政干预仍过多，一些地方政府在创新中违反创新规律，急功近利，拔苗助长，甚至给中小微企业下达创新任务、由政府确定创新项目等做法，对中小微企业创新造成极大伤害。政府越位可能导致的直接结果是将本应由市场驱动的创新活动扭曲为政府主导的创新。政府缺位表现为在一些重大领域的创新中政府未能有效分担相应风险，未能给本国企业提供足够的创新机会，未能提供完善的基础研发、教育、金融等基础性环境。

政府的作用不在于培养企业家，而是在于通过创造市场来发现企业家。政府应当鼓励并支持这些企业家为创新所做的决定与策略。制定良好的市场政策，完善市场机制，政府为中小微企业创新提供最好的服务，以这种形式为企业家提供充分的激励，哪个国家的制度能激励企业家冒险创新，哪个国家的市场就有活力，财富就会被源源不断地创造出来，经济也就会不断地得到发展。

四、创新支持系统

目前影响中小微企业创新的原因主要是"创新恐惧症"：由于中小微企业目前从事的产业大都是传统产业，其核心技术早已不是太大的秘密，又由于知识产权保护不够，大多数企业开发新产品以仿造为主，以致企业开发的新产品很快就被其他企业模仿，享受高额利润的时间极短，企业的创新成果难以完全享受。邱继宝说，飞跃集团的技术人员为了保护缝纫机软件的核心技术，甚至把"密钥"贴身藏在裤衩里，只有洗澡的时候才取下来，就是因为害怕核心机密泄露，泄密后又得不到有效保护。浙江省纺织工程学会副理事长胡克勤认为，在中小微企业里，有一种思想普遍存在，认为中小微企业难以与跨国公司同水平竞争，与其提升技术水平接近跨国公司，不如守住地区市场与跨国公司保持距离，市场的竞争力风险更小，结果这种思潮导致了"技术过剩"。另外，各种要素供给的制约较弱，使得企业不需要自主创新仅依靠数量扩张就能获得高额利润。浙江省委政策研究室副主任沈建明认为，这些年来企业和市场的扩张速度远远快于创新周期，使得企业不能静下心来搞创新。被认为"国宝"的中国飞跃集团董事长邱继宝对此深有感触。目前邱继宝所建立的缝纫机帝国产量的 50% 已经打入欧美日等发达国家。"这么多年来，我一门心思搞技术自主创新，现在终于达到了 41 亿元的资产规模，但是那些以前和我相比根本排不上号的企业，这几年通过经营房地产等，一下子产值规模就超过 100 亿元，这样谁会去安心搞自主创新，我现在都被认为是傻子。"邱继宝说。由于过去要素价格低，供给充分，企业追求低成本扩张，最直接的后果之一就是技术创新动力不足、能力不强。

在推动新的理念的时候，可能要推动不同行业提供新的价值。这就要建立一个系统。因此，中小微企业要不断谋求创新发展，就需要一个完善的创新支持系统做支撑。

1.知识产权保护系统

知识产权制度是一种利益机制，其本身并不产生创造发明，而是对人们在发明创造及其应用过程中的利益关系加以确认和保护。知识产权制度通过法律授权形式确认智力成果的产权，保证发明创造者应有的利益，促进智力资源得到更有效地开发和利用。要改变依靠资源消耗和简单加工获得发展，转而依靠科技创新实现增长的转变，其决定的因素，并非其他，恰恰是知识产权创造、管理、保护、运用的能力。知识产权制度是促进技术创新的重要机制之一，但不能孤立发挥作用。随着知识经济的发展，知识产权促进创新的作用日趋明显。影响创新活动的因素有很多，包括市场需求、技术创新、政府政策等。知识产权制度只有与其他制度和政策相配合才能发挥激励创新的作用。

知识产权制度是保障和促进自主创新的重要工具，其实质是在保护创新者利益和积极性的同时，促进技术合理、有偿地扩散，最终目的是促进自主创新。但是，知识产权制度不能孤立地发挥作用，而要体现在各种配套政策和市场环境中，落实在技术、经济、贸易管理等有关部门的工作之中。要通过管理创新，建立健全有利于企业自主创新的制度与激励机制，包括市场快速反应机制、科学决策机制、资金保障机制和人才激励机制等，为企业创新提供制度保障。要完善鼓励创新的政策体系，大力加强知识产权保护，实行有利于技术创新的财税金融等政策，加快技术创新服务体系建设，促进创新成果不断涌现。必须把技术创新纳入政策体系，协同配套地贯彻执行。要根据科技创新活动的不同特点，按照公开公正、科学规范、精简高效的原则，完善科研评价制度和指标体系，改变评价过多过繁的现象，避免急功近利和短期行为。

2.科技政策系统

理论与实践分析表明，中小微企业创新客观上需要政府与社会共同建立一个功能完备、经济、高效的支持系统，以利于广大中小微企业不断提高创新的能力和市场竞争能力。而在这一支持系统中，政府部门科技政策子系统起着重要的主导作用，其政策的引导和激励效应直接决定对科技型中小微企业技术创新支持的广度和深度，是形成中小微企业技术创新外力"拉动"或"推动"的主要影响因素。从实践来看，创新政策的手段主要是资助资金、促进合作研究、促进大学与企业的联合、扶持中小微企业等。

3. 社会环境支持系统

中小微企业创新必须从社会环境中获得各个方面的支持。只有在整个社会支持系统良好运行的情况下，技术创新活动才能顺利完成，社会经济才能繁荣发展。企业创新的社会支持系统主要包括物质系统、精神系统和制度系统三个方面。

社会支持系统中的物质系统包括土地、厂房以及各种机器设备等生产资料和各种资本投入以及人力资源的配备，其中关键的因素是人力资本的获得与管理。土地、厂房及各种生产资料是技术创新活动的"硬件"，这些资源的获得的难易程度以及获得的资源的实际价格水平和质量水平受到当地社会的宏观经济环境、经济发展水平和科技水平的制约。而资本是购买技术创新所需的土地、建造厂房以及购买各种仪器设备的前提条件。获取资本的主要途径是资本的积累和资本的积聚或集中。

精神支持系统包括技术创新所需的各种科学技术知识和社会与企业的文化环境及人文底蕴。其中科学技术知识是精神支持系统的核心因素，既有内化在物质生产资料如各种生产设备、实验装备中的科学技术知识，更主要的是体现在企业各类技术人员和管理人员的科学技术水平中。文化因素包含的范围比较广泛，大到整个民族、国家的文化传统、习俗和价值观，小到企业自身的企业文化和管理文化。

制度支持系统主要包括宏观层面的国家制度和微观层面的企业制度两个方面。其中国家制度层面指的是经济制度和经济政策系统以及国家技术创新政策系统。企业的制度创新包括管理创新和创新管理两个方面。前者主要是指企业通过创新，建立与技术创新相适应的各项管理制度、体制及企业组织，为技术创新活动的有效开展，奠定坚实的组织结构基础；后者主要是指企业通过创新确立一个良性的运行机制，制定各种战略决策及行为规范，以利于技术创新的有效实施。提高创新管理的前提和基础，创新管理是管理创新的保障与实现，二者通过技术创新活动而紧密相连，共同为促进技术创新而努力。

中小微企业的创新，不是各要素间的简单的叠加，而是相互有机联系在一起，由内外动力、有效运行、不断发展三个方面的机制构成一种企业创新活动不断循环增值的创新机制系统，并贯穿于企业创新的整个过程，这种创新运行机制具有强大的生命力。该模式的运行可以表述为：创新者根据市场需求信息和科技发展信息，捕捉创新机会，通过把市场需求和技术可能性结合起来产生创新思想，创新思想在合适的经营环境与创新政策的鼓励下，产生创新动机，在知识产权、科技政策和社会支持系统支持下开展创新活动。创新活动在市场上通过竞争赢得创新收益，进而激励企业创新者再次创新，不断循环发展。

第三章 创新战略与中小微企业发展

调查显示，一些企业之所以能比其他企业获得更为显著的创新成果，是因为它们更热衷于创新。但是，仅有热情是不够的，还应制定切实可行的创新战略。不同类型的创新战略的选择对企业的发展也会产生不同的影响。

第一节 创新战略分类

直到现在，技术创新战略也还没有一个统一的划分。我国学者在国外学者对技术创新战略研究的基础上，对企业技术创新战略类型从不同的角度进行划分。

一、按技术来源分

按技术来源划分可分为自主创新战略、模仿创新战略和合作创新战略三种基本类型。

1. 自主创新战略

自主创新战略是指以自主创新为基本目标的创新战略，即指企业通过自身的努力和探索产生核心技术或概念的突破，攻破技术难关，并在此基础上依靠自身的能力推动和完成创新的后续环节，向市场推出全新的产品或率先使用新工艺、完成科技成果的商品化，以取得竞争优势和垄断利润，从而达到预期目标的一种技术创新战略。

自主创新战略的特点可以概括为：第一，技术突破的内生性。自主创新所需的核心技术是企业内部的技术突破，是企业依靠自身力量，通过独立的研究开发活动而获得的。这样不仅有助于企业形成较强的技术壁垒，而且很可能会导致一系列的技术创新，形成创新的集群现象，推动新兴产业的发展。第二，技术与市场的率先性。要发挥自主创新的优势，只有在技术与市场方面都具有领先的优势，因此率先性是自主创新的目标。这种率先性不仅有利于积累生产技术和管理方面的经验，获得产品成本和质量控制等方面的竞争优势，取得超额利润。而且企业所制定的产品标准和技术规范可演变为本行业或相关行业统一认定的标准，增强企业的知名度和市场竞争力。第三，知识和能力支持的内生性。创新与知识和能力之间具有相辅相成的关系。知识和能力支持是创新成功的内在基础和必要条件，技术创新的主体工作及主要过程都是通过企业自身知识与能力支持实现的。自主创新过程本身也为企业提供了独特的知识与能力积累的良好环境。第四，高投入和高风险性。企业为保证始终有占据市场优势地位的创新产品，必须能够持续进行创新的研究与开发活动，将创新贯穿于企业整个的生产经营活动中，这就要求企业必须有较高的资金和强大的人力投入。同时，由于新技术领域的探索具有较高的复杂性和不确定性，资金投入具有很强的外溢效果和较强的迟滞性，所以进行自主创新的企业必须承受巨大的风险。

2. 模仿创新战略

模仿创新定义为"企业以率先创新者的创新思路和创新行为为榜样，并以其创新产品为示范，跟随率先者的足迹，充分吸取率先者成功者的经验和教训，通过引进购买或反求破译等手段吸收和掌握率先创新的核心技术和技术秘密，并在此基础上对率先创新进行改进和完善，进一步开发和生产富有竞争力的产品，是参与竞争的一种渐进型创新活动"。即模仿创新是指在率先创新的示范影响和利益诱导下，企业通过学习模仿率先创新者的创新思路和创新行为，吸取率先者成功经验和失败教训，采用引进购买或反求破译等手段吸收和掌握率先者的核心技术和技术秘密，并在此基础上改进完善并进一步开发，在工艺技术、质量控制、成本控制、大批量生产管理、市场营销等创新链的中后期阶段投入主要力量进行创新，产出在性能、质量、价格方面富有竞争力的产品与率先创新的企业竞争，以此确立自己的竞争地位，获取经济利益并获得竞争优胜的技术创新战略。

一般来说，模仿创新所承担的市场风险和市场开发成本都比较小。虽然模仿者不能取得市场领先地位，却可以通过自己某些独占的市场发展条件来获得较大的收益和竞争优势。模仿创新战略的特点可以概括为以下几点。

第一，模仿的跟随性。企业最大程度地吸取率先者成功的经验与失败的教训，吸收、继承与发展率先创新者的成果。当然这种战略不是简单模仿的战略，而是巧妙地利用跟随和延迟所带来的优势，化被动为主动，变不利为有利的一种战略。

第二，研究开发的针对性。模仿创新的研究开发不仅仅是对率先者技术的反求，更是对率先者技术的完善或进一步开发。该战略的研究开发活动主要偏重于破译无法获得的关键技术、技术秘密以及对产品的功能与生产工艺的发展和改进。

第三，资源投入的中间聚积性。集中力量在创新链的重要环节投入较多的人力物力，也就是在产品设计、工艺制造、装备等方面投入大量的人力物力，使得创新链上的资源分布聚积于中部。

3. 合作创新战略

合作创新战略是指以企业为主体，企业间或企业、科研机构、高等院校之间合作推动技术创新的创新战略。合作创新战略通常以合作伙伴的共同利益为基础，以资源共享或优势互补为前提，有明确的合作目标、合作期限和合作规则，合作各方在技术创新的全过程或某些环节共同投入，共同参与，共享成果，共担风险。合作创新的具体形式多种多样，如合作创新、许可使用、战略联盟、技术联盟等。中小微企业由于自身经济实力、研发力量等因素的制约难以完成一项创新，可以借助于外部力量，实现创新。

合作创新战略的特点：第一，合作主体间的资源共享，优势互补。全球性技术竞争的不断加剧，使技术创新活动中面对的技术问题越来越复杂，技术的综合性和集群性越来越强。当公司在行业中处于相对领先地位时，通过合作创新可以获得市场和保证资源。因此，以企业间合作的方式进行重大的技术创新，通过外部技术资源的内部化，实现资源共享和优势互补，成为新形势下企业技术创新的必然趋势。

第二，创新时间的缩短，企业竞争地位的增强。合作创新可以缩短收集资料、信息的时间，提高信息质量，降低信息费用可以使创新自愿组合趋于优化，使创新的各个环节能有一个比较好的接口环境和接口条件，从而缩短创新过程所需的时间，合作创新可以通过合作各方技术经验和教训的交流，减少创新过程中的因判断失误造成的时间损失和资源浪费。合作创新的成功能够为参与合作的企业赢得市场，提高企业在市场竞争中的地位。战略联盟的主要动机就是为了追赶同行，强化其竞争地位以获得生存。

第三，可以降低创新成本，分散创新风险。合作创新对分摊创新成本和分散创新风险的作用与合作创新的规模和内容有关，一般来说创新项目越大，内容越复杂，成本越高，风险越大，合作创新分散风险的作用也就越显著。

二、按竞争态势分

按竞争态势可分为领先创新战略和跟随创新战略。

1. 领先创新战略第一个进入市场

领先创新战略就是企业通过技术创新，率先开发出某一新产品，并在市场中一段时间内保持领先优势，即取得较大的市场份额和较高的垄断利润。领先战略致力于同等竞争中处于领先地位。这种战略的目的在竞争开始之前使产品到达市场。它提供的优势是，在竞争对手采用新技术之前的一段时间内，在新技术的开发利用方面形成暂时的垄断。

领先创新的企业，一般需要有雄厚的技术基础，充足的研发资金。它的优势在于提前进入并占有市场，制定行业的技术标准领导产品、市场、技术的走向，掌握市场的主动权取得专利权建立自己的技术品牌，形成自己的核心技术垄断产品或市场目前在信息技术、材料技术、生物技术方面有优势的民营科技企业可采用该项战略。对于企业来说，要想保持自己的市场领先地位，就必须不断地进行率先型创新。率先型创新活动风险较大，成本较高，相应的利润也较高。由于市场需求的复杂性和市场环境的多变性，以及生产、技术、市场等方面的不确定性，使率先型创新活动具有较大的不确定性和风险性。率先型是一种高成本、高风险、高报酬的创新活动。

2. 跟随创新战略次进入市场

跟随创新战略即企业跟随同一产业主导企业开展相应的技术创新活动，其主导方式是对主导型企业的新技术和新产品加以选择、改进和提高，并在降低制造成本和拓展市场方面做出更大的努力。这就要求企业密切关注领先者的行动，若领先者失败，就不跟随，若领先者成功，就迅速跟上。

跟随型创新的特点可以概括为：第一，跟随型创新的思路与领先者不同。它注重技术，却以市场为导向。创新领导者必须要有较高的洞察力。第二，跟随型创新是风险较小的创新。跟随型创新者往往是在别人刚刚完成"发明"时，就进入了角色。这时新市场多半已初见端倪，新的风险投资已可以被人接受。而且市场需求量也往往比原发明者所能提供的要大，市场分割已经明显，或可以分析出来。这时，可以通过市场分析，了解顾客购买的内容、方式以及接受的价格等。原创新者的许多拿不准的问题都已经明朗了。但问题在于原创新者往往看不清真正的市场潜力和进一步开发的紧迫性，这就给跟随型创新者创造了条件。第三，跟随型创新适用于一些较为重要、影响面大的产品、加工过程或服务。创新通常以较高的市场占有率为目标。第四，跟随型创新最适用于高技术领域。在高技术领域，最初的创新者通常是技术专家，他们往往忽视以市场为中心这一点，而偏重于技术或产品本身。

由于缺乏充分的市场调查和认识，经常不能正确认识创新的实际意义和进一步开发的方向，而跟随型创新者正好利用了这一弱点。

三、按行为方式分

按行为方式可以把产业创新战略分为进攻型战略、防御型战略和依赖型战略三种战略。

1. 进攻型创新战略

进攻型创新战略是通过率先开发出新兴产业的产品，并领先于竞争对手占领市场的主动创新战略。进攻型战略，在市场竞争中采取进攻姿态，向同行企业市场和技术领域发动进攻，以进入或扩大技术领域或市场阵地。主要是力图在引入新产品方面领先于其他竞争对手，从而获得市场领导者的地位。

2. 防御型创新战略

防御型创新战略在市场竞争中采取防御姿态，固守企业的技术和市场阵地。防御型企业创新活动主要表现为从早期创新者的经验中学习，并期望从创新者成功开辟的市场中获利。防御型战略并非像进攻型战略那样高度依赖于开发新市场、采用新技术，而是在进一步保持现有市场，改进现有技术。通过发挥一个公司在生产、交付、销售和营销方面的技巧和能力，其主要的目标是推出具有竞争力的重新定价的替代产品和服务，以此在成长的市场中获得丰厚的市场份额。显而易见，这一战略着重改进现有产品，比进攻型战略的风险低。

由于防御战略的目的在于影响挑战者的进攻战略，使挑战者认为发起进攻不会带来可观的效果而选择对防御者威胁较小的战略，为此，防御者要研究防御战术，即防御的途径。

3. 依赖型创新战略

依赖型创新者通过购买专利、许可证和技术等途径或与领先者合资、合作、战略联盟等方式进行产业创新活动。日本的汽车业和电子工业是模仿和依赖型创新的典范，其机制是由大企业引进或模仿产业创新者的技术或生产工艺，并开发出主导产品。然后，再以主导厂商为核心，并在主导厂商的直接支持下，配套中小微企业开发出新产品或提供新服务。

四、按创新程度分

按创新度的不同，可分为渐进性创新战略和突破性创新战略。

1. 渐进性创新战略

渐进性创新，或称改进型创新，是指对现有技术的非质变性的改革和改进，是一种渐进式的连续创新。

渐进式创新是一种在不进行重大改变和巨额投资的情况下，最大限度地对现有产品和服务进行改进的方式。大多数企业进行的创新都是渐进式的。这些企业只会针对商业模式和技术中的一两个方面做较小的改进。在一定的时期内，企业可以凭借渐进式创新取得巨大的成功。对传统技术所做的改进就是一种长期的渐进式创新，最终将引发短期内的技术革命。当渐进式创新不再有效，就会出现突破性创新。

渐进式创新的动作看上去似乎很小，但所起的作用是巨大的。它可以有效防止企业由于竞争而失去市场份额、利润或市场份额加利润。通过对技术和商业模式做较小的改进，企业就可以在相当长的一段时间里保住自己的市场份额和利润，提供现金流，收回对产品开发和商业化所进行的投资。

2. 突破性创新战略

突破性创新，或称重大创新，是指技术产生重大突破，并在商业化方面取得成功，获得相应效益的创新活动。它常常伴随着一系列渐进性的产品创新和工艺创新，并在一段时间内引起产业结构的变化。

一项突破性创新可以同时对企业的商业模式和技术产生重大影响。突破性创新通常可以从根本上改变行业的竞争环境。成功的突破性创新往往可以改写整企业行业的游戏规则。

突破性创新固然可以极大地改变整个行业，并使企业成为行业的领导者，但在对突破性创新进行投资时一定要慎重，对突破性创新所做的投入应真正符合企业的需要。

第二节 中小微企业创新战略选择

一、中小微企业创新战略的特点

1. 以模仿创新为主，不做新技术的开拓者

目前浙江全省 80% 的中小微企业没有进行新产品开发，产品更新周期两年以上的占 55%。另外，中小微企业研究开发新技术的费用占销售收入比重不到 0.2%。大多数中小微企业采取引进后消化、吸收，再创新战略。从而避免率先创新面临的巨大技术风险和市场风险。这种战略可以使中小微企业避免市场开辟初期消费需求不确定造成的损失，而享受率先创新者开辟市场投资的外溢效益。

在浙江台州温岭市的大溪、泽国两个镇，积聚了 3000 多家水泵与电机生产企业，产量占全国小型、微型水泵的份额。据大溪镇的一位小企业老板介绍，他开发产品就是把别人的电机买来拆开，一根根地数人家电机里面的扰阻铜线，人家用什么线我就用什么线，人家绕多少我也绕多少，能转不烧说明产品就成功了。市场上新的产品一出来，哪一种产品好销，第二天市场上就会出现大量这样的产品，核心技术得不到应有的保护。由于中小微企业目前从事的产业大都是传统产业，其核心技术早已不是太大的秘密，又由于知识产权保护不够，大多数企业开发新产品以仿造为主。

2. 以渐进性创新为主，规避创新风险

由于创新需要大量投入，而投入又得不到应有的回报，因此"不创新慢慢死，一创新就快速死"，在中小微企业里面，这种心态相当普遍。很多中小微企业利用各种渠道挖掘、引进新产品。产品引进后进行拆分，进行渐进性创新。

3. 新创企业以产品创新为主，缺少持续创新能力

"技术过剩"，就是企业投入大量的研究开发和装备改造费用，有制造优质产品的能力，却无法在高端市场竞争，只好以中档产品立足于中端市场，最终导致"奔驰轿车拉黄沙"。这主要是因为中小微企业认为难以与跨国公

司同水平竞争,与其提升技术水平接近跨国公司,不如守住地区市场与跨国公司保持距离,市场的竞争力风险更小,结果这种思潮导致了"技术过剩"。

中国最大的纺织基地——浙江的绍兴县,早在20世纪90年代末就已经完成了设备的引进和技术改造,目前全县拥有德国、意大利等生产的世界最先进的无梭织机,无梭化程度达到90%以上,许多设备甚至比韩国、中国台湾地区等还先进。然而由于企业过去一直靠生产中低端产品获得利润,导致"一流的设备"生产"二流的产品",最后由于过度竞争,只卖"三流的价格"。

4. 以合作创新为主,节省研究开发支出

一是大学和科研院所不十分重视技术成果的转化,二是多数科研项目的研制和开发,中小微企业并没有参与其中。中小微企业与科研机构脱节现象严重,研究项目有一定的盲目性,不利于推出适合市场的产品和技术。

二、基于动态能力的中小微企业技术创新战略选择

考虑到中小微企业技术创新的共性和不同企业技术创新能力的区别,可将企业的技术创新能力强弱划分为强、中、低、差四种类型,同时结合各发展阶段的不同要求和特点,采取不同的技术创新战略,如图3-1所示。

1. 企业孕育阶段

中小微企业在孕育阶段,企业规模小,资金缺乏、人力资源有限,风险抵御能力不足,创新能力一般较弱,所以在这阶段,中小微企业一般应当选择投资小、见效快的非技术性创新战略。但是,企业孕育阶段又是企业核心竞争力的萌芽期,在这个阶段,对于技术创新能力很强的中小微企业,要善于捕捉和开发市场上急需的产品,采用领先创新战略和自主创新战略,在培育企业能力目标下,有效整合技术资源,初步形成企业的核心能力。对于技术创新能力中等的企业,可采取合作创新、产品创新和模仿创新的方式进行创新。对于技术创新能力低、差的企业来说,主要是模仿创新。因此,企业创新没有一成不变的模式,重要的是中小微企业应根据自身的条件选择适合自身发展的创新战略。

2. 企业发展阶段

企业发展阶段也是企业核心竞争力的发展时期,对于技术创新能力强的中小微企业,要将技术资源向创新链中下游集中,在工艺、批量生产、质量控制、市场营销等方面建立自己的核心能力。对于技术创新能力中等的企业在这一

阶段除了采用模仿创新战略，也有可能进一步选择跟随创新战略。

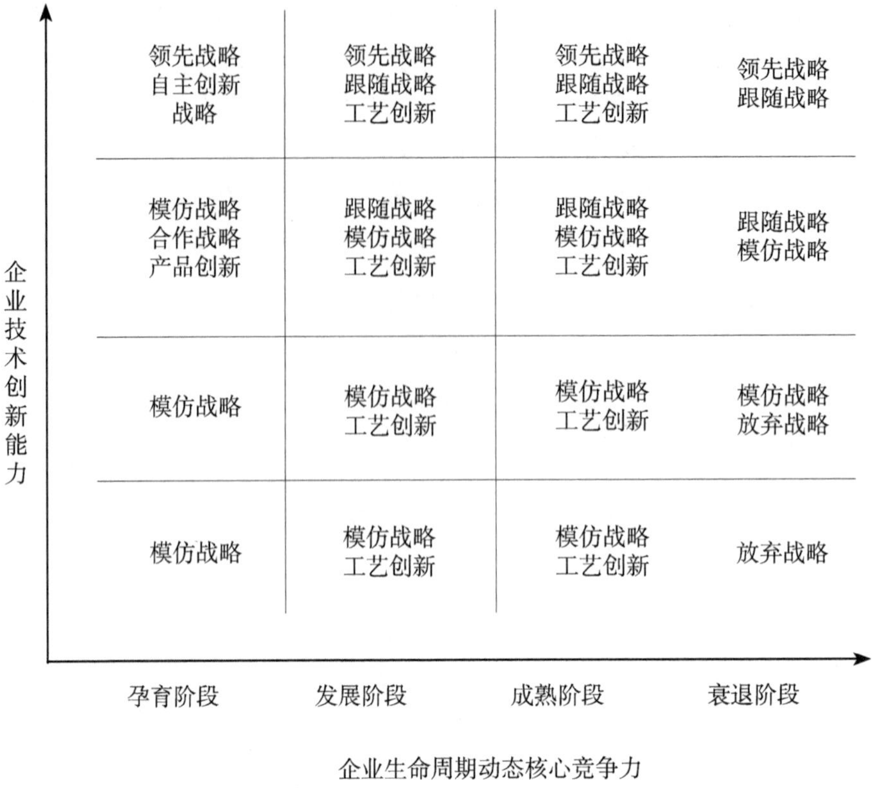

领先战略 自主创新 战略	领先战略 跟随战略 工艺创新	领先战略 跟随战略 工艺创新	领先战略 跟随战略
模仿战略 合作战略 产品创新	跟随战略 模仿战略 工艺创新	跟随战略 模仿战略 工艺创新	跟随战略 模仿战略
模仿战略	模仿战略 工艺创新	模仿战略 工艺创新	模仿战略 放弃战略
模仿战略	模仿战略 工艺创新	模仿战略 工艺创新	放弃战略
孕育阶段	发展阶段	成熟阶段	衰退阶段

（纵轴：企业技术创新能力）

企业生命周期动态核心竞争力

图 3-1 基于动态能力的中小微企业技术创新战略选择图

3. 企业成熟阶段

在成长后期及成熟期，中小微企业人员增多，组织不断壮大，同时在技术、资金及其他资源方面已积累了一定的实力。企业成熟阶段对应于企业核心竞争能力发展的成熟期。针对这一时期的特征，技术创新战略主要是对企业的日常问题提供技术解决方案，或是发展一些互补性技术来促进企业市场的发展。技术创新能力强的企业为在市场中内保持领先优势，应选择领先战略或跟随战略，加大工艺创新力度。技术创新能力中等及以下企业，宜采取模仿创新战略，以工艺创新为主。

4. 企业衰退阶段

企业的衰退阶段对应核心竞争能力发展的解放阶段和跃进阶段。在该阶段中，企业新能力将要产生，旧能力要被破坏，也就是企业"破坏性创新"的前奏。技术创新能力强的企业应采取领先战略或跟随战略，加大技术创新在新领域的力度，更新企业能力，产生新的能力发展规划，选择产品创新战略等。技术创新能力中等的企业可采用工艺创新改善产品的质量或增加新功能、开辟新市场。

三、依据不同的产业周期选择战略模式

典型的成功企业生命周期一般划分为四个阶段初创期、成长期、成熟期和蜕变期或衰退期。企业在不同的产业周期的生存状态是不同的，所表现出来的特征也不尽相同。初创期的特征主要表现为对已选定的科技成果进行生产可行性研究、技术攻关和中间实验。成长主要是企业以市场导向观念为指导思想，以扩大市场份额为战略目标，形成了自己的核心能力、销售和利润增长率迅猛。企业进入成熟期后，销售增长率和利润增长率在达到某一点后基本趋于平稳、技术优势逐渐失去、发展速度缓慢甚至停滞、竞争者进入市场、竞争更加激烈。企业在蜕变期或衰退期则表现为规模迅速扩大、由中小微企业向大型企业发展、技术水平、管理水平、业务能力发生了质的飞跃。如果忽视或者没有正确正视这一客观规律，企业必然陷入种种陷进之中，长不大、活不好、被竞争所抛弃也就成为一种必然。中国企业的平均寿命如此之短，一个重要的原因是企业没有在不同的成长阶段，不断进行蜕变与自我超越、变革和发展自身的竞争能力，因而在竞争中失败。可以这样说，企业往往是自己打败了自己。因而企业的战略方向与定位也必须随着企业成长阶段的不同相应做调整如表 3–1 所示。

表 3–1 依据不同的产业周期选择战略模式

	技术创新	市场创新	管理创新	制度创新
初创期	突破性技术创新策略理论向生产力转移、开发新产品、使用新工艺	突破性创新新产品、新工艺迅速向市场推广、抢占市场、挖掘利润	突破性创新经济组织从无到有、创建一个具有基本生产职能和严密组织结构的经济实体	突破性创新选择和确立一个适合本企业的经济体制、改变分配方式
成长期	引进、改良策略保持技术创新能力、从战略上、全局上上实施技术创新、突出研发优势	扩大规模，降低成本、迅速占领市场、营销成为主要任务	部门设置由直线制向职能制转化	采取现代的管理制度
成熟期	加强高技术产品开发和新工艺研究及开发力度创造新的技术优势	市场进攻战略、集中力量占领某些细分市场	管理制度更加完善、人员配备更加合理、分配制度更加科学	改善劳资系，优化企业和劳动者之间的关系、优化所有者、经营者和劳动者之间的关系

表 3-1　依据不同的产业周期选择战略模式（续表）

| 蜕变期或衰退期 | 突破性创新二次创新 | 保持和留住老顾客、开发新顾客、开辟新市场 | 突破性创新企业发展战略、经营方向、管理模式、运营模式、组织机构、资源配置都要发生变化 | 突破性制度创新采取与管理相适应的制度变革 |

四、中小微企业创新战略的互动与选择

创新战略应有利于经营战略的实施，并根据经营战略和竞争环境来安排创新工作的数量和创新方式。缺乏创新会导致企业的失败。但是，在错误的时间进行创新，或创新战略选择不当，将会招致致命的打击。因此，选择和制定创新战略时要明确创新战略间的相互融合与渗透，创新时间上的先后选择，创新战略间的互补和递进，唯有这样才能取得创新的成功。

1. 创新战略的相互融合与渗透

在企业的技术创新活动中，各种类型的技术创新战略之间有着内在的互动关系，是相互融合、相互促进的。由于现代技术的高度融合性，使得每一项所谓的自主创新活动或多或少带有模仿的成分，同样，由于技术创新的"创新性"，使得每项模仿创新，不管其模仿的比例有多大，其中必然含有企业的"自有成分"，否则，就不能称之为"创新"了。

2. 创新时间上的先后

创新时间上的先后性是其互动关系的又一体现。企业创新过程的一般规律表明模仿创新在新，自主创新在后，而合作创新贯穿始终。企业的实力是促成企业技术创新战略转换的根本原因。当企业发展成熟，具备了较强的实力，则会毫不犹豫地转向于自主创新战略。

3. 创新战略之间的互补性和递进性

各种形式的创新战略之间还呈现明显的互补性和递进性。模仿创新是创新的初级形式，自主创新是创新的高级形式，是企业追求的最高目标。在企业发展的初期，大多采取模仿创新战略，并在此过程中不断增加自主创新的比重，最终过渡到以自主创新为主的阶段。在此过程中，合作创新同自主创新也不矛盾，企业不能因为合作而忘掉了自主创新，企业只有提高研发能力，加强自主创新能力，才能在竞争中立于不败之地。

第三节 基于创新战略的中小微企业发展

世界经济发展实践表明中小微企业以其经营方式灵活、组织成本低廉、转移进退便捷等优势更能适应当今瞬息万变的市场和消费者追求个性化、潮流化的要求，呈现蓬勃发展的良好态势。但从历史的角度来看，许多中小微企业单纯运用成本领先战略，以降价为主要竞争武器，甚至制造低劣产品来获取利润。目前一些中小微企业重复性比较强，产品缺乏个性，企业本身缺乏创新，这样的企业将无法在竞争激烈的商业环境中立足。

根据创新与发展的能级效应原理，企业的创新与发展是一个由低级向高级、由简单向复杂的推进与扩散的过程。创新与发展不仅是一个量的扩大，而且是一个质的飞跃，即是一个新、较高层面的发展，同时又为更高层次的创新奠定了基础，二者的互动，推动着创新与发展不断向前推进。创新与发展的能极提升具有不可逾越性、循序性、高风险等特征。创新与发展能级的不可逾越性反映了创新与发展的规律性，它不是随心所欲的主观愿望，而是要做好扎实、细致的基础工作，做好引进、吸收、创新的基础工作。这里讲的循序性指的是没有前一级的基础，便不会有后一级的飞跃。创新的高风险性表现在创新的层次越高，难度越大，其投入越多，风险越大。正因为如此只有同行业发育程度高的企业才有能力在更高的能级实现创新，绝大部分的企业则是消化发达企业的创新成果。因此，中小微企业在选择创新与发展战略上有的放矢、量力而行。

根据战略管理理论，我国中小微企业技术创新战略的选择，应根据企业宗旨与发展目标、总体经营战略成本领先、差异化或集中型、企业实力资产及资源的数量、质量及配置能力大小、技术因素、技术积累、外部技术供应、用户对技术特性的要求、竞争对手的技术态势、产业竞争态势五种竞争力及产业集群的影响和作用、国家政策、企业发展周期等因素进行综合评判以后做出自己的选择。要适应小企业机制灵活、对市场反应灵敏的特点，实施模仿、吸收再创新战略，坚持走有特色的技术创新之路。

进入 20 世纪 90 年代后，随着时代的发展，科学技术的进步，全球和我国的产业结构、市场供求、消费结构都发生了很大的变化，普遍出现供大于求的情况，市场竞争日益激烈，人们追求的是质量好、高档次的名牌产品。

天生不足的中小微企业面临困境是历史必然的结局。中小微企业首先需要解决的是创新问题，中小微企业的发展趋势是走向个性化、定制化、高附加值化，对企业的规模已经要求不大。因此，中小微企业发展的根本出路也在于确立正确的发展战略的基础上，改善和加强内部管理，企业才能进一步地抓住市场机遇获得大发展。

通过第二章的分析，我们知道，在中小微企业发展的历程中，技术创新是先锋，发展创新是支撑。中小微企业要持续发展，必须坚持"技术战略创新和发展模式创新"两条腿走路。中小微企业应结合自身的实际情况，选择适宜的发展模式如图3-2。

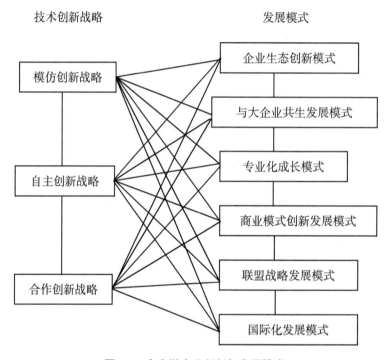

图 3-2 中小微企业创新与发展模式

一、技术创新战略

中小微企业要持续发展，首先要从技术上有所突破，以技术创新为先锋，推动企业持续发展。在技术战略选择上，在目前阶段中小微企业的模仿创新战略是必经之路，自主创新是关键，合作创新是最佳选择。

1. 模仿创新战略

模仿创新是我国现阶段中小微企业发展的必由之路。一个国家的技术创新战略由该国的经济技术发展水平及在世界经济技术发展总格局中的地位所决定，不以人的意志为转移。国内外实践还表明，模仿创新投资少，风险小，见效快。模仿创新以现有先进产品和工艺为对象，避免了研究开发的大量投入和风险。大量事实证明技术模仿创新是中小微企业以最小代价、最快速度追赶世界先进技术的现实途径，是最终实现技术自主创新的必经阶段。

目前中小微企业创新战略是以引进消化吸收、模仿型创新战略为主，在竞争态势上采取的是一种防御型创新战略。企业要实施模仿创新战略，首先要形成自己独特的产品，根据自身技术、资金等各方面的条件，在众多领先者的技术成果中，挑选出与企业相匹配并且具有商业前景的技术成果，认真分析创新者的产品市场反馈情况，有效地避开技术或保护性壁垒，在模仿的同时进行一定程度的改进和完善。其次是把握战略实施的最佳时机，宜选择在新产品的成长期启动模仿创新战略，以有力的降低技术创新所带来的风险。最后应注重技术上的积累，不断增强企业的技术创新能力、管理创新能力。过去一个时期，我国科技跟踪仿制比较多，自主创新比较少。我们引进的花费是研发投入的十倍以上（日本是 1/8，韩国 1/5）。但是，关键技术、核心技术买不来，创新的能力更不可能买来。从国际经验看，日本、韩国等国家和地区在发展的某个阶段，通过创新逐渐形成了一批具有自主知识产权的产品与技术，主导了国内市场，还支撑起许多具有国际影响力的品牌，拉动经济进入一个新的增长期。反观拉美一些国家，因为没有形成创新的产业与技术，高端产品和市场均被其他国外企业占领，失去了宏观经济控制的主动权，进而导致了一系列社会问题。也就是说企业不应局限于模仿，而应在模仿中有所创新，并且不断增加自主创新的比重，建立并完善自身的研究开发机构，培育善于创新的人才，这样才能顺利过渡到自主创新上来，并且随着企业在资金、实力方面的不断壮大，形成企业真正的核心竞争力。

2. 自主创新战略

我们拥有 13 亿人口的巨大市场，对创新的需求无可比拟，在这种需求的拉动下，越来越多的企业开始形成市场导向的自主创新机制。这一切都为我们着力自主创新提供了巨大的潜力和广阔的空间。

在相当一段时间内，我国小企业技术进步的指向无疑应以资本节约型和资源节约型为主，由于这类技术相当部分并非发达国家所长，只能立足于自己的创新，走出一条适合自己国情的技术发展道路。因此，采取适度自主创新战略是我国中小微企业的下一个奋斗目标。从长远发展的观点来看，一个地区的经济强盛，一个企业核心竞争力的打造，最终有赖于拥有自主知识产权的核心技术。自主创新不等于"独自"创新,不是在封闭的、孤立的条件下进行,也不是事事从头来,样样自己干。

提高自主创新能力,更需要开放的心态和胸襟,开放的眼界和胆识,开放的制度和政策,开放的社会人文环境。自主创新并非狭隘的、单一的创新行为,原始创新、集成创新和引进消化吸收再创新共同构成了自主创新三大要件。从这个意义上讲,开放是自主创新的内在的本质属性,开放也是自主创新应有的内在冲动。也就是说,强调自主创新,并不是排斥必要的引进吸收,两者的相对统一,才能实现最关键的一环——再创新。

一般来说,企业在进行自主创新过程中需要考虑到以下几个条件:一是企业实施自主创新战略,首先是确定自主创新的方向,即企业通过观察市场需求的变化,捕捉潜在的市场机会,根据企业自身的技术条件与资源,制定切实可行的技术创新方案,以领先于竞争对手而开发出可以投放市场的新产品。二是企业自主创新资金的来源。充足的自主创新基金,是企业获得所需的技术资源,无论何种技术来源,或自主研发,或合作开发必须支付相应的代价。因此企业必须有足够的自主创新资金。所以,企业在自主创新过程中,必须制定合理可行的技术资金筹措战略。三是企业自主创新机构的建设。有效的技术创新机构是实现企业自主创新的主体。技术创新的孵化器就是企业进行自主创新的主要机构,它包括了各种技术创新中心,技术研发中心等。现代化的一流的实验室是知识转化成技术的重要保证。缺乏一流的实验室和实验设备,再优秀的技术人才也不可能创造出新技术。四是企业自主创新团队的组建。企业的自主创新需要强有力的技术团队作为支撑。任何技术和技术要素最终都是通过技术人才创造出来的,企业只有具备了强大的技术人才队伍,才有可能进行自主创新。企业的研发队伍要与外界保持着各种信息沟通和技术合作的联系。五是企业还应采取各种有效的技术保护措施,如建立健全有效的技术保护措施,申报科技成果专利或是采取法律手段等,避免竞争对手利用不正当竞争手段对自主创新的新技术进行模仿,分享市场和利润,从而保证企业在一段时期内获取超额利润。只有具备上述条件,中小微企业才可进行适度的自主创新。

3. 合作创新战略

创新是一个复杂的非线过程,投入与产出之间并非确定性的关系。供应商和合作伙伴等能够紧密的参与到创新过程中来,能够满足顾客的潜在需求,建立风险分散和共享机制,从而有助于降低企业突变创新中存在的高风险,增加技术创新风险性承受能力。企业间的合作可以把各种资源整合起来,取长补短，相互沟通，共同开发新产品和新工艺，使技术发生跨越，从较低技术平台向高技术平台跃进，实现突变式创新。

合作创新是中小微企业现阶段的最佳选择，合作创新的形式多种多样。美国中小微企业开展研发活动的途径很多，除自身研究开发外，中小微企业还可能通过其他途径获得新技术，包括发包给外部进行研究开发，合作开发、购买新技术、逆向工程、从竞争对手企业中将研发人员挖过来等。通过多种形式开展合作研究开发活动是中小微企业创新的重要途径。中小微企业通过合作开展研究开发活动，对象之一是大型企业。美国中小微企业与大企业合作创新的形式之一是通过建立合资研究企业。合资研究企业以大企业为中心，中小微企业参与研究。在合资研究项目中一般均是大型企业占据主要地位。随着这项合作方式的发展，越来越多的中小微企业参与到合资研究项目中。德国是发达的市场经济国家，在技术创新的组织方面，根据本国的特点，采取了合作创新战略。德国中小微企业的创新强调技术参与工业界的结合。包括科研开发工作和科研成果转化为市场产品的增值过程，科技成果及科技知识的传播，人才资源的教育培训等方面。德国的中小微企业非常注重技术创新，一是大学和研究部门十分重视技术成果的转化，并在整个德国形成网络，使技术创新在组织上有了保障。二是所有科研项目都要求有中小微企业参加，这样可以避免研究的盲目性。三是应充分利用高校的科技人才优势，大力促进产、学、研联合，开发一批适合中小微企业发展的科技成果，促进一批院士专家型中小微企业，充分利用国内外高新技术改造传统产业，提高技术装备水平，提高产品的科技含量，提高资源的利用率。

二、中小微企业发展模式

发展战略是中小微企业技术创新和发展的有力保障。在总结国外先进经验的基础上，结合我国中小微企业的实际情况，中小微企业首先应该选择与大企业共生的发展战略。

1. 企业生态系统发展模式

企业生态系统超越了传统价值链，是涉及供应商、分销商、外包服务公司、融资机构、关键技术提供商、互补和替代产品制造商，甚至包括竞争对手、客户和监管机构与媒体等企业利益相关者，综合价值链、产业链、人才链为一体的动态系统。中小微企业要找准自己的定位，其前提是经营者要懂得他所处的生态位，进而确定本企业的生态位。"企业生态位"的概念指的是一企业成长中所需要的生态环境。管理学大师彼得·德鲁克说过"小企业的成功依赖于它在一个小的生态领域中的优先地位。今天的企业生态不是只有"竞争"、只有"你死我活"。"企业之间的对抗正在变成协作，相互的竞争正在变成合作，过去单打独斗式的经营，在今天是越来越吃不开了，取而代之的是企业间共享的远景。"换言之，目前最突出的企业生态，就是协作经济。在协作经济的情形下，企业实际上是处在企业网络中，而不是处于企业与企业之间。

中小微企业处于企业生态系统的边缘。相对于主导企业来说，虽然中小微企业作用较小，但是它们对于企业生态非常重要。因为它们在企业生态系统的边界进行创新、为市场提供新的产品和服务。中小微企业加入到企业生态系统主要有两种方式：一是加入以主导企业为核心的分包制的价值网中，如汽车产业中的本田汽车公司及其众志成城的供应商形成的企业生态系统；另一种是在主导企业的带动下，以中小微企业为主不断形成和发展的区域性企业集群。整个企业生态系统中，为了健康的共同发展，企业之间形成了相应的企业群。一种是卫星式的企业群，一系列的中小微企业为大企业配套，它们之间可能是"寄生"，也可能是"共生"。一种是串联式的企业群，中小微企业之间通过专业化分工所形成的具有行业特点或地区特点的产业聚集，它们之间通常是"共生"关系。通过相互信任，默契合作，聚集在某一有利的区域，无论在信息方面，还是技术方面和资源或服务的获得方面等都具有低的搜索成本、交易成本和运输成本的优势。如小鸭集团将生产线转移至昆山，许多银行将总部迁至浦东新区。与此同时，群体内的企业可以充分发挥自身的优势，在设计、服务、型号等方面实施差异化。如东莞古镇的照明灯饰由于集群内的企业靠利益分配机制无形地结合在一起，它们在这个区域组织内形成了一致的声音。在对付外部环境不确定性方面技术、市场和政策方面能快速反应。如温州打火机行业集体应对欧盟方面的反倾销诉讼，在时间方面能够领先于竞争者从而来获取竞争优势。因此，企业在发展过程中，应根据自身现状和所处的外部环境，对企业自身进行准确地定位，使其融入并适应整个企业生态系统。通过战略联盟、虚拟等方式，在竞争的同时合作，由"替代式"竞争思维转变为"互补型"的竞争思维，不要局限于现有的"奶酪"，而是着眼于把"奶酪"做大，在做大了的"奶酪"上大家都可以比以前得到更多。在这种动态的竞合中，企业不断地得到了提升，从整个价值链、人才链、产业链上各环节来获取价值，培育了企业和系统创新的能力，获得了健康的发展与成长，企业之间在整个系统内相互协作，发挥协调效应，为整个系统获得了良性的发展。

以深化分工和高度专业化为特点的经济全球化趋势日益明显，今天的世界经济经要比以往任何时候都称得上是一个"世界体"。与自然生态系统中的物种一样，中小微企业生态系统中的每一家企业最终都要与整个企业生态系统共命运。因此，在制定公司战略时，不能只着眼于公司本身，还应从全局考虑，了解整个生态系统的健康状况，以及公司在系统中扮演的角色。基于生态系统的战略不仅使公司自身得利，而且使所有系统成员共同受益，从而形成生态链上的良性循环，使公司得以持续健康发展。

2. 与大企业共生的发展模式

大企业为了获得规模经济效益，必然要摆脱"大而全"的生产体制的桎梏，求助于社会分工与协作，这在客观上增加了大企业对中小微企业的依赖性，为中小微企业长期的生存和发展提供了可靠的基础和生存空间，所以称这种相互信赖的关系为生存互补战略。日本中小微企业与大企业关系中，大企业起主导、支配地位，中小微企业处于从属和被支配地位。大企业与中小微企业之间以相互协作为主，中小微企业之间既有协作也存在竞争。中小微企业与大企业关系表现为垂直系列化。大企业的主要精力放在控制一级下包企业，而一级下包企业控制着二级企业，以此类推。中小微企业之所以选择下包制度，主要是出于"生存需要"，通过与大企业合作准确地讲是纳入到大企业的势力范围内，可以获得生存所需的业务量、市场以及资金周转上的便利，使企业的正常运行得到基本保障。因此，中小微企业可以利用分工协作的优势与大企业合作，一方面发挥自身创新机制灵活、市场反应快的优势；另一方面可利用大企业的科技、设备、资金等优势，快速开发新产品、新技术。这是根据中小微企业力量单薄、产品单一的特点而制定的一种经营战略。

建立伙伴关系在很多行业正在成为一种流行模式。公司既想削减成本、又想在世界范围内更有竞争力，当然就非常希望能与全球的供应商、客户和技术提供者建立起密切联系。小企业和大企业合作，还可以借助大企业的技术、资金、品牌、营销渠道和管理来促进自己的事业。如小鸭集团应对中国加入 WTO 的举措之一是，与东芝展开战略联盟，借入世跨进国际市场。如联想集团当初做过康柏和惠普等世界知名企业的经销商，从一家名不见经传的小企业开始，逐渐树立起"世界顶级经销商"的美誉。腾讯公司之所以成功，就在于创新找到了"懂行"的大股东。后来腾讯卖掉了部分股份，但是这是最直接最有效的壮大自身的途径。青岛红星电器厂原来是一家手工作坊式的集体小企业，它的命运的改变是从被海尔兼并开始的，是一例典型的文化借力和管理借力。

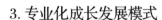

3. 专业化成长发展模式

"利基"的概念，是指某些小企业，专心关注市场上被大企业忽略的某些细小部分，在这些小市场上通过专业化经营来获取最大限度的收益，也就是在大企业的夹缝中求得生存和发展。对今天的中小微企业来说，生态环境的最大变化，就是从竞争为主，变成竞争与协作同样突出的企业生态。因为在协作经济的背景下，企业之间不再是"你死我活"，而是可以共存、共生乃至共赢。

德国中小微企业发展中专注于量不大的细分市场、核心客户和能使客户价值最优化的核心产品。"隐形冠军"是德国管理大师赫尔曼·西蒙历时十余年，对德国500余家中小微企业进行分析研究后提出的概念。它们虽名不见经传，行不见媒体，但却在其领域里占有极高的市场份额。它们并不倾慕大企业的荣耀，却自得于自己的"小而强"它们并不把"小而强"，当作日后"做大"的权宜准备，而是把它作为自己更"强"的必要前提，当作自己的生存价值观。所以，对于中国大多数中小微企业来说，选择利基战略是应对跨国公司的竞争、赢得生存和发展的法宝，这是因为我国中小微企业在战略资源的积累上处于劣势。在存在强大竞争对手的前提下，我们在竞争对手忽视或不屑一顾而消费者却没有很好满足的狭窄市场上集中配置资源，是解决这一战略问题所必须遵守的原则。只有集中才能形成强大的力量。中小微企业本身资源较少，如果再分散，就更加不堪一击只有在特定的领域和特定的市场上集中资源方能形成优势的攻击力量。随着市场环境的日渐成熟和稳定，中小微企业完全有可能利用利基战略打败国内大型企业甚至是跨国企业，取而代之占领一席之地。在中国，很多优秀的民营企业也成功依靠利基战略取得了持续的成功，例如致力于万向节、轴承等汽车零部件产业的万向集团，专注于微波炉生产的格兰仕集团，选择抽烟机作为主业的方太集团等。

作为一个参与国际分工的中国企业，特别是中小微企业，不应该从头做到尾、包打天下，而应该专注做一两个环节，采取哑铃模式和橄榄模式。哑铃模式，即定位在设计、营销和品牌上。一头是设计，一头是营销和品牌，而中间的生产环节外包出去。橄榄模式，即专做制造、设计、营销和品牌由别人去做。如格兰仕依靠自己在制造环节的优势，用"两头在外，中间在内"专注制造的"橄榄"型战略与跨国公司"两头在内、中间在外"专注研发和市场、品牌的"哑铃型"战略成功对接，从而主动融入了家电产业链，逐步成为全球微波炉的制造中心。

配套中小微企业要迈向中坚，精研独门技术是一个途径。但作为大企业合作伙伴的中小微企业，为对方提供优良的服务也尤为重要。莱州市家用电器配件厂就是一个成功典范。莱州市家用电器配件厂是一家私营企业，规模不大，职工仅有 40 余人。自从 1987 年为海尔生产旋钮以来，莱州市家用电器配件厂在激烈的海尔配套企业中，牢牢地占领了一席之地。作为海尔的配套企业，该厂按照海尔模式从原料的选购、加工、包装、检验等各环节上加大管理力度，进而较早地通过了 ISO09002 质量认证。精研独门技术、培育品牌、培育以互惠和信任为基础的合作关系，中小微企业同样能够具有竞争优势，也能在合作中发挥出不可低估的影响力。

4. 商业模式创新发展模式

由 SPA 公司赞助的一项研究结果表明商业模式的创新比产品的创新更重要。商业模式决定了目标客户、客户流程、公司的业务流程、产品和服务、分销渠道、服务提供方式、物流管理流程等一系列关键环节，最重要的是收入模式（例如产品销售、滚动授权收费、解决方案销售或者代工操作）。21世纪的企业区别于 70 年代的企业的主要原因在于智能的商业概念。分众传媒的"全新的商业形态"开创了中国广告传播的"蓝海"，把"烦人的广告"变为打发"无聊时间"的一种"调味品"，极大地提高了广告的传播效果。携程的"在线旅游服务"把互联网技术与传统的旅游业务结合起来，将优质服务标准化，并大规模复制，为客户提供一站式的便捷服务。阿里巴巴的"B2B模式"是商人对商人的电子商务，而不是美国的企业对企业，满足了中国中小微企业开拓国内外市场的需要。苏宁电器物流仓储体系的重建紧密依靠信息化平台，试图通过物流和信息流的有效管理加快产品的采购、库存和销售速度，从而全方位降低整条代应链的成本。成本的节省和效率的提高使苏宁电器进军二、三级市场变得更加容易。同时，与上游家电制造商保持密切的合作和信任关系，是确保苏宁电器市场领先地位的重要条件。摩托罗拉也与苏宁电器建立了战略伙伴关系，除了与大企业之间的信息系统对接外，苏宁电器还与 1000 多家供应商通过网络平台实现了数据交换。这些措施都使得苏宁电器规模迅速扩大。商业模式的创新也将成为中小微企业发展的重要的战略方针。

5. 联盟战略发展模式

战略联盟，是指两个或两个以上的企业为了实现自己在某个时期的战略目标，通过合作协议方式所结成的联合体，以达到资源互补、风险共担、利益共享。战略联盟的基本出发点是弥补单个企业战略资源的有限性。联合可采用中小微企业间的联合，也可与大企业科研机构及高校进行联合。采用联合竞争战略可以使中小微企业更有效地利用企业有限的资源，有利于中小微企业利用规模效益。中小微企业的联盟方式大致有两类：其一，松散型的联盟。这是企业之间仅局限于生产协作或专业化分工的联合，在资金、技术等方面基本没有往来，企业之间彼此约束力不强，不能成为命运的共同体。其二，紧密型的联盟。这是指企业之间除了生产协作或分工上的联系之外，还进行资金和销售等方面的联合。如互相持股、按股分息、互相调剂余缺、建立统一的销售队伍等。中小微企业究竟选择哪种联盟方式，应该视具体情况而定，不能一概而论。此外，我国加入 WTO 后，中小微企业在争夺市场份额、开拓新型市场的市场创新活动中，采用联盟战略的趋向将进一步增强。

6. 国际化发展模式

随着经济全球化的加深，中小微企业不得不面对国际化的问题。企业国际化，首先要学会和国际企业打交道。如果条件不足，就要创造条件，通过与别的企业合作或结盟。在时机不成熟时，中小微企业可以采取循序渐进的方式国际化，先部分再全部，利用自己在生产要素方面的优势，专注于一两个环节，挤进跨国公司国际化生产的价值链。意大利的中小微企业是国际化发展战略的最大受益者之一。意大利许多小型企业从国外进口材料、半成品、零配件，自己再进行深加工，制成各种特色产品，从而扩大了海外的业务。另外，还有些中小微企业在国外进行工程承包，以此出口自己的技术、劳务和资本货物。通过这些方式，使许多中小微企业走上了跨国化发展的道路。意大利中小微企业采取同国外企业进行合作的形式，以此作为国际战略的一个重要补充。如同希腊和葡萄牙签订国际合作协议的，91% 是中小微企业；同比利时、荷兰、卢森堡、丹麦签订国际合作协议的，79% 是中小微企业。同西班牙签订国际合作协议的中小微企业占 75%，法国签订国际合作协议的中小微企业占 71%。经济国际化已成为不可逆转的时代大趋势。在这个过程中，做出重大贡献的不仅仅是大型企业，中小微型企业也不容忽视。

创新是唯一的出路。事实上，我们并不缺乏变"富"的机会，新一轮的跨国公司投资浪潮正在中国掀起巨浪。中国巨大的市场潜力吸引了他们最前沿的创新成果，各大跨国公司为争夺中国市场都在寻找与中小微企业合作的机会。创新的机遇来了，更多的本地企业开始有机会向产业链的高端迈进。如果还突破不了思维定式，仅用资源与成本优势去换取合作机会，就会深陷于产业链的底端。当然，在与跨国公司的合作中，别人不会将创新成果拱手奉上，关键在于企业自身是否有胆量和意识去接受创新的洗礼。

第四章 中小微企业创新能力与企业发展

第一节 企业创新能力要素

一、国外学者对企业创新能力要素的研究成果

"创新能力"的概念在艾米顿的《知识经济的创新战略——智慧的觉醒》中界定为创造新思想的能力，使用好思想的能力，好思想最终成为市场化的产品或服务，并能够为企业带来利润的能力。为了正确评价企业的创新能力，首先必须弄清楚获取创新成功的决定因素。也就是说到底哪些因素对企业创新具有重要的影响作用。

克里斯特森将技术创新能力分为科学研究生产、工艺创新资产、产品创新资产和美学设计资产。齐斯开发了一个模型，用过程审计和效果审计两个方法考察技术创新能力。劳里斯和菲舍尔认为，技术创新能力包括学习能力、研究开发能力、资源配置能力、制造能力、市场化能力、组织能力和战略规划能力。阿德尔和沈伯认为，技术创新能力包括开发满足市场需要的产品的能力、应用合适工艺生产新产品的能力、开发和调整新产品和工艺技术满足未来需要的能力、应对竞争对手造成的意想不到的技术活动和技术机会的能力。以上学者仅对技术创新能力的决定因素进行了研究，技术创新仅是企业创新过程中一个比较重要的环节，它不能涵盖整个创新过程所包含的决定因素。

英国经济学家兰格力士等指出创新是一个综合的系统创新，它不但受到了系统规划、艺术状态，而且还受到个体动力、组织压力和外界政治、社会、经济的影响。兰格力士等调查了 20 世纪 60 年代英国企业创新成功的经验。调查表明有 7 个因素对创新成功很重要。创新组织中有一个处于权威地位的杰出人物；创新组织中有其他类型的杰出人物；对某种市场需要有清楚的认识对一项科学技术发现的潜在价值和用途的认识；创新组织内的良好合作资源；可获得来自政府方面的帮助。

弗里曼等对企业创新作了系统研究，总结得出 20 世纪全球产业创新上成功的企业具有以下十个共同特性，并认为下面 10 个因素是企业创新成功的基本条件。较强的组织内部专门性的 R&D 投入良好的基础研究能力或与在基础研究方面领先机构的密切交流利用专利获得保护和获取与对手讨价的能力。公司规模足够大，有能力长期支持高强度的 R&D 活动缩短与领先竞争对手的时间差承受高风险的预期尽早构思或识别有潜力的市场密切关注潜在市场并全力以赴培育和扶持用户企业家能有效协调企业的 R&D、生产和销售等活动与外部学术界和顾客良好的沟通能力。

罗森韦尔于 20 世纪七八十年代对企业创新作了大量的实证研究。他把企业创新的成功因素分为项目执行因素和公司层次因素两个层次。他强调指出，公司高层管理人员和长期计划是创新成功的关键因素。他认为产业创新的成功因素主要包括工程执行因素良好的内部和外部沟通，外部技能进入通道视创新为公司的任务，周密详细的计划和项目控制程序高效率地开发产品和高质量的产品强劲的市场开拓能力，重视满足用户需要，重视用户价值开发为用户提供良好的技术服务，有效的用户培训。高质量、开放型管理强调人力资源开发促进项目间的协同和项目内学习。公司层面因素高层管理的创新精神和对创新的支持在技术战略配合下的公司长远发展计划对主体项目的长期投入（如专利投入）。公司具有灵活性和对变革的敏感性，高层管理人员勇于冒风险接受创新、企业家精神式的包容性文化。罗森韦尔的研究成果揭示了系统要素或网络要素在创新中的重要作用。

二、国内学者对企业创新能力要素的研究成果

我国学者们从不同角度将企业创新能力分解为多个能力要素，并对这些能力要素作进一步的分解，从而给出一套相应的评价指标体系和评价方法。其中较有代表性的是高建、傅家骥等提出的将技术创新能力分解为创新资源投入能力、创新管理能力、创新倾向、研究开发能力、制造能力、营销能力和产出能力分别进行评价。王昌林提出了产业技术创新力评价的四个指标，即投入能力、产出能力、产业结构和技术创新环境。而李荣平则从创新资源水平、创新技术能力、成果转化扩散能力、经济实力基础和竞争力六个方面对产业技术创新能力进行评价。魏江、许庆瑞等提出的将技术创新能力分解为创新决策能力、R&D 能力、市场营销能力、生产制造能力、资金能力、组织协调能力综合评价。陈劲提出的将技术创新能力分解为战略创新能力、信息资源能力、创新组织能力、创新基础能力、智力资源能力综合评价。在对国外学者研究成果进行系统分析、评估的基础上，结合我国制造业技术创新

实践，官建成等人提出了 7 个衡量企业技术创新能力的维度，将企业创新能力划分为学习能力、研究开发能力、生产制造能力、市场营销能力、资源配置能力、组织创新能力和战略计划能力共 7 类。我国国家统计局国家经济景气监测中心日前公布的《中国企业自主能力分析报告》中提出了四个一级指标，即一是潜在技术创新资源指标，包括企业工程技术售货员数、企业工业增加值和经济资源存量；二是技术创新活动评价指标，包括科技活动经费占产品销售收入比重、研究和试验 R&D 活动经费投入占产品销售收入及企业在技术创新活动各个环节的经费投入比重等项；三是技术创新产出能力指标，包括申请专利数量占全国专利申请量比例、拥有发明专利数量占全国拥有发明专利量比重、新产品销售收入占产品销售收入比重等项；四是技术创新环境指标，包括财政资金在科技活动经费筹集中的比重、金融机构贷款在科技活动经费筹集中的比重等项。我国国家统计局近年来一直用技术开发经费投入、科研人员、科研成果、技术转让、新产品销售、新产品出口六项指标为基础建立技术开发能力综合指数指标，以此来反映我国的技术开发能力。

虽然在企业创新能力评价领域中，国内外众多学者做了大量的研究，但真正适用于中小微企业的创新能力评价体系较少。其主要原因在于现有研究多数是以大型企业为对象，其评价体系在结构和内容上对中小微企业的适用性仍有待商榷。现有的评价指标多是定量指标，通过企业的统计数据或财务数据对创新能力进行评价，而中小微企业发展的动态性、不均衡性和非线性，以及创新过程与创新产出时的时滞效应，使得定量指标难以真实反映中小微企业的创新能力。在企业创新能力评价数值计算方法的选择上，如何选取适合的方法规避赋权的主观性，也是评价中小微企业创新能力所面临的重要问题。

三、不同视角下的技术创新界定

熊彼特在 1992 年的著作《经济发展理论》中提出"创新"概念。他认为创新是把以往没有的生产条件要素和生产方式与过程、管理与组织方法等一系列综合纳入到生产新产品的程序当中，并且开辟新市场从中获取超额利润的过程，其实是一种新的生产函数。在他的著作中，提出创新是包括"引入新产品概念，引入新技术，开拓新市场，并利用原材料新的供应来源、实现企业的重新组织"五个方面的内容。熊彼特"创新"概念的提出是以"创新"为核心概念的理论形成的里程碑。自此以后，企业的发展越来越多的开始放弃以往的竞争方式，开始钻研技术的开创以及重新组合来实现企业不断发展和壮大的目的。在理论界，学者们开始不断丰富和发展创新的内涵。

1961 年，Enos 认为技术创新是对新创造地选择、注入足够的资本、成立新的集体、制订生产计划、招募员工以及开辟市场等一系列行为的综合结果。这一观点在当时并没有得到关注，直到 20 世纪 80 年代才引起了学术界的关注。"技术创新"的提出，不仅是学术界的发展，也带动了企业焦点的转移，不断发展成"技术创新是创新的核心"这样的思想。由于技术创新涉及的面比较广，过程相对复杂，目前学术界对技术创新的概念还没有统一的定论。国内外学者从不同的角度出发，对于技术创新下的定义各有不同。本节总结了学者从产品创新、经济学、管理学、创新主体等角度来界定技术创新能力。

1. 从产品创新视角

创新最开始的主要目标是针对有形产品的创新，最开始学者的关注点也是集中在产品创新这一方面。较早的 Mansfield（1968）提出技术创新是来源于产品，技术创新是来源于创意，然后把创意变成产品，直到产品的销售这样的一个过程。他在 1981 年补充了这一定义的说明，认为技术创新是首次开发新的产品或者出现新的服务的过程，在这个过程中包含前期的引进以及后期的销售，这是对技术创新定义的不断发展。之后，很多学者也开始从产品创新视角对技术创新的定义不断的发展和深化。在 1982 年，Freeman 提出技术创新是一个应用新的知识理念为顾客提供所需产品或者服务的过程。Drucker（1985）对技术创新下的定义是：技术创新是企业通过利用技术方式对产品或者工艺进行改良和改造的过程。Caballero and Jaffe（1993）则认为技术创新是指以市场为主要导向，主要目标是提升企业的竞争优势，将企业对于产品与工艺方面的意识通过获取技术（自己研发或引进），从概念化到商业化生产再到市场应用的整个过程。Betz（1993）认为技术创新是一种新技术的发明和在技术基础上，对产品、工艺、服务进行开发以及将其引进市场的过程。

国内学者也有从产品创新角度对技术创新进行定义。例如，陈伟（1996）将技术创新定义为新技术的创造过程，以及把技术引入产品、工艺或者商业系统中，创造出全新的产品和工艺以及对现有产品、工艺进行改进，并且将其引入市场（即产品创新）或者在生产实践中使得工艺得到应用（即工艺创新）。

2. 经济学角度

随着对企业技术创新的研究的不断深入，很多经济学者不断寻求从经济角度对技术创新做出定义，具有代表性的是斯通曼，他在 1989 年提出技术创新是第一次把创意变成生产，其中需要前期的研发以及后期的销售的过程。Freeman and Soete（1997）认为技术创新是包括新产品、新工艺、新系统以及新装备等形式技术再次转向商业化的过程。其次，美国国家科学基金会认为技术创新是指将全新的或者改进的产品、工艺或者服务引进市场，而明确地把改进模仿和无须利用新技术作为最终层次的两类创新，也归纳到技术创新范畴中。这都是典型的从经济学的角度对技术创新进行定义，随着经济全球化的进展，越来越多国际、企业以及学者对于技术创新的关注度越来越热，技术创新的研究在经济学视角上的进步对于企业的发展也有至关重要的指导作用。

3. 管理学角度

从管理学角度来说，国内外学者对于技术创新的定义更注重企业发展上的管理层面，而目前，相对而言，在管理学角度定义相对统一，学者普遍认为生产要素的组合以及重组是技术创新，更注重于生产要素的重新分配以及资源的优化配置。具有代表性的国内学者傅家骥（1998），他认为技术创新是企业对生产要素进行重新组合，并推出新产品、新工艺来开辟市场的过程。可以概括为：企业家为赢得盈利机会，利用开发的新产品或者改进工艺来提高市场占有率，通过原料的更新来建立新组织的综合过程。

4. 从创新主体视角

从整体来看，创新的主体可以分为国家、企业以及个人层面，随着理论知识的不断丰富和发展，学者分别从不同的创新主体角度出发，对技术创新进行定义，在这个范围内，具有代表意义的有克里斯托夫·弗里曼，查理德·纳尔逊，Mansfield，熊彼特等。克里斯托夫·弗里曼，查理德·纳尔逊从国家层面出发，认为技术创新的推动不仅仅归功于企业家，最主要的是由国家系统来推动的，这是技术创新最根本的动力。连燕华（1999）从国家政策来定义，认为技术创新政策的主体是政府，客体则是主题在实行的过程中所做出的创新活动。吴贵生（2000）从虚拟组织的视角出发，发现虚拟组织对完善整个国家技术创新体系有积极的作用。从企业层面出发，Mansfield（1980）通过对美国20个制造业的数据进行分析，研究发现控制行业在研发中的投入以后，行业研究数量对该行业生产率的增长率有正向的影响。李力、朱伟伟（2009）建立了企业技术创新能力的指标，所选择的维度有创新投入、研发能力、创新产出、创新支撑四个。熊彼特（1912）是最早从个体层面来研究，首先在《经济发展理论》中提出"创新的主体是企业家"。陈琳（2001）认为技术创新是企业将自身宏观以及微观方面的激励机制重新整合起来。

5. 技术创新的分类

对于技术创新的研究随着对于研究的不断深入，学者对于技术创新有了不同的认识，对技术创新的分类有不同的划分。具有代表性的分类有以下几种。

按照技术创新突破程度来划分，依据在创新过程中，技术发生变化的强弱关系，可以划分为渐进性和根本性的创新。其中，所谓的渐进性创新是指采用已有技术，对其加以发展以及改进的创新的方式，其中更多体现的主要是市场上的需求对技术改进的引导作用。而根本性创新是指完全采用一种新的技术，包括新产品、新工艺或者是两者结合的方式进行创新，有一种具有重大突破的技术创新，这种创新会在之后的时间内引起产业在结构方面的变化，其中主要体现了技术对市场的刺激作用。

按照技术创新针对的对象来划分，可以划分为产品（或者服务）创新以及过程（工艺）创新（谢洪明，张霞蓉，2012）。所谓的产品（或者服务）创新主要体现在对产品（或者服务）的外观、包装以及性能方面的改善，改变耐用程度，这也可以包括在外观和性能方面都不同的产品，这种创新其实是一种实现新产品（或者服务）商业化的过程。而过程（工艺）创新是指对于生产技术的一种改进或者变革，这种创新方式可以是采用完全新的模具或者改善了的模具进行生产，也可以是采用新的原材料以及半成品，也可以采用新的工艺，新设备、新的管理方式，又被称为工艺创新。

按照企业创新的来源方式来划分，主要是依据创新来源于企业自身，以及是否借助外部力量产生，可以划分为自主创新、模仿创新与合作创新（Cassiman and veugelers，2006）。自主创新是指基于企业自身的研究开发能力，目的是为了实现企业发展，实现商业化以及国际化，并从中获取经济利益，也有的学者称之为内源创新。模仿创新是指企业根据企业自身的学习吸收能力来模仿其他自主创新者的方法，通过引进、购买方式或破解竞争对手的核心技术，来对其技术进行消化、吸收和改进的创新方法。合作创新，顾名思义就是个体无法完成的，与其他创新主体通过共同完成的创新。合作创新以共同的利益为结合点，经过与创新伙伴进行资源共享，在合作的过程中实现资源互补和整合，从而实现共同的创新目标。

四、 企业技术创新能力的构成

企业的技术创新能力的研究最早只能追溯到 20 世纪 80 年代。目前国内对于企业技术创新能力的研究尚且处于初始阶段，对于技术创新能力内涵的界定尚未达到统一的标准，各学者从不同研究着眼点出发，有不同的观点。随着技术创新能力在企业的发展中发挥着越来越不可忽视的作用，企业的技术创新能力的研究也成了研究热点。企业的创新能力有狭义和广义两个方面，从广义来说，企业的创新能力是指制度创新、组织创新、技术创新等在同一系统中不同要素进行组合的综合体；而从狭义方面来说，创新能力就单单指技术创新能力。

表 4-1 技术创新能力的构成要素

	研究学者	主要观点
创新主体	巴顿（Barton）（1992）	技术创新能力是由企业技术人员以及技术人员（或者高级技工）拥有的技能、技术能力以及企业价值观综合要素
	Nawa 等（1994）	是指企业整合利用技术资源转化为收益的能力来达到盈利目的
	高建（2000）	是指技术创新对企业发展促进的能力，即企业的技术自主开发或从外部引进来提高企业技术和产品方面的竞争力，从而促进企业持续发展的能力
	吴友军（2004）	技术能力包括技术创新能力、技术生产能力以及技术吸收能力
	石艳霞（2007）	企业在经济活动中的自主开发能力，包括开发新工艺、新方法、新技术的能力
经济学系统	Debra M.Amidon.（2003）	企业技术创新能力是可以为企业创造经济利益的能力，是要经过新思想提出、使得思想转化为实物的能力，最终制造出可以进入市场的产品或者服务
	曹崇延（1998）	技术创新能力是企业对整体的运营能力，这种能力主要是体现在产品、生产和管理上的能力，通过协调三方面的能力以达到实现经济利益的目的
创新目标	Elson（2000）	是指企业进行开发新产品而进行的，目的是为了满足消费者的需求
	郑春东（1999）	是企业依赖新技术的发展从而促进企业发展，为了满足消费者需求，从而增强企业竞争力
	朱斌 郑祥洪（2002）	技术创新能力是指企业准确识别、掌握技术发展趋势，将企业理念转化为产品导入市场的能力
创新过程	傅家骥（1998）	是企业家识别机遇，重组生产要素，整合人力资源，推出新产品或者服务等一系列活动的综合过程
	远德玉（1994）	可以划分为市场机遇识别、产品试创、规模生产、设计产品、开拓市场、销售、反馈信息等方面的能力
	杜伦德（Durand）	包括研究开发阶段、设计阶段、物料采购、供应、生产、销售、后续管理等阶段
	魏江 许庆瑞（1994）	技术创新能力包括创新决策能力、研究与开发（R&D）能力、生产能力、市场营销能力、组织能力
	科施勒（Kesler, 1989）	利用现代技术，将知识等抽象的东西转化成生产所拥有的一种能力
	胡恩华（2001）	指企业对市场需求了解后将创新构想，进行研究开发、生产化以及实现市场化的能力，各阶段的能力是相互衔接，相互影响的
	安同良（2004）	可以分为：选择、获取、消化、改进和创造 5 个阶段
组织行为视角	Larry E. Westphal,（1981）	组织能力、创新能力、技术获取能力的组合
	伯格曼，曼迪奇（1988）	是在企业资源，以及对市场分析、企业结构以及开拓能力的总和

技术创新资源要素视角	曲国禹、刘学铭（1999）	分为在技术创新方面的投入能力、产出能力以及实现能力
	陈德修（2011）	主要由资源投入方面来衡量，根据研发投入强度、专利数量两个因素
	程涛（2004）	从资源投入角度出发，将其划分为人力资源以及固定资产投入能力、信息处理能力和组织管理能力
	王健、王海山	包括投入能力、产出能力、过程能力以及内部支持和社会支持能力
	贾蔚文（1998）	包括决策、生产、获取技术、生产、开拓市场方面的能力
	关士续（2000）	包括决策、研发、操作、产出以及组织管理方面的能力

目前国内学者从不同视角出发，对技术创新能力的看法并未达到统一的说法。本节通过对文献的研究，更加认同魏江等人的观点。结合实际情况，将企业技术创新能力划分为创新管理能力、研究开发能力、创新营销能力、创新生产能力，具体的界定如下表所示。

表 4-2 技术创新能力的划分

企业技术创新能力划分	含义与内容
研究开发能力	对技术的基础性的开发以及发展趋势的研究
创新管理能力	包括对创新的决策能力以及组织能力，具体体现在创新战略、创新机制、创新速度上
创新营销能力	企业在国际市场上达到的市场占有率，出口率等体现营销力
创新生产能力	企业对于新技术应用实践的能力、设备投入能力

第二节 基于创新过程的创新能力评价体系构建

通过上述的分析，我们知道学者们从不同角度和侧面分析了企业创新能力的评价指标，但大多是局限在一个层面上。如仅以 R&D 的投入等来反映企业整体技术创新水平是不全的，它不能真实地反映产出状况、技术创新的效益和商业化的程度。专利数也不能完整地反映技术创新活动，也不能反映企业技术先进性。中小微企业的创新能力不仅仅取决于企业的技术创新能力，还取决于非技术创新能力如管理能力、决策能力、支持能力等，对中小微企业创新能力的评价应贯穿中小微企业创新的整个过程。为此，笔者提出了建立基于创新过程的创新能力评价体系。

一、建立企业创新能力评价体系应遵循的原则

为使企业创新能力评价指标能真实、全面、系统地反映企业创新能力的实际情况，结合国内外企业自主创新能力评价体系的研究分析，建立一个科学、

规范、系统、可行的评价体系，必须遵循以下原则。

1. 科学性原则

企业自主创新能力评价体系的建立，必须遵循客观经济规律的要求，体系中各指标的关系能够正确地反映事物之间的相互联系。因此，指标的设计必须科学、合理、真实地反映企业创新能力的实际情况，符合企业特点，符合市场经济的要求，符合企业自身发展的优势和可持续发展的要求。

2. 全面性、系统性原则

构造企业创新能力评价体系是一项复杂的系统工程，必须真实反映企业创新能力和侧面的基本特征。各侧面指标间相互独立，又相互联系，评价体系指标的设立应能使其在运行过程中反映评价对象中各个要素的属性及其内容，并使评价目标和指标能有机地结合起来，共同构成一个有机整体。指标体系从宏观到微观层层深入，组成一个指标设置合理、逻辑层次分明的、综合的、完善的评价体系。

3. 可行性原则

可行性是指指标的设计要应尽量实现与现实条件相兼容，指标如果是定量的，就要能获得真实可靠的数据，如果是定性的，就要力求有等级分明的评价标准，并能找到合适人员进行评价。指标设计不仅能客观地反映企业创新能力实际情况，而且应该易于取得较为准确的数据，指标的选取要尽量选取具有共性的综合性指标，定量指标可直接量化，定性指标也要能间接赋值量化，力求数据的可操作性。以便真正做到为企业管理者、政府、银行和投资者在评价企业发展前景时提供量化依据。

4. 细分性、简明性原则

为了深入、全面反映企业创新能力的内在本质，指标体系要细分到适当程度，太粗就不能提示其本质且无法达到全面评价的目的，太细则综合困难，也会引起失真。但指标体系又是复杂系统的一种简化，在遵循科学性、系统性的基础上，必须注意指标体系的简明精练。要抓住重点，防止指标过多过杂。要注意各评价指标之间的相互关系，避免指标的重复使用。

5. 创新性、导向性原则

企业自主创新能力评价体系的建设还没有一个比较成型的模式，处于一个不断完善的过程。为此，不论是考核评价体系的整体设计，还是具体评价指标的确立，都必须运用创新原则。指标设计应在推进企业健康发展、加快企业成长、最大限度地保护企业创新能力等方面加以引导。

6. 动态连续性原则

创新能力是一个动态发展、不断发展变化的过程。因此，指标体系必须能够反映企业发展现状、潜力和发展趋势。因此，指标选取时要静态指标和动态指标相结合，利用静态指标反映企业创新能力的现状，利用动态指标预测其发展前景。

二、创新过程及其衡量指标

企业的创新能力就是企业在多大程度上能够系统地完成与创新有关的各项活动的能力，包括：一是企业在创新过程中是否拥有大量的政策资源、信息资源和环境资源等支撑；二是在创新决策上，企业家是否具有较强的创新欲望，并能够较好地把握创新机会并支持创新项目推动创新实现；三是研制、生产、市场开发过程中，是能否将科学的概念转化成为用户开发的产品，并且生产、制造和提供给消费者。为此，可以将企业创新过程分为五个阶段，即信息收集阶段、决策阶段、资源投入阶段、研究开发和实施阶段。

1. 信息收集阶段

企业在其创新过程上需要有大量的信息资源、政策资源和环境资源等支撑，这些支持条件组合而形成企业创新能力的支持创新能力要素，并构成对企业创新活动影响最大的环境背景要素。这些环境要素不仅为企业创新活动提供所需要的资源，而且还深刻地影响着企业创新资源的组合和运作方式。不仅从信息、政策等方面影响着企业创新能力，而且还从观念、人文环境等方面影响着企业的制度创新能力，从而最终影响制约着企业创新能力的全面提高。

2. 决策阶段

创新决策涉及众多因素，其中决策主体是进行创新决策的能动要素，他既是创新决策活动的组织者，又是创新决策方案的决断者和创新决策实施的推动者。因而，企业的创新决策能力更多地表现在创新决策主体的决策能力上，其衡量指标包括决策者知识能力和性格特征。创新决策能力是企业创新能力结构体系中的核心要素。中小微企业是否愿意进行创新，很大程度上取决于企业家的创新意识和创新欲望。

3. 投入阶段

投入阶段的主要工作是为了开发新产品而进行的投资。即为研究开发和创新活动的实施做好各种资源准备。这些资源主要包括内部资源投入、外部资源投入和创新管理能力的投入。一个善于管理创新的企业应具有明确可行的创新战略和有效的创新机制。有效的创新机制，是指企业创新人员得到合理安排使用，有足够的 R&D 投入，非 R&D 投入、技术开发人员的投入，外部技术力量的关注和与外部技术力量的合作程度，以及创新管理能力的投入。

4. 研究开发阶段

研究开发阶段是创新流程的关键，涉及的衡量指标也较多，主要包括 R&D 项目的计划与管理、研究开发团队的组建及与其他部门的合作。R&D 项目的计划与管理主要是包括各个部门共同研究确定项目计划、明确的项目目标和阶段标准、定期评价项目进展及强有力的项目经理等指标的评价。对研发团队的评价主要包括团队的能级结构、年龄结构、专业结构、强有力的技术带头人等指标。与其他部门的合作评价指标主要包括 R&D 部门与营销部门的良好交流、在 R&D 时考虑可制造性、R&D 部门与财务部门的良好合作等。

5. 实施阶段

实施阶段是创新流程的核心，在这个阶段中主要表现为生产开发能力、市场营销能力和合作能力。其中生产开发能力评价指标包括制造部门与创新的程度、生产设备水平、工人技术水平、质量与成本控制。对市场研究能力的评价主要包括市场研究能力、营销水平、销售网络及售后服务。合作能力主要包括品牌的影响力、与大企业间的关系及国际合作能力。

三、基于创新过程的创新能力评价指标及测度标准

1. 评价指标

在企业创新能力评价指标体系中有定量指标和定性指标。对于定量指标，其评价标准的选择随比较目的的不同而多种多样，有的可选择各项指标的国内先进水平或国内平均水平作为评价的基准，有的可选择国际先进水平或国际平均水平作为评价基准，有的还可选择行业先进水平或平均水平作为评价基准，依照不同情况选择不同的评价标准。综合国外大量创新的研究成果可以发现，导致成功的因素是多方面的，一般说来，对成功的创新无法进行单因素解释，不是一两件事做得好就能获得创新成功。不仅每一个成功因素都

很重要，而且所有因素的结合也很重要。成功因素具有一般性，对于不同的行业和企业来说，成功的因素具有一定共同性。但这些因素的相对重要性在不同行业企业有所不同。成功是以人为中心的，高水平的管理人员和技术人才在创新中起着关键作用。企业创新能力的组合要素是多方面的、多层次的，其中起决定作用的要素是基本要素，其余方面的要素则是派生出来的。

在对国外学者研究成果进行系统分析、评估的基础上，结合我国中小微企业创新实践，基于中小微企业创新过程，其创新能力可分解为环境与政策支持能力、企业家精神、资源投入能力、研究开发能力、生产开发能力、市场开发能力和合作能力（见表4-3）。

表4-3　企业创新能力评价指标及测度标准

能力要素 Ci	权重 Ri	指标 Cij	指标权重 Rij	定性模糊数隶属范围	弱 1 0~2	一般 3 2~4	较强 5 4~6	强 7 6~8	很强 9 8~10
支持创新能力 C1	R1	信息 R11							
		政策 R12							
		环境 R13							
创新决策能力 C2	R2	冒险精神 R21							
		知识能力 R22							
		性格能力 R23							
资源投入能力 C3	R3	内部资源投入 R31							
		外部资源投入 R32							
		创新管理能力 R33							
研究开发能力 C4	R4	R&D 项目的计划与管理 R41							
		研发团队 R42							
		与其他部门的合作 R43							
生产开发能力 C5	R5	制造部门参与创新程度 R51							
		生产设备水平 R52							
		工人技术水平 R53							
		质量与成本控制 R54							
市场开发能力 C6	R6	市场研究能力 R61							
		营销水平 R62							
		销售网络 R63							
		售后服务 R64							
合作能力 C7	R7	品牌 R71							
		与大企业的关系 R72							
		国际合作能力 R73							

（1）支持创新能力

企业进行创新要充分了解和掌握信息、国家的政策和创新环境，要充分利用情报的作用，加大技术信息搜索和查询力度，充分掌握信息资源，避免重复研究和开发，缩短创新时间，加快创新进程。同时还要了解内外部环境及其相关的政策。对信息、政策、环境因素了解得越多、越细、越真实，越有利于企业创新的决策。它将直接影响到创新决策的成功与否。其主要衡量指标有收集、利用和管理信息的能力、综合分析内外部环境和政策的能力。

（2）创新决策能力

创新决策能力指标主要包括企业家的冒险精神、知识能力和性格能力。企业家的冒险精神指的是企业家是否具有一定的创新欲望、创新意识、是否敢于承受风险、是否能及时审时度势抓住创新机会并极力支持创新项目推动创新实现的能力，这将直接决定创新的成功与失败。知识能力主要指决策者的相关技术领域知识掌握程度和企业管理知识掌握程度。性格特征主要指决策者的首创精神、成功欲望、征服意志、冒险精神和洞察机会的能力。

（3）创新资源投入能力

创新资源投入是指获取稀缺生产要素在创新活动中的投入，而创新资源投入能力则指投入创新资源的数量和质量。其主要包括内部资源投入、外部资源投入和创新管理能力。

内部资源投入指标主要包括投入、非投入、技术开发在职人员比率、文化程度高低状况。外部资源投入指标主要包括外部技术力量的关注、与外部技术力量的合作程度。创新管理能力表现为企业发展和评价创新机会、组织管理创新活动的能力，主要包括创新战略制定、激励机制和界面管理等。

资源投入能力各分指标之间的关系是相互独立的，各分指标对综合评价水平的贡献彼此没有什么影响，可以相互弥补。以资源投入能力为例，内部资源投入和外部资源投入是相互独立的，如果企业内部资源投入能力较弱，则可以寻求外部技术力量的帮助，同样可以获得较好的资源投入，两者是可以相互弥补的。

（4）研究开发能力

研究开发能力主要包括项目的计划与管理、研发团队及与其他部门的合作。研究开发能力是企业竞争优势的根本，是企业能否在现在高速发展的科技的大环境下生存的关键。企业是否有研究开发能力是其能否生存的关键。

（5）生产开发能力

生产能力是指将研究开发成果从实验室成果转化为符合设计要求的批量产品的能力。无论任何一项成果只有投入大规模的生产方能产生经济效应，才能使研究开发具有意义，才能收回成本，故生产能力是研究开发成果产业化的关键，也是企业生存的关键。

（6）市场开发能力

市场开发能力是企业对市场的把握能力和对自身产品的推销能力。创新所需市场开发能力不仅是指产品开发出来后所具有的销售能力，而且还包括研究市场，使消费者接受新产品，通过企业用户和竞争者反馈信息以改进产品，提供优良的售后服务，从而提高新产品的市场占有率和扩大市场范围的能力。一项成果有了生产能力只是实现了收回成本的目的的第一步而只有销售出去方能真正地转化为经济效益。市场开发能力和企业经济效益有直接的关系，是企业资金回笼的关键。

（7）合作能力

合作能力是一个企业技术能力、管理水平及信息化程度在合作过程中的综合体现，表现为一个企业具有的合作倾向性或与之合作的难易程度。在经济全球化的今天，合作能力可以归结为中小微企业的品牌知名度，中小微企业与大企业间的关系和中小微企业的国际合作能力。

企业与企业之间的合作是为克服中小微企业创新过程中的规模弱势，增强自身的创新资源组织能力。合作的具体方法有因地缘形成产业集群，因市场关联形成联盟。集群的建立有利于企业在更广阔的范围内组织创新资源，提高自身创新能力集群内良性互动机制促进了各类信息交流和扩散，有利于企业及时吸引合作伙伴，减少博弈阻力，从而及时把握创新时机，提高创新速度最为关键的是集群内竞争与利益冲突是企业创新的持续动力源。企业联盟的建立可以克服小企业自身独立创新资源不足，创新能力不强、抵御创新风险能力有限等弱点。基于价值链建立战略联盟、技术联盟，通过形成利益共享、风险共担机制的方式、提高创新效率。研究机构与企业研发合作是中小微企业技术创新能力的重要来源。小企业大多不具备建立自身研发部门的条件，因此，大量的技术创新活动必须依赖外援力量。研究机构的性质决定了其在合作创新模式中的角色。研究机构可以被纳入到企业技术联盟体系中，与企业的其他合作伙伴共同发挥作用。促使创新博弈过程中形成的惰性降低。

企业创新能力是一个系统，作为一个系统，它的整体功能绝不是各个组合要素的简单叠加，而是在相互作用、相互制约中发生协同和相关。在企业创新活动中，低质的能力要素往往要制约高质能力要素潜力的充分发挥。为此，各能力要素必须要以企业的组织结构为基础，通过特定的联结方式复合在一起，才能较好地发挥各能力要素的潜力，此即企业创新能力的结构化。高度结构化的创新能力并不在意个别能力要素是否最优，而是着眼于企业创新的整体目标，注重各能力要素在质和量等方面的相互配合和协调发展，进而获得各能力要素的协同增长效应，使企业表现出超载于各能力要素的创新能力。例如，一个企业的技术能力很强，但由于创新决策能力差，总是丧失抓住市场的机会，结果只能大量技术能力闲置，出现虚假的技术能力过剩，反之亦然。因此，当一个企业某一能力要素极其薄弱时，其余能力要素再提高，也只能是做些无效投入，造成创新资源的浪费。因此，企业创新能力应该是能够把各类创新资源有效地组织起来，从而使企业整体发挥出创新功能的能力。所以，创新能力是一个系统，各能力要素不是孤立的，而是相互有联系的，各能力要素之间是否协调发展对企业创新具有显著影响。

2. 测度标准

对于定性指标而言，由于难以用数量描述，可以参照评价标准划分能力标段，再赋予一定的分值进行计算取值范围，划出五个标段，表示一个指标最差最好的过渡，将被评价企业的某一指标实际情况与评价标准相比照，既可确定其指标所在的具体标段，而且由于每一标段都是一个取值范围，评价者在这一取值范围内可以根据企业的实际情况进行微调，使得评价者既有一定的标准可循，又保证了一定的弹性。被评价企业只需要将自己的创新表现与此评价标准相比较，便可以迅速给出本企业的创新各个能力要素的得分。评价标准（表4-4）。

表4-4 基于创新过程的企业创新能力评价指标及评价标准

创新过程	能力要素	指标	评价标准
信息收集阶段	支持创新能力 C1	信息 R11	是否拥有充足的信息资源 是否拥有足够的政策支持 内外部创新环境是否有利于企业创新
		政策 R12	
		环境 R13	
决策阶段	创新决策能力 C2	冒险精神 R21	企业家是否具有一定的冒险精神、企业家是否掌握一定的相关性技术领域知识，懂得企业管理、是否具有一定的创新意识、创新欲望、风险承受能力、是否能够抓住创新机会、极力支持并推动创新实现
		知识能力 R22	
		性格能力 R23	
投入阶段	资源投入能力 C3	内部资源投入 R31	内部资源投入由被评价企业给出各指标企业值，评价者将企业与国内同行业先进水平相比较，给出评价值再取平均数。外部资源投入主要考虑是否关心外部技术力量、与外部技术力量有没有合作。是否具备创新战略制定、激励机制设计和界面管理能力。
		外部资源投入 R32	
		创新管理能力 R33	
研究开发阶段	研究开发能力 C4	R&D项目的计划与管理 R41	R&D项目有没有明确的计划，项目管理是否混乱，有没有团队意识，研发团队是否建立，结构是否合理，与其他部门的合作是否顺畅
		研发团队 R42	
		与其他部门的合作 R43	

	生产开发能力 C5	制造部门参与创新程度 R51	制造部门参与创新的程度如何，制造部门与开发部的密切合作程序如何，生产设备水平处于什么水平，工人技术水平处于什么水平，质量生产设备水平和成本管理水平和管理方法处于何种水平
		生产设备水平 R52	
		工人技术水平 R53	
		质量与成本控制 R54	
实施阶段	市场开发能力 C6	市场研究能力 R61	是否进行市场调查和研究，是否重视对市场进行检测和分析，有无营销意识，是否拥有营销手段和渠道，有无固定的销售网络，售后服务体系是否完善
		营销水平 R62	
		销售网络 R63	
		售后服务 R64	
	合作能力 C7	品牌 R71	企业内部合作能力、企业外部合作能力、企业与大企业之间的关系，企业在国际合作中所处的地位
		与大企业的关系 R72	
		国际合作能力 R73	

第三节 基于创新过程的创新能力评价

从上述分析可知国内外学者对创新能力要素构成和评价指标体系的研究虽然有了一定的进展，但仍不够深入，有些问题甚至仍然处于空白。（1）对创新能力系统构成要素及其成长过程的认识比较混乱，甚至分歧较大；（2）虽关注了时间和环境因素在创新能力中的地位，但没有将其纳入评价指标体系，因而缺乏对企业创新未来能力变化和企业与外部环境相互影响关系的评价；（3）评价指标体系缺乏对企业创新能力各构成因素相互作用的机理的研究，从而使评价结果的实用价值大打折扣。因此，建立满足上述需要的新的评价指标和评价模型是非常必要的。

一、企业创新能力评价研究概述

目前对企业创新能力的评价思路和方法主要可以分为两类：①基于创新绩效的评价方法，关注创新活动的结果和整个创新活动对企业竞争优势的影响；②基于创新过程的评价方法，关注创新活动的过程和创新的活跃程度。

基于创新绩效的评价方法其出发点是将企业创新活动看作一个投入产出"黑箱"，忽略具体的创新过程，使用投入产出类指标来测度企业创新能力，是基于传统投入产出理论的评价方法。基于创新绩效的评价方法在产业和区域层面的创新能力评价中应用较广，在企业层面上也有一定的应用空间。企业层面的创新绩效类评价主要是从企业的创新投入、创新产出两个方面进行定量评价，其主要基础是OECD推荐的创新能力7指标测度体系，包括专利数、创新数量、新产品销售比例以及创新支出占销售比例等定量指标。不同的研究对于具体指标的选取存在一定的差别，如 SOUITARIS 采用了创新数量、创新销售比例、专利数以及研发支出占销售比例 4 类指标；ROMIJN 等采用专利数和产品创新指数两类指标；SOUITARIS 采用小幅度创新产品数、大幅度创新产品数、工艺创新数量、小幅度创新产品销售比例、大幅度创新产品销售比例以及专利数等 7 类指标；CALOGHIROU 等采用显著改进的产品数和新产品销售比例两类指标。总的来说，创新绩效类评价方法主要采用定量指标，在测量指标的选取上也较为一致。

但创新绩效类评价方法并不能真实准确地反映出中小微企业的创新能力，原因在于中小微企业的创新能力存在明显的发展动态性和非线性，创新能力与创新产出的时滞效应在中小微企业中表现得尤为明显，另外，创新绩效类评价方法的基础性数据指标并不适用于中小微企业：R&D 指标倾向于低估中小微企业的创新能力，因为中小微企业往往没有正式的 R&D 经费，其创新活动往往发生于其他类型的企业活动中，难以量化；专利指标对于中小微企业的应用也存在问题，创新包括专利的获取和成功商业化，而并非所有的专利都能被企业成功地商业化；此外，由于专利申请的费用和周期等原因，中小微企业并不倾向将其创新申请专利。这使得创新绩效类评价方法并不适用于中小微企业，所以对中小微企业创新能力的评价思路应转向创新过程类评价。

基于创新过程的创新能力评价方法其理论基础是技术创新过程模型，其对企业创新能力的评价是通过对创新的管理过程和组织机制的评价实现的，良好的过程管理是企业创新成功的主要因素。ADLER 等及其后续学者的研究都认为对企业创新能力的评价不仅需要比较其创新产出，还需要对企业创新的全过程进行比较。创新过程类创新能力评价研究的争议和重点在于对创新过程的理解和划分。现有研究对创新过程的理解较为近似；且形成了较为一致的观点，但在对创新过程的具体划分上，不同研究采取不同的划分方法，没有一致的划分标准。这也使得基于创新过程的企业创新能力评价研究的可积累性较差。

通过对两类不同的创新能力评价方法的比较，本节认为创新过程类评价方法更适于中小微企业创新能力的评价。主要原因在于：①对于中小微企业而言，其创新能力更多地表现为一种创新潜力，而非创新产出，所以采用创新过程类评价方法能够更加准确地测度中小微企业的创新能力；②中小微企业创新能力发展的不均衡性，单纯创新绩效的评价难以辨识中小微企业创新能力的结构和发展的不均衡特征，其评价结果所包含的信息量较少，对企业的指导性较差。而创新过程类评价方法可以从创新过程的角度对企业创新能力结构和强度进行测度，其评价更为全面，所以，本节选取基于创新过程的创新能力评价方法，构建我国中小微企业创新能力评价体系。

二、常见的企业创新测试与评价方法

1. 测度方法

（1）主体法

主体法是指以企业为分析单元，不论企业是否考虑进行创新，均采用面访或问卷的方式收集有关创新数据的方法。这种方法之所以被世界各国创新调查普遍采用，是因为它允许采用面访或问卷的方式收集有关创新的大量数据，从而便于在国家范围内开展创新调查。但是主体法也存在一定的局限性，难以报告企业全部创新活动的新颖性，以创新的主体即企业为调查对象，难以采集单个创新的数据，因而不能充分测度创新的生命周期。

（2）客体法

客体法是指采集有关创新本身信息的方法，即对创新对象进行跟踪的方法。该方法是以单个的创新作为分析单元。采用该方法的优点表现为采集的创新数据可为政府监测特定类型的创新提供数据支持。采集的创新费用的数据更加可靠。可采集创新生命周期的信息采集的数据有助于分析创新的新颖性。采集的数据对识别创新的类型更有用。客体法更易于获得更多的、有用的和准确的数据，可以对主体法采集的创新数据的分析提供必要的补充。但是由于客体法需要对每一项创新进行调查，不仅会增加企业的负担，也会大大增加调查的成本，进而导致企业可能不会详细回答问题和准确地完成问卷，不能填报所有创新的连续记录。运用这一方法永远无法进行旨在描述一个国家特定时间内产生的全部创新的统计调查。

（3）LBIO 法

LBIO 法是从技术和行业期刊报道的单个创新案例中采集创新信息的方法。LBIO 法的主要优点就在于它几乎不需要企业报告信息。但是由于 LBIO 法仅限于收集产品创新数据，而且数据只能反映创新产出，很少反映创新过程，因此，目前只能作为其他数据收集方法的辅助手段，与其他数据采集方法联合使用。

2. 评价方法

评价方法及其应用研究是近年来管理科学与工程科学最活跃的研究领域，大量的研究成果为社会、经济和科技等方面的科学分析与决策提供了先进科学的方法手段。目前国内外学者提出和应用的评价方法达近百种之多，通过对众多国内外有关中小微企业创新评价方法的研究文献梳理中发现，目前主要有以下几种综合评价方法。专家评价法、层次分析法、模糊综合评价法、数据包络分析法、数理统计法，如聚类分析、主成分分析、因子分析等方法以及综合使用这些方法的复合评价法。

三、影响中小微企业创新测度与评价精确度的因素

1. 中小微企业自身因素

由于中小微企业作为创新的主体，在创新过程中起到了举足轻重的作用，所以其自身的一些因素将会影响创新测度与评价的准确度。目前中小微企业经营者创新意识较差，缺乏企业家的创新精神，并且自我保护意识较强。在调查者进行创新调查时，不愿意配合工作，所提供的创新数据不够全面，甚至失真，因而造成调查者难以准确采集到中小微企业创新的真实数据。

2. 评价方法选择因素

评价方法选择的正确与否直接影响着对企业创新评价结果的准确性。虽然目前对于企业创新的评价方法很多，但是却都存在一定的局限性，因而严重影响了评价结果的精确度。采用传统综合评价方法进行中小微企业创新评价，难以解决评价指标间相互关联造成的信息重复等诸多问题。这些问题的产生都有可能造成评价结果不能真正反映出中小微企业技术创新的真实能力。

3. 测度方法选择因素

测度方法选择的合理性直接影响中小微企业创新测度指标的选取的科学性，但是由于确定测度框架是建立在评价指标体系的基础上，所以也间接地影响了中小微企业创新评价结果的精确度。目前中小微企业对各指标的内涵研究不够深入，缺乏精心设计，即对企业创新测度与评价大多集中在投入与产出的测度与评价上，而忽略了对其过程的测度与评价，因而造成了指标体系设计在一定程度上出现了不合理现象，使所选取的指标不足以真实地反映中小微企业技术创新状况。

4. 创新特征因素

创新特征是中小微企业开展创新活动的关键。由于中小微企业广泛分布于各地区和各行业中，所从事的创新活动种类很多并且或多或少存在一定的差异，因而难以使用一套统一的衡量企业创新能力的评价体系。而目前对中

小微企业创新测度与评价基本上没有考虑其创新的不同特征，从而影响了企业创新测度与评价的准确度。

四、企业创新能力评价体系的测算

1. 层次分析法

层次分析法是美国著名运筹学家 T.L 萨迪于 20 世纪 70 年代末提出的一种多层次权重解析方法，它是通过分析复杂系统所包含的因素及其相关关系，将问题分解为不同的要素，并将这些要素归并为不同的层次从而形成一个多层次的分析结构模型。层次分析所需要的数据量少，能够克服一般评价方法要求样本点多，数据量大的特点，可靠度比较高，误差小，从而使系统因素间的量化分析成为可能。因此，最初该方法被广泛应用于技术创新能力评价。

层次分析法在多层次评价指标权重确定方法具有优越性，但当某一指标的下一层直属分指标超过 9 个时，其有效性降低，预判断矩阵往往难以满足一致性要求。由于该方法要求各评价指标之间严格独立，这就给我们建立评价指标体系造成一定的困难。因为难以找到完全独立的评价指标，所以使得该方法的使用范围受到一定的限制。

2. 模糊综合评价方法

对于有着复杂特性的评价对象，评价者往往很难或无法直接给出所评价对象的量化结果，而模糊综合评价法以自然语言（语义变量）表达了信息的本质，并以数值计算方式处理了评价信息，从而为定性信息和定量信息提供了一种统一的表达与处理模式。由于模糊综合评价法具有坚实的数学基础和良好结构的概念及技术系统，可以克服传统数学方法中"唯一解"的弊端，根据不同可能性得出多个层次的问题题解，具备可扩展性，符合现代管理中"柔性管理"的思想。另外，用一般的方法对那些具有不同属性、量纲的多种因素进行综合评价相当困难，而模糊数学解决了这一难题，使评价更准确、更科学。因而，应用广泛。

模糊综合评价是应用模糊变换原理和最大隶属度原则，考虑与被评价事物相关的各因素，对其所做出的综合评判，其着眼点是各个相关因素。应用这一方法对企业创新能力进行评价分析，应把握两个方面。一是建立多因素模糊综合评判模型。企业自主创新能力的评价与分析，是一个比较复杂的系统，需要考虑的因素很多，则应对指标进行层次、类别的划分，用多极综合评判加以解决。二是确定相应的权重。目前情况下，在许多经济活动的评价中，通常是凭经验给出相应的权重。不可否认，这在一定程度上能反映实际情况，评价结果可能"失真"。为此，在企业自主创新评价体系研究的过程中，要想克服上述不足，应采用专家评估法确定相应的权重。

3.模糊评价方法的改进

中小微企业技术创新评价指标体系各指标有很多不确定因素，这些因素具有模糊性而难以用一个确定的数值来评价，专家在对这些定性指标打分过程中，可采用语意变量的概念描述主观评价值和梯形模糊数来表示语意变量的隶属函数方法，来数量化集成评价者的经验知识，决策偏好等主观信息，并利用群决策方法整合多方参与决策专家的信息，可以克服单一主体时产生的片面性。语意变量是以自然语词中的语词为值来表达评估者对评估值好坏程度的感受。通常应用的有三角及梯形这两类模糊数来表示语意变量的隶属函数。针对中小微企业创新评价这一类包含定性和定量指标的多指标评价问题，以语意变量和改进的模糊积分评价模型为基础，建立一种改进的基于模糊积分的综合评价方法，来满足决策的实际需要。

在多指标综合评价中，若评价指标为定性指标，其描述通常为一词语，而所对应的数值，通常是在一个范围之内，但如果只用一明确值表示，就不能反映真实的状况，因此可采用语意变量的概念描述主观评价值。语意变量是以自然语词中的语词为值，例如可以用词组（极差、非常差、很差、稍差、普通、稍好、很好，非常好、极好）来表达评价者对评价值好坏程度的感受。通常应用的有三角及梯形这两类模糊数来表示语意变量的隶属函数。

对中小微企业创新能力进行评估绝非一件易事。首先，创新能力本身就是一个很难定量分析的指标，现在要用一系列指标来评估这一难以定量化的指标本身是个悖论；其次，创新能力是一个动态的过程，而并非一个静态的点；最后，创新能力是综合作用力的合成，评估某个因素比较容易，但对于因素的"综合"作用进行评估就是很困难的事情，因为因素间的交互作用比较复杂多变，由此所生发出的创新能力更是难以把握。另外，很多影响创新能力的因素是隐含的、潜在的，比如隐藏在人们头脑里的灵感、思想无法用数据进行说明，甚至无法获得数据。其实最大的困难还在于缺乏用数据来表示创新能力这一复杂的能力。

五、结论

本节通过对企业创新能力评价研究的回顾与综述，构建我国中小微企业创新能力评价体系。通过实证研究对中小微企业创新能力结构进行分析，并

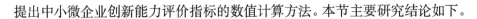

提出中小微企业创新能力评价指标的数值计算方法。本节主要研究结论如下。

1. 对中小微企业创新能力的评价应采用创新过程类评价

中小微企业发展的特点决定了其创新能力在很大程度上表现为一种创新潜力，而非创新产出能力。由于创新产出的时滞效应对中小微企业的影响显著，所以创新绩效类指标对中小微企业创新能力的评价明显滞后于测量时点的企业创新能力。此外，创新绩效类评价方法所包含的信息量较少，无法深入了解中小微企业创新能力的结构和强度，而采用创新过程类评价方法可以更加准确、全面地评价中小微企业的创新能力。

2. 中小微企业的创新能力

中小微企业的创新能力分为创新发起能力、创新实现能力和创新推广能力 3 个维度。这 3 个维度对于创新能力的解释贡献相当，是中小微企业创新能力的基本组成。其中创新发起能力是战略管理能力、资源支持能力和学习能力的综合体现；创新实现能力是研究与开发能力和制造能力的综合体现；创新推广能力是营销能力和组织能力的综合体现。

3. 采用因子分析模型作为中小微企业创新能力指标的数值计算方法

因子分析模型在指标赋权上的数据处理优势，同其他方法相比能够最大程度上保证评价指标计算结果的客观性。同时，对于中小微企业创新能力的评价不仅应该关注综合性指标，同样也应密切掌握各能力维度的具体状况，这样才能更加全面和深入地评价中小微企业的创新能力，为外部评价和企业内部审计提供支持。

第四节 中小微企业创新能力对企业发展的影响

一、企业创新能力对企业竞争发展的影响

1. 企业创新能力决定企业可持续发展水平

企业创新能力是创新动力机制顺利运行的重要一环。企业创新能力的高低，直接关系到企业能否成功地完成创新活动。如果企业不具备独立完成创新的人力、物力、财力和信息等资源，或者所拥有的相关资源的质量不高，那么即使受到的利益驱动力再大，企业也只能是望"利"兴叹了。由此可见，

在企业创新动力机制的电路中，企业创新能力的作用相当于一根"保险丝"，如果企业的创新能力很弱，那么该电路的承载能力就很小，稍大一点的负荷就会使其熔断，从而切断电路。反之，则电路可以维持顺畅地运行。因此，企业创新能力能够决定企业可持续发展水平。

目前我国经济的快速增长在很大程度上是依靠资金、劳动力和能源、资源等生产要素的投入实现的，高投入、高消耗、高排放、高污染、资源利用效率低下，成为影响我国经济可持续发展和国际竞争力的最大问题。中小微企业也存在着低水平盲目投资、重复建设、浪费资源、污染环境、生产不安全等现象。提升中小微企业创新能力，加快中小微企业的技术进步，运用科技手段解决经济发展中的突出矛盾，实现经济增长从要素驱动型向创新驱动型的转变，是中小微企业生存与发展的需要。只有具备较强的创新能力，企业才能保持可持续发展。

2. 创新能力是企业竞争力的核心

在新的市场环境下，企业间的竞争是多方面的综合竞争，企业若想形成持久的竞争优势，必须具备多种核心能力，包括：（1）能提升自己的技术创新能力；（2）能及时准确地了解客户要求的能力；（3）具有融资能力；（4）增强自身经营机制和管理体制创新的能力。在上述各种能力中，创新能力始终处于核心地位。因为只有持续不断的创新才能不断地提高产品的知识含量和技术含量，企业才能不断地向市场推出新产品，改进生产技术，降低生产成本，提高盈利水平。日本的国民生产总值（GNP）在1986年超过了大多数欧洲国家，其中包括瑞典、挪威和德国，1987年超过了美国。到20世纪80年代和90年代初人们被日本公司开辟市场、创造新产品和不断加快的步伐所折服。在技术迅速变化的年代，创新的节奏加快、产品寿命缩短，一个公司的竞争成功主要看其是否有迅速开发及成功的创新能力。

3. 企业创新能力决定技术创新所能达到的水平

科技成果对企业技术创新的推动作用和市场需求对企业技术创新的拉动作用构成了企业创新项目选择与决策的基本客观条件，主观条件是企业创新能力。它们之间的辩证关系，如图4-1所示。

由下图可以看出，在同样的市场拉力和科技推力情况下，企业创新能力的大小将决定技术创新所能达到的水平。在企业只有创新能力A1的情况下，技术创新水平只能达到P1；当技术创新能力为A2的情况下，创新水平就可能达到P2。因A2>A1，所以P2>P1。同理，一个企业在强大的市场拉力和科技推力之下，如果自身只具有A1的创新能力，却试图开发具有A2水平的产品，就会由于企业的创新能力不足，使其创新水平也只能达到 P1。

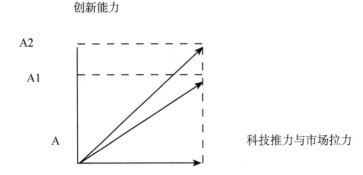

图 4-1 科技推动、市场拉力和创新能力共同对技术创新项目的作用

二、企业技术创新能力对国际创业成长绩效的影响

1. 企业创新管理能力与国际创业成长绩效之间的关系

由实证研究结果得到企业创新管理能力对企业的国际创业成长绩效具有正向的影响，验证假设 H1：企业的创新管理能力越强，则企业的国际创业的成长绩效越好。企业对于创新的管理能力是企业对于创新思想能否转化为企业生产以及设计的源泉，是企业进行技术进步的关键来源。企业对于技术创新的管理能力体现在开拓创新思维，抓住创新的机遇，获得企业在发展中的竞争优势。企业在创新管理方面能力的高低，影响到公司发展的速度，以及能否把握住有利于企业发展的机遇进行创新，从而获得有利的竞争地位。在中小微企业中，企业大多数处于发展的阶段，企业的创新管理能力影响到企业能否在企业竞争中立足并得到长期发展壮大，对于企业能否打入国际市场，赢得更多的市场份额有着密不可分的关系。企业通过提升管理团队的创新意识以及管理能力，从而提升企业创新管理能力。从现实中的企业案例也可以看出企业对创新的管理能力对企业的发展起着重要的作用。

2. 企业研究开发能力与国际创业成长绩效之间的关系

通过回归分析后，我们发现企业的研究开发能力对企业国际创业成长绩效有正向的影响，因而验证了假设 H3：企业的研究开发能力越强，则企业的国际创业的成长绩效越好。企业的研究开发能力是企业对于技术的基础性研究以及市场预测能力的把握，研究开发能力的高低取决于企业的研发团队人员的技术能力以及对于技术发展趋势的敏感度，以及技术的开拓性。企业的研究开发能力不仅可以使得企业在技术竞争中处于有利地位，而且有助于提升企业发展的动力。研究开发能力的高低决定企业开拓市场的后劲，推动企业向更好的平台发展，对于中小微企业而言，具有较强的研究开发能力的企业，在国际成长的过程中相对走得更稳，具有更好的技术后盾，因此在实践中，中小微企业的研究开发能力有利于推动企业的国际化成长。

3. 企业创新营销能力与国际创业成长绩效之间的关系

从回归分析结果来看，企业的市场营销能力与国际创业的成长绩效之间存在着显著的正向关系。因此验证了假设 H5：企业的创新营销能力越强，则企业的国际创业的成长绩效越好。企业创新营销能力是企业对于企业技术创新成果的推销能力，这种能力在企业进入国际市场中可以为企业赢得更多的知名度以及市场占有率。拥有较强的创新营销能力将对企业在进行国际竞争中处于先发地位，获得先发优势，有利企业的国际化成长。在现实的企业中，具有很强的创新营销能力，可以更好地将企业技术创新成果（新产品或者新服务）更好的带入市场，在国际市场上也会有一定的知名度。企业创新营销能力对于企业的发展具有重要的引导作用，因此。证实了企业创新营销能力对于企业国际创业成长绩效有显著的正向作用。

4. 企业创新生产能力与国际创业成长绩效之间的关系

通过回归分析，我们发现企业创新生产能力对企业国际创业成长绩效有显著的正向影响，验证了假设 H7：企业的创新生产能力越强，则企业国际创业的成长绩效越好。企业的创新生产能力是代表企业将创新思想转化为设计或者实物的能力，企业的创新生产能力强，则企业可以借助自身的能力在实行的过程中对创新思想进行加工，而且生产过程中可以更好地契合设计者的思想，更好地做出满足市场需求的产品，从而获取更高的市场认同度，助于企业的国际化成长。在国际竞争中，市场分工日益细化，有的企业选择生产外包，同样也拥有很强的市场占有率，这并不是说企业本身的生产能力就不高，不过也确实存在着企业本身生产能力不高的情况，但是相对来说，同等条件的具有较高生产能力的企业拥有更好的市场占有率。企业在选择贸易合作伙伴时，也会留意企业的创新生产能力，能否满足较短交期的要求。因此，在实践中，企业的创新生产能力有助于企业国际化成长，获得更好的市场份额。

三、企业技术创新能力对国际创业财务绩效的影响

1. 企业创新管理能力与国际创业财务绩效之间的关系

从实证检验结果来看，企业技术创新能力与企业国际创业财务绩效之间存在正向的关系，验证了假设 H2：企业的创新管理能力越强，则国际创业的财务绩效越好。企业对于创新的管理能力会促进企业的获利能力的提升，为企业获取经济利益做好准备。企业的创新管理能力的强弱在一定程度上体现在对获利方式上的变化，从而影响到企业在国际创业过程中的所取得的财务绩效。

2. 企业研究开发能力与国际创业财务绩效之间的关系

从回归分析结果来看，企业研究开发能力对企业国际创业财务绩效具有显著的正向的影响，验证了假设 H4：企业的研究开发能力越强，则企业国际创业的财务绩效越好。企业的研究开发能力可以对企业开发出来的新产品或者服务产生促进作用，从而促进企业盈利能力的提高，在企业进行国际创业的过程中，促进企业打入国外市场，有助于实现产品的增值，从而在财务方面获得更好的绩效。

3. 企业创新营销能力与国际创业财务绩效之间的关系

从回归分析结果来看，企业创新营销能力对企业国际创业财务绩效具有显著的正向的影响，验证了假设 H6：企业的创新营销能力越强，则企业国际创业的财务绩效越好。从产品的角度来说，创新营销能力是属于产品的后期对企业的新产品或者新服务进行推销，主要目的是获得认知度以及顾客的忠诚度，获得市场份额，从而为企业的国际化过程赢得更多的利润空间。企业的创新营销能力是一种后台支持能力，对于企业盈利具有更为直接的作用，在国际市场中，企业众多，为了赢得更多顾客的认知度和满意度，企业创新营销能力起着至关重要的作用，为企业获得更好的经济利润以及市场占有率打下一定基础，因此企业市场营销能力对企业国际创业财务绩效具有显著的正向影响。

4. 企业创新生产能力与企业国际创业财务绩效之间的关系

从回归分析的结果来看，企业创新生产能力对企业国际创业财务绩效具有显著的正向影响。企业的创新生产能力从某一程度是企业对技术创新的成果的检验，企业的创新生产能力的强弱决定企业进入国际市场的产品质量以

及对设计的完善程度，对企业的国际创业财务绩效有着潜移默化的作用，因此验证了企业创新生产能力对企业国际创业财务绩效具有正向影响。

四、中小微企业发展建议

1. 首要提高企业研究开发能力，培养技术人才

实证研究结果显示，企业的研究开发能力对企业国际创业绩效有正向的影响，而且企业研究开发能力对国际创业成长绩效的作用更大，因此企业要想在国际市场中处于较好的竞争优势，就必须具有良好的研究开发能力作为支撑。对于中小微企业来说，企业发展的根本在于技术。企业的研究开发能力来自于企业技术研究团队，提供研究开发能力需要企业在人力、物力、财力上支持企业发展，使企业在研究开发无遗余力。研究开发能力的提升需要技术人才的引进，需要对技术辅助性设备的引入，企业的后盾支持，此外，企业可以与高校联盟，达成产学研合作，与国际技术标准接轨，不断改善技术。

2. 提升对创新的管理能力，引入管理人才以及技术

本研究发现，在中小微企业中创新管理能力越高，则企业的国际创业绩效（成长绩效和财务绩效）越好，因此我们建议，就中小微企业而言，在进行开拓国际市场，在海外进行创业的过程中，应当加强企业对竞争对手以及市场发展需求的敏感度，加强企业对技术创新的管理能力，不仅要优化企业管理团队，要拓宽企业对创新战略、创新机制的开发，不断加快企业创新的速度。把企业重点放在加强内部管理能力，识别国际市场发展机会上，企业发展靠内部的人员方面的管理，在外部靠的是对于机遇的把握程度。

企业的管理能力的提升依靠企业管理团队的能力的发挥，也依靠管理团队对于行业竞争者的学习能力，以及管理方面的进行创新的能力。企业创新管理能力的提升取决于管理团队的努力，要优化管理团队的知识结构，不断提升企业在创新方面的决策能力，获取创新信息的能力，对创新的预测以及评估能力，对创新的内外协调能力。为了更好地发挥创新管理能力，企业可以在激励机制等方面为企业管理层提供保障。

3. 提高企业的创新营销能力，树立品牌意识

根据实证结果，企业的创新营销能力对企业国际创业绩效有显著的正向作用。创新营销能力作为技术创新的后备支持能力，要提高企业创新营销能力，除了对营销团队人才的培养以及引进，还要对市场需求以及营销环境有清楚

地了解。对于进入国际市场，对技术创新要逐渐树立起品牌意识，以及知识产权保护措施，逐步实现企业的转型升级，在这其中，要加强企业内化作用，也要善于抓住外部发展机会，逐步提高企业创新营销能力，扩展市场对企业的认知。

4. 要不断提高自身的创新生产能力，促进设备的更新换代

实证结果显示，企业的生产能力对企业国际创业绩效有显著的正向影响。企业的生产能力主要体现在设备以及管理能力方面，要提升企业创新生产能力，企业要制定有效的目标管理体系，促进设备以及生产线的更新换代，保持先进性，同时也要提高员工的素质，在生产效率方面要有提升。

第五章 中小微企业集群创新与企业发展

第一节 中小微企业集群理论溯源及发展概述

20 世纪 90 年代以来，企业集群作为一种有效的地域生产组织形式，成为经济学、管理学、地理学及公共政策等领域的热门话题。联合国贸易与发展会议（UNCTAD）、经济合作与发展组织（OECD）、联合国工业发展组织（UNIDO）和世界银行等，都把发展集群作为促进区域经济社会发展的一个重要途径。美国、英国、意大利、澳大利亚等许多国家都积极实施集群计划以提升国际竞争力。在我国，集群也受到了理论界、企业界与各级政府的广泛关注。其实集群早在 18 世纪就已经出现，集群理论在 19 世纪就有学者进行研究了，为了更进一步了解企业集群，为后面的论证提供理论依据，以下我们就集群理论发展过程及其内容进行概述。

一、企业集群的理论界定

企业集群（Industrial cluster）简称集群，用来定义在某一特定领域（通常以一个主导产业为主）中，大量产业联系密切的企业以及相关支撑机构在空间上的集聚，并形成强劲、持续竞争优势的现象（Porter，1998），它一般主要包括供应商、生产商、顾客、劳动力市场及培训机构，同时也包括中介、与产业相关的专业人员、产业协会（或商业协会）、大学、政府等要素。企业集群这一组织形式早在 18 世纪中后期就随着社会分工和专业化的发展而初显端倪，此后，企业集群化的趋势开始由慢到快发展。19 世纪末，随着国际贸易理论的发展，英国经济学家马歇尔在设菲尔德和兰开夏郡对较为明显的集群化现象进行研究。20 世纪 70 年代以来，由于技术经济所形成的集群带来的效益，国外开始逐渐重视对企业集群的研究，相关文献陆续出版。目前，各地都出现了集群或者集聚的经济形态，在西方国家较为普遍，尤其意大利最为典型；集群的理论经过发展，综合了产业组织、管理学、经济地理、技术创新以及社会学等诸多研究领域学者的观点。

1. 国外学者对企业集群的界定

由于研究背景、角度和目的不同，学者们对企业集群有着不同的界定。经济学界对集群的研究最早可以追溯到亚当·斯密（Adam.Smith，1776），他在《国民财富的性质和原因的研究》中就给企业集群下了以下定义：企业集群是由一群具有分工性质的企业为了完成某种产品的生产联合而成的群体。在书中他还阐述了其他一些包含着与集群相关的思想，但是当时集群的经济性没有得到体现，所以，一般认为阿尔弗雷德·马歇尔（Alfred Marshall）是经济学史上第一个阐述集群理论的经济学家。他在两个世纪前提出了"产业聚集地"（1890），指出"产业聚集地"是由于某地技术外溢，造成同一产业的企业聚集于某一地区的现象，解释了基于外部经济的企业在同一区位集中的现象，同时他还发现了外部经济与企业集群的密切关系，认为企业集群是外部性导致的，可以说，马歇尔的外部性理论是中小微企业集群理论的重要基础。

德国经济学家、工业区位理论奠基人——韦伯最早提出聚集经济的概念，并将集聚因素引入中小微企业集群的定义中。在其著作《论工业区位》一书中则把区位或经济因素分为区域因素和位置因素，通过对企业集群的定量研究，提出了最小费用的区位理论。同时指出聚集经济是特定的领域里相互联系的企业和机构在地理上的集中所产生的经济现象，分为企业自身的简单规模扩张和大企业以完善的组织方式集中两个阶段。在他看来，由于购买原料的便利、健全的第三方服务机构和公共设施等，使得若干个企业聚居在一个地点能给各个企业带来更多的收益或节约更多的成本，所以企业有聚集的愿望。

随后，杨格（Young，1928）提出了规模报酬理论的一些核心内容，他重视分工、交易成本和市场范围的关系，重新阐述了亚当·斯密关于分工与市场规模的思想；而胡佛（1975）则将集群看作是具有"集聚体"规模效益的企业群体；到了20世纪末，集群理论开始兴起，一些经济学家将空间维度引入主流经济学，管理学、竞争理论和演化经济的发展也极大地促进了集群理论的发展。其中最典型的是保罗·克鲁格曼（Paul Krugman，1991），他以传统的收益递增理论为基础，引入地理区位等因素，分析空间结构、经济增长和规模经济之间的关系，发展了集聚经济观点；另外，克鲁格曼指出企业集聚地形成是向心力与离心力起作用的结果；安德森（Anderson，1994）考察了传统的熊彼特主义分析创新关联的不足，主张用演化经济学来分析创新关联度，并在演化经济学的框架内构筑了交互创新的两产业模型和三产业模型，探讨了创新关联和国际专业化问题，开辟了集群理论的新视角。

迈克尔·波特（1998）在他的《集群与新竞争经济学》一文中，系统地提出了新竞争经济学的集群理论。认为企业集群是在某一特定领域内互相联系的，在地理位置上集中的公司和机构集合，它包括一批对竞争起重要作用的、相互联系的产业和其他实体。企业集群经常向下延伸至销售渠道和客户，并侧面扩展到辅助性产品的制造商，以及与技能技术或投入相关的产业公司，包括提供专业化培训、教育、信息研究和技术支持的政府和其他机构。同时波特还指出，政府或非政府机构在集群发展过程中也起到重要的作用，政府的政策对集群的形成、发展模式和发展周期都有重要的影响。

J.A.Theo、Rolelandt 和 Pimdenhertog（1998）则将企业集群界定为：为了获取新的互补技术，从互补资产和知识联盟中获得收益，加快学习过程，降低交易成本，克服或构筑市场壁垒，取得协作经济效益，分散创新风险和相互依赖性很强的企业（包括专业供应商）、知识生产机构（大学、研究机构和工程设计公司）、中介机构（经纪人和顾问）和客户通过增值链相互联系形成的网络。Ahokangas 和 Rasanen（1999）运用演化理论分析了集群产生、发展和衰落的过程及其机制，揭示了企业集群不同阶段的发展特点。

2. 国内学者对企业集群的界定

我国在改革发展起来后，一些中小微企业发展迅速，部分地区出现了企业集聚的现象，浙江是我国最早出现企业集群现象的地区之一。在借鉴西方学者对产业群概念的研究基础上，我国学者也对部分地区出现企业集群的现象进行研究，取得了一定的成果，特别是江浙的学者，他们已经从区域经济（方民生，1997；张仁寿，1999）、非正式制度（李永刚、祝青，2000）、制度变迁（朱康对，1999）和历史人文环境（陆立军、白小虎，2000；仇保兴，1999）等各个方面进行研究。归纳起来，主要有以下几种观点。

（1）认为企业集群是一种新的产业组织形式。仇保兴认为，中小微企业集群指的是由众多自主独立、相互关联的中小微企业依据专业划分和协作的关系并在某一地理空间高度聚集而建立起来的产业组织，这种组织的结构介于纯市场和纯科研层组织之间（1999）；芮明杰认为，中小微企业集群是指通过信息共享和人员的相互作用形成的中小微企业之间的结合，是一种新生的企业和产业组织制度（2004）。

（2）认为企业集群是在一定区域内形成的企业网络。慕继丰认为企业网络是指一批具有相互联系的企业和机构在某些地理区域的集中（2001）；吴思华将中小微企业集群定义为一群独立自主又彼此信赖的成员组合，成员之间具有专业分工、资源互补现象，彼此间维持着长期的非特定合约关系；赖士葆则认为中小微企业集群是两个或两个以上独立但又相互关联的个体企业间所建立的长期关系，这种关系不一定以契约来维持，可通过承诺与信任来进行。

（3）认为企业集群是具有共同的企业文化和价值的企业在一定地域空间内的集聚。王辑慈等强调企业群内企业共同的社会文化背景及价值观念，认为只有具备了这些条件，集群内企业才具有区域的"根植性"，才可以形成稳定的企业群。从这个思路出发，他们将企业集群定义为一组在地理上靠近的、相互联系的公司和关联机构，因为具有共性和互补性而联系在一起，具有专业化特征。

（4）认为企业集群是具有高度创新能力的社会生产系统。柳卸林和段小华将企业集群的内涵概括为：①相互作用、相互依存的企业集团构成的生产或社会系统；②集群内的企业有着非常活跃的创新交换过程，知识转移和分享非常频繁，是一个知识和分享的密集区；③集群通常有很强的科技基础，提倡创新和创业文化。

（5）认为企业集群是相同产业在某一地区的成长现象。符正平、徐康宁、曾忠禄等都强调企业集群的产业特征，认为企业集群指同一产业的企业以及该产业的相关产业和支持产业的企业在地理位置上的集中和成长现象。

二、企业集群的形成机理研究

集群的形成在理论上应该是历史发展的一个必然，企业为了自身的生存和发展，在博弈的过程中增强实力，避免风险，选择了联合的方式进行竞争，久而久之就形成了这种空间上的集聚现象。但是这种必然又具有偶然，那就是集群本身的特性符合博弈的选择。关于企业集群的形成机理主要有以下几种观点。

1. 从竞争力的角度研究

从这个角度进行研究的代表人物是迈克尔·波特。波特在其竞争优势理论中指出，国家竞争优势的获得，关键在于产业的竞争，而产业的发展往往是在国内几个区域内形成有竞争力的企业集群。他认为：企业集群产生的原因大致可以归纳为以下四类：特殊的历史环境；不寻常的、复杂或紧迫的地方需求；已存在的供应商、相关产业甚至是企业群为新企业群的产生提供积累和铺垫；一两个具有创新性的公司推动发展了其他公司的发展。

2. 从经济学的角度研究

从这个角度进行研究的代表人物有马歇尔、韦伯、克鲁格曼。马歇尔从新古典经济学的角度阐明了企业为追求外部规模经济而集聚，企业集聚还会引起知识量的增加和技术信息的传播（技术外溢）；工业区位理论的创立者韦伯则从企业的区位选择角度阐明了企业集聚的好处是成本的降低，归结为技术设备的发展、劳动力组织的发展、市场化的因素、经常性开支成本的降低；当代主流的新古典经济学家克鲁格曼从理论上证明了工业活动倾向于空间集聚的一般性趋势，阐明了由于外在环境的限制，如贸易保护、地理分割等原因，产业区集聚的空间格局可以是多样的，特殊的历史事件将会在产业区形成的过程中产生巨大的影响力。

3. 从管理学的角度研究

从这个角度进行研究的代表人物有波奥尔、萨贝尔和威廉姆森。波奥尔和萨贝尔（1984）认为，世界经济从 20 世纪 70 年代开始进入的长期衰退期是以大批量生产方式为基础的产业发展模式走到尽头的表现，产业组织形式进入了柔性专业化生产方式取代福特制生产方式的第二次产业转换时期，主要依靠以信任为基础的非等级制合作组织取代了等级制组织；威廉姆森（1975）则从市场与企业之间的中间组织角度进行分析，认为当不确定性、交易频率和资产专用性三者处在中间水平时，自动调节和强制调解会同时发生，形成一种中间组织形态，这种组织比市场更有效、比企业更灵活地协调生产，每个企业都根据自身能力从事分工活动中的某个阶段，因而在生产上存在相互依赖的企业需要进行合作与协调，以降低竞争和市场的不确定性。

4. 从社会学的角度研究

较多学者从这个角度对企业集群的形成进行研究。国外学者理查森（1987）认为，"非经济因素"尤其是企业家的偏好、当地的社会经济环境对集群形成起很大作用；国内学者王缉慈认为，在集群的最初发展阶段，显著的企业家活动。在欠发达地区，企业家问题、企业进入集群外部市场的能力、企业对区域外部技术的吸引力，以及教育和培训等是集群形成和发展的关键；谢思全、刘刚（2000）则认为，我国一些企业集群的形成与"国退民进"有直接的关系，这是从制度创新的角度来解释的，对我国一些集群的形成而言很有说服力。但事实上并非所有"国退民进"的产业部门或地区都出现这种集群。

三、企业集群的竞争优势分析

企业集群之所以受到国家、学术界和经济主体的广泛关注，不仅是它能够在理论上总结这些优势，最重要的还是它在实践中给企业带来强劲的增长力，推动了区域经济的发展，区域和企业出现了明显的、巨大的累进效益。在理论上，集群所带来的外部规模经济、外部范围经济优势和其他竞争优势，不仅促进了本领域的发展，还产生"涟漪"式的递增效益；在实践中，集群势头发展好的区域，其经济水平都在世界和各国具有领先的地位。

1. 企业集群优势的理论分析

下面，我们从纯经济学、社会学和技术经济学这三个代表性的角度对企业集群的优势从理论上进行分析。

（1）从纯经济学角度看，企业集群可以使集群内各企业获得外部规模经济和外部范围经济。①通过企业的空间集聚，中小微企业数量增加，整体规模增大，进而使无法获得规模经济的单个企业实现基于相互合作、依赖和信任的外部规模经济。这有利于各种要素、技术、信息和创新在集群内企业间的传播和应用。而且，集群内企业可以通过共同使用公共设施，利用地理接近性而节省相互间物质和信息流的交易费用。同时，集聚也使交易"不确定性"所导致的风险成本得以降低，这也就是通常所说的"城市化集聚经济"。此外，同行业的企业通过合资、合作或建立联盟等方式共同进行生产、销售等活动，可以增强企业集群内与集群外经济体的谈判能力，从而减少单位采购成本和营销成本；②中小微企业在相关部门之间实现专业化分工以及在生产与交易过程中的密切合作，可以获得外部范围经济（Economies of Scope），即企业生产两种或两种以上的产品而引起的单位成本的降低，或由此而产生的节约。在行业内或聚集区域内，竞争的结果往往是使集群内生存下来的企业更能适应市场的变化，并利用产品差异化和市场占有率间的交互反馈机制形成产品的差异化优势，企业内部在技术创新、组织生产、市场营销、服务等方面也会进行相应的整合并形成独特的风格，形成企业管理和企业文化上的差异化优势。聚集效应在给区域内各个企业带来差异化优势的同时，往往也会由于地理和传统文化上的接近，受相同政策和环境的作用，以及聚集区域内的企业相互影响和借鉴，形成与其他聚集区域不同的区域文化与价值观，从而形成区域范围经济的差异化优势。这使集群内企业获得了单个游离企业难以拥有的产品质量、产品成本、产品差别、组织生产、区域品牌等方面的优势，还共同承担经营和市场风险。在一定限度内，外部规模经济和外部范围经济与企业数量的增长成正相关关系。

（2）从社会学角度看，建立在共同文化背景下的人与人之间信任基础上的经济网络关系，可以维持老顾客、吸引新顾客和生产者，降低交易费用和信息不对称的风险。企业集群形成和正常运转的内在机制是集群内部人文环境，而这种人文环境的核心是企业间信任和承诺为主要内容的协作精神。中国文化的显著特征之一是"血缘基础上的文化"，建立在以家庭经营为基础，以血缘姻亲、地缘乡谊和业缘、行缘为纽带的中小微企业集群的自我繁殖和分化组合均受到当地社会文化环境的控制和引导，无论是以个人、家族关系为基础而发展起来的企业集群，还是以中小微企业协会组织为主体而构建的企业集群，或是由政府倡导、企业自愿组合的"中心卫星式"企业集群，都体现出人文网络的影响和作用。如在意大利的每一个企业集群内，一般都有良好的传统与文化作为最重要的社会基础，其核心内容就是信任与承诺。社会文化环境的更新和嬗变又影响着产业组织的发展变迁和具体运行，如果缺乏这种合作精神，"同质的"中小微企业业主之间的恶性竞争就会迅速滋长蔓延，精细的专业化分工将难以继续，企业集群整体对外的竞争力也将丧失。由此可见，维系业主之间"信任与承诺"的人文环境，促进了企业集群的整体发展，也是集群带给区域的特色竞争优势。

（3）从技术经济学角度看，集群有利于促进知识和技术的创新及扩散，实现产业和产品创新。企业集群是培育企业知识，提升创新能力的温床。①产业相关的企业聚集在一起使企业之间的竞争压力表面化，加之了解市场行情和企业产品的购货方的更高要求，迫使企业不断进行技术创新和组织管理创新，以获得市场竞争力；②一家企业的知识创新很容易外溢到集群内的其他企业，因为这些企业通过实地参观访问和经常性的面对面交流，它们的专业背景相同，所以能够较快地学习到新的知识和技术。对于难以编码化和远距离传递而又对创新极为重要的隐含经验类知识（tacit knowledge），地理接近更为重要。这类知识主要蕴藏在人们（尤其是专家、工程师和技术工人）的大脑之中，一般很难用语言表达，个人属性较强，地理、文化和机构的接近，企业之间通过人员频繁流动与非正式交流等形式建立稳定和持续的互动关系，为组织内部及不同组织之间的隐含经验类知识准确地传递与扩散提供了基础条件，从而有利于提高创新速度，在这类知识含量较高的产业中或在新产业发展中企业集聚具有重要意义；再次，企业集群也刺激了企业家才能的培养和新企业的不断诞生；③集群中的离心力与向心力影响着企业的发展（Krugman，1996）。向心力包括市场规模效应（即降低供应商与客户成本的纽带）、充足的劳动力市场（尤其是技术人员市场）以及纯外部经济性（如创意的获得），离心力包括不可流动的因素（土地、远距离的市场、国外劳动力）、高昂的地价（随着当地劳动生产率提高而上涨）以及纯外部不经济性（如过分拥挤），集群所产生的向心力和离心力会减少或增加集群网络内企业的经营成本，从而影响企业的竞争力，集群总是存在着"向心"和"离心"作用，当向心作用大于离心作用时，集群对经济具有递增性的推动作用。

2. 企业集群优势的实践效果

集群战略在国内外区域经济发展中，无论是高科技企业集群，还是传统企业集群都取得了很大的成功。高科技企业集群有：美国的硅谷、德州的奥斯汀、印度的班加罗尔地区、英国的剑桥工业园、法国的索菲亚等；传统企业集群有：意大利艾米利亚—罗马格纳地区、浙江的嵊州领带、诸暨市大唐镇的袜业、海宁的皮装、柳市的低压电器等；一般资本与技术结合型的企业集群有：日本的大田、德国南部的巴登—符腾堡等。它们都在实践中以快速的发展和强大的竞争力向我们证明了企业集群的优势。

表5-1　意大利国际竞争优势产业和浙江特色产业分布

意大利	中国浙江
比耶拉：毛纺织	温州市区：鞋、服装、眼镜
普拉托：毛纺织	义乌：小商品
都灵：自动化设备	绍兴：轻纺、化纤
皮亚琴察：自动化设备	永康：五金
帕尔马：食品	海宁：皮革、服装
蒙特别鲁那：滑雪靴	余姚：轻工模具
卡斯泰尔戈弗列多：照明设备	鄞州区：服装
卡尔皮：木工机械、针织品	奉化：服饰
摩德那：针织品	慈溪：鱼钩、长毛绒
萨斯索罗：瓷砖	永嘉：纽扣、泵阀
卡拉拉：石制品	路桥：日用小商品
阿雷佐：珠宝	嵊州：领带
瓦伦扎：珠宝	金乡：标牌、包装
博罗尼亚：包装机械	瓯海：阀门
布赖恩扎：家具	台州：精细化工、摩托车

从上表我们看到：意大利这些集聚领域所生产的产品已经是国际上著名的商品；据国家统计局2003年对全国规模以上企业生产的532种主要工业产品产量统计，浙江有336种产品产量居全国前10位，占被统计产品的63%，其中56种产品居全国第一位，像温州的打火机在国际市场的占有率超过70%，上表中列明的这些浙江地区集群的产业已经成为中国该产业的领头羊，也是浙江经济的带动力量。意大利国际竞争力的形成，浙江作为我们国家中小微企业集群的代表，无疑用它们的成功证明了这一模式对经济的推动和对

竞争力的提高。

又如清河县的羊绒产业带动的区域发展。清河县位于河北省的东南部，在当初选择发展羊绒产业之前是落后贫困县，不靠山、水、铁路沿线（现在羊绒产业有了一定发展，京九铁路经过清河县）、大城市，地上缺乏资源，地下没有矿产，以致本地农民自古就有外出谋生的习惯。改革后，清河县手工作坊兴起，通过地方政府支持、专业化分工和协作、产业辐射、诚信经营等使集群优势得以发挥，促进羊绒产业的快速发展。还有东莞的电子企业集群，目前该区域已有计算机和通讯制造企业 3000 多家，其电脑通信产品在全球已经占有很大的市场份额，其中电脑磁头、电脑机箱及其半成品占 40% 左右，电路板、光驱占 30% 左右，键盘和主机板占 16% 左右。

其他还有很多集群成功的例子，它们证明了：通过集聚可以产生竞争力，从而获得区域的发展和企业的进步，企业集群的经济效益是现实的。总结集群对我国经济的现实作用主要有以下这几方面：①有利于支撑中国的大市场，促进产业结构优化和升级。满足国内市场不仅要靠一些大企业，更需要一大批中小微企业，中小微企业集聚形成行业优势、规模优势和竞争优势，它们完全可以支撑国内市场和部分甚至大部分的国际市场，而且集群中的企业由于长期处于竞争、合作和相互学习之中，大多数企业具有较好的市场反应能力，在技术创新方面也有很强的积极性和跟进能力，通过集群的集聚效益推进创新，可形成高新技术优势；②有利于拉动相关的新兴产业，走新型工业化道路。没有一个产业是孤零零的，一个产业的兴起总会带动其他相关的产业，这就是新兴产业的结构效应，集群的发展可以为解决效益、信息化建设以及资源和环境等问题、为区域发展提供良好的基础和动力；③有利于解决竞争力和就业。实质上"大"和"强"带有很密切的相关性，集群内的结构最有利于解决中小微企业规模"弱"的问题，而且良好的发展扩大了劳动力需求，提高了就业水平。

第二节 中小微企业集群创新形成机制

一、我国中小微企业集群及集群创新的定义

1. 我国中小微企业集群的界定

本节认为，我国的中小微企业集群是指达到一定数量的中小微企业、研究或服务机构和其他相关部门，围绕在政府周围的空间集合。

这个空间集合是一个不规则的球体，由内到外分为三个层次，不同联系的企业，围绕在政府周围的空间集合，从不同方向投射可以得到不同的企业集群。集合的三个层次和地球的层次结构一样，可以表现为：①最中心的层次是地方政府和国家，它们通过自身的政策、环境提供形成吸引力，且政府所提供的政策环境与吸引力是成正比的，正是这股力量为集群提供势能；②围绕在政府周围的是相对比较大型的企业、研究或服务机构和相关部门，它们在自己的领域中起到领头羊的作用；③散落在球面的大量的中小微型企业和个体服务者等。球体形成是由于区域内企业各个方向力量的总和相等，分工处于相对平衡之中；球有可能包含一个或者多个集群，但是数量有限，每个过球心的投影平面是某种产业的企业集群，它们相互交叉联系，不同集群的企业有的存在联系，但是很大部分的企业由于集群的产业差异不存在联系。

2. 中小微企业集群的分类

对企业集群形式的划分角度不同，形式也就不一样。仇保兴认为，按照中小微企业集群的结构来分，其形式主要有：企业群落内部企业之间的关系是以平等的市场交易为主，各生产厂以水平联系来完成产品生产的"市场型"中小微企业集群；以大企业为中心、众多中小微企业为外围而形成的"椎型"（也称中心卫星工厂型）中小微企业集群；以信息联系为主而不是以物质联系为主，以计算机辅助设计和制造业的柔性生产方式来进行生产的"混合网络型"中小微企业群落。按照企业的性质又可以分为：制造业集群、销售业集群和混合企业集群等。陈雪梅、赵珂在对中小微企业形成的内外部原因进行分析后认为，中小微企业群形成的方式有：由区域的地理环境、资源禀赋和历史文化因素影响形成；由大企业改造、分拆形成；由跨国公司对外投资

形成等原因。李新春根据对广东企业集群不同发展形态的观察，将企业集群描绘为三种形式：历史形成的企业集群，沿全球商品链形成的企业集群以及创新网络企业集群。王缉慈通过对新产业区的研究将企业集群分为以下五类：一些沿海外向型出口加工基地，一些智力密集地区，一些条件比较优越的开发区，一些乡镇企业集聚而形成的企业网络、由中型企业为核心的企业网络。

本节根据研究的需要将我国的中小微企业集群分为两类：一类是知识型中小微企业集群，这类集群围绕新兴的技术行业产生，一般是政府扶持作用下形成的，主要集中在大学等研究机构周围，且知识是集群竞争力的主要力量；另一类是非知识型集群，这类集群主要分布在沿海等经济特区，是在改革开放后受地方政府扶持下兴起和发展起来的，主要作为世界贸易的生产基地，靠成本优势竞争，层次比较低，知识含量不高。这种划分并不是说非知识型的集群不需要和不存在知识，只是知识在其竞争中的作用还不是那么明显，基于知识的集群创新也主要是针对这类集群进行的。

3. 中小微企业集群创新的定义

中小微企业集群，一般是指以大量中小微企业为主体、相关产品集中生产、专业化协作配套来促进区域经济发展的企业大量聚集现象。产业集群如同成千上万的蚂蚁在群类生活中采取的分工协作、紧密配套、共同完成的集群行为，因此，以中小微企业集群为主体的产业集群也被称为"蚁群经济。"

中小微企业集群创新就是以专业化分工和协作为基础的同一产业或相关产业的中小微企业，通过地理位置上的集中或邻近，以社会关系网络为联结纽带，产生创新集聚效应，从而获得创新优势的一种创新组织形式（刘友金，2004）。这种组织的结构介于市场和层级组织之间，它比市场更稳定、比层级更灵活。借助这种特殊的组织结构，集群的成员企业之间建立长期、稳定的创新协作关系。中小微企业集群创新的定义包含以下内容：第一，专业化分工与协作是前提，强调集群成员之间的互动行为；第二，创新主体是指那些从事同一产业或相关产业的中小微企业，注重产业联系；第三，创新方式是集群内的成员企业通过自组织或有组织的地理位置上的集中，即地理位置的临近；第四，功能目标是为了获取创新能力和竞争优势。集群式创新的本质特征表现为在高度分工基础上产业链与创新链在一定空间地理位置上的祸合。产业集群中的产业链与创新链就像高速列车的两组车轮，联系两组车轮之间的控制系统则是知识流和基于知识流的 SECI 过程，所以，也可以形象地称其为"高速列车模型"。

二、我国中小微企业集群发展的原因

本节认为，我国中小微企业集群产生过程是社会与经济双方面作用的结果。首先，一些经济较为落后的地区，当面对新一轮的改革机遇时，能在第一时间抓住机会，依托改革提供的宽松政策环境发展集群经济；其次，这些企业的创业者在没有开放的时候已经在"偷偷摸摸"地进行商业活动，这练就了他们敏锐的市场嗅觉和冒险的精神。而市场刚开放，消费要求不高，消费需求大，所以即使他们初期生产的产品质量低，销售还是很好，为他们的发展提供了资本累积。中小微企业集群发展的具体过程可以表示如下：

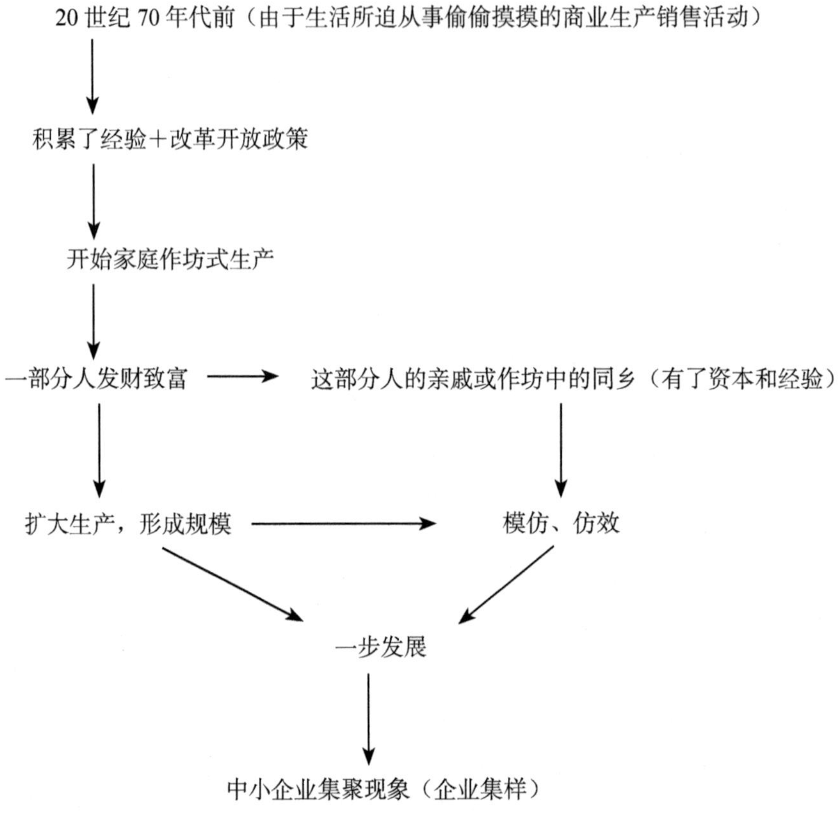

20世纪70年代前（由于生活所迫从事偷偷摸摸的商业生产销售活动）

↓

积累了经验＋改革开放政策

↓

开始家庭作坊式生产

↓

一部分人发财致富 ⟶ 这部分人的亲戚或作坊中的同乡（有了资本和经验）

↓   ↓

扩大生产，形成规模 ⟶ 模仿、仿效

↘   ↙

一步发展

↓

中小企业集聚现象（企业集样）

图 5-1　我国中小微企业集群的发展过程

从上图我们看到了中国中小微企业集群发展的一般流程，但是同一个区域大体情况类似，有些地区发展起来甚至形成集群，有些却在竞争中销声匿迹了。因此，以下要对我国企业集群发展过程中的具体原因进行补充。

1. 国家提供良好的经济环境，地方政府的积极配合

1978 年我国开始改革开放，对东部地区的影响最直接。首先，国家在政策上承认了中小微企业，并且在政策上给予扶持，财政上提供税收优惠，银行的贷款条件更加宽松，而且还建设了相配套的基础设施，这为中小微企业的发展提供了良好的硬件条件；其次，国家在法律上承认了中小微企业的地位，保障了中小微企业的成果和企业家的获益，调动了企业家的积极性，从而充分利用一切海外的、相关的关系引入资金，积极学习生产技术，进行建厂生产；第三，地方政府在得到国家政策支持后，积极引导有能力和想法的人开办工厂，并放开市场，提供良好的服务，从而为企业的建立及发展大开绿灯；最后，国家的改革开放使得人们的消费观念发生了根本的转变，从原来的消费可耻到积极甚至是超前消费，这为企业发展提供了市场，需大于求，销售顺畅，为生产进一步发展提供了良好的循环。

2. "冒险家"的诞生

中国自古流传民以食为天，如果有足够的土地，能够保证最基本的生活，人们就不可能全心全意投入生产，企业也不会在短期的时间内繁荣起来，更不可能产生企业集群；此外，就是集群地域、经济和文化的影响，古语有云"伴山者仁，伴水者智"，仁者治天下，而智者就是商业冒险家，所以中国中小微企业主要分布在沿海地区。而改革前贫苦的生活养成了他们"敛财"的习惯，还有一些为了谋生远到海外，这些都为他们初期的发展提供了原始的资本。

3. 具备促进中小微企业发展的一些条件

第一个条件就是"偶然"，那些在改革开放最初阶段发财致富这些想法的偶然实现，为更多的冒险家提供了动力，也为发展起来的企业提供了向更大规模发展的可能；第二个条件就是"模仿"，后来的一些人有想法，相对前一批开拓者来说，他们最大的成功在于追随，采用跟随策略，尽快跟上原来这些成功的企业及其经验，瓜分剩下的市场份额；第三个条件就是"风险抉择"，如果没有这一点，那么这些区域的产业将十分单调，由于市场的发展，人们已经累积了一些市场的游戏规则，在 20 世纪 90 年代经营者遇到了这样的一个问题：赢利为企业带来了剩余的资金，但是所从事的行业已经饱和，那下个投资项目是什么呢？于是，很简单的考虑到了本产业链前面或者是后面的环节，生产衣服的想到可以生产布，生产鞋子的可以生产塑料米，至少投资供应商可以保证地理位置上接近市场，这就是避免风险的结果；最后一个条件就是"博弈"，其实在前面的三个条件中都存在博弈的过程，这里的

博弈强调的是经营中的选择。每个理性的经营者在每项投资或者是决策的过程中，都要进行博弈，选择避免风险、获得收益，前面的风险、追随和被逼等都是经营者做出博弈的条件，博弈的结果就是企业集群的社会资本的形成，交易的持续和进一步发展。

所以说我国的中小微企业集群是在20世纪70年代末发展起来，个别中型企业带动，以家庭作坊式经营为主体，劳动密集、低层次产品和风险小的传统产业的企业集聚。

三、集群式创新运行的自组织过程模式

1. 自组织理论的基本内容

自组织就是系统在深化过程中，在没有外部力量强行驱使的情况下，系统内部各成员协调运作，导致空间的、时间的或功能上的联合行动，出现有序的结构。这种通过本身的发展和进化而形成的具有一定时空结构和功能结构的系统，称为自组织系统，或叫耗散结构。

在对集群式创新实际运行过程进行大量考察的基础上，运用自组织理论，可以抽象出集群式创新运行过程的一般模式。

一般来说，组织是指系统内的有序结构或这种有序结构的形成过程。德国理论物理学家H.Haken认为，从组织的进化形式来看，可以把它分为两类：他组织和自组织。如果一个系统靠外部指令而形成组织，就是他组织；如果不存在外部指令，系统按照相互默契的某种规则，各尽其责而又协调地自动地形成有序结构，就是自组织。自组织现象无论在自然界还是在人类社会中都普遍存在。一个系统自组织功能愈强，其保持和产生新功能的能力也就愈强。例如，人类社会比动物界自组织能力强，人类社会比动物界的功能就高级多了。自组织理论是20世纪60年代末期开始建立并发展起来的一种系统理论。它的研究对象主要是复杂自组织系统（生命系统、社会系统）的形成和发展机制问题，即在一定条件下，系统是如何自动地由无序走向有序，由低级有序走向高级有序的。

2. 集群式创新运行的自组织过程模式

集群式创新是指以集群的组织方式、运用集群组织优势进行产业创新，以专业化分工和协作为基础的同一产业或相关产业的企业，通过地理位置上的集中或靠近，产生创新聚集，从而获得创新优势的一种创新组织形式。这种组织的结构介于纯市场和纯层级两种组织之间，它比市场组织稳定，比层

级组织灵活。借助这种特殊的组织结构、企业之间建立长期、稳定的创新协作关系。

共赢依存性又称"互惠共生性"，指合作的双方或多方相互依存，实现利益共享。或者说他们在某种方式下紧密结合，通过功能互补，可以使得彼此有更广泛的生存发展空间。

企业集群从极为简单的集群结构（少数企业在地理上的集中，集群规模小，企业联系度不强，专业化程度等等）演化到具有复杂的集群结构——企业网络结构（集群规模大，企业联系强，专业化程度高），其演进的过程本身就蕴含着集群内部组织结构和运行机制的调整和优化，这种调整和优化的基本动因是为了与集群所处的经济环境、技术条件和水平相适应。企业集群的这种演进过程带来了其自身组织结构对环境适应力的增强与集群效应（规模经济，范围经济，外部经济，创新优势，专业化分工，资源共享，交易费用降低等等）增强，其过程表现出强烈的正反馈自我强化效应，促使集群组织结构、运行机制优化，促进集群升级。企业集群一旦形成，便进入内部自我强化的良性循环过程。一旦企业集群的组织结构、运行机制不能适应外部环境条件的变化，则企业集群的演进提升将会遇到障碍。

集群的企业是以专业化分工与协作为基础的，类似于一个生物生态系统，集群是一个有机制、相互作用相互依存的社会。集群中的竞争，不是你死我活的关系，而是协作关系。在产业集群里，众多的相互关联的企业聚集在一起，可以实现资源共享、优势互补，克服单个企业创新资源不足的缺陷，有显著的资源共享性特征。产业群内众多的企业在产业上具有关联性，能共享诸多产业要素，包括专业人才、市场、技术和信息等，一些互补产业则可以产生共生效应，群内的企业不仅获得规模经济和外部经济，而且降低交易费用、生产成本，共享资源。企业在地理上集中，可以通过共同使用公共设施，减少分散布局所需的额外投资并利用地理接近性节省相互间物质和信息流的运移费用而降低生产成本。同行业企业利用地理接近性，通过合作、合资或建立联盟等方式进行生产、销售等价值活动，可以降低企业交易费用。企业群内企业通过建立"区位品牌"，通过区域整体营销营造市场优势。集群企业在地理上的临近性，促进了信息和知识的流动性，从而有利于企业创新。

研究表明，集群式创新是一个由活性决策结点构成的非线性联结动态演化复杂系统，具有群体自学习性、自组织性、自匹配性和行为自协调性，它是由群体目标导引、信息流驱动、组织文化维护，依次经过交流、竞争、合作、分享、评价五个基本阶段的"动态循环累进"自组织过程。

（1）交流阶段

在这一阶段，群体内企业通过正式渠道和非正式渠道的信息沟通、人员接触，进行群体学习。在这种信息交流和学习过程中碰撞出创新的思想火花，发现创新机会，确认创新目标。

（2）竞争阶段

最先洞察到创新机会并确认了创新目标的企业组织，通过进一步的分析和论证，进行创新决策，将其具体化为创新项目，然后进行合作伙伴的寻找和筛选，在此基础上建立与能力要求相匹配的网络创新组织或虚拟创新组织，做好创新工作的前期准备。在这一阶段集群中企业间的竞争性最强。

（3）合作阶段

合作伙伴选定以后，接下来就是确定合作模式，进行资源整合，从而进入实质性的协作创新阶段。在这一阶段，如何有效地配置资源以及合作者之间的默契变得非常重要。

（4）分享阶段

到了这个阶段，创新目标已经按计划完成，渗入创新各方面通过多种可能的方式分享创新成果。这些可能的方式有：建厂生产新产品，改进生产工艺，转让技术以及申请知识产权等。但不管采用哪种方式，创新利益一般是按参与创新的要素进行分配。另一方面，集群中那些未能直接参入创新的企业，也可以从溢出效应中受益。

（5）评价阶段

创新项目完成以后，参入各方对合作创新目标、合作创新模式、合作创新效果进行正式或非正式的评价，总结合作过程中的经验，分析合作过程中存在的问题，指出合作过程中应改进的地方，最后创新项目组解体，集群式创新进入下一轮新的循环。

通过以上分析我们可以看出，自组织模型是一个开放的系统，它不仅有信息流、人流、物流和资金流的不断输入，而且有创新成果扩散等外部输出过程。集群中的企业在进行创新时对此要有一个充分的认识，认清每一阶段的特征和所起的作用，扬长避短，进一步提高创新效果。

第三节　基于知识的中小微企业集群创新研究

犹如生物群落一样，企业集群体是一个有机的整体，它有着自己的发展过程。国外一些学者对此过程进行了分析，如 Tichy G 提出了区域产品周期理论（Regional Product Cycle），认为企业集群具有明显的生命周期特征，分为诞生阶段、成长阶段、成熟阶段和衰退阶段；阿霍坎加斯（P.Ahorages）等人将企业集群的发展分为起源和出现、增长和趋向、成熟和调整三个阶段；波特也对企业集群的诞生、发展和衰亡进行了分析。这些在实践中也得到佐证，如在我国一些小商品集群产生较早的地区（如湖南邵东）因集群内部企业发生恶性竞争而逐步丧失其竞争优势，导致集群衰退直至消失。

如何延长集群的生命周期，就成为集群研究一个很重要的问题，本节认为解决这个问题的途径就是集群创新。知识是集群创新的根本因素，知识与集群创新成正相关关系，从知识的积累、学习和应用三个方面影响集群创新的实现。

一、基于知识积累的中小微企业集群创新

集群知识的积累主要有两种途径：集群内自身知识的积累和从集群外引进新知识。集群内的自身知识的积累从不同主体来说有两种方式：一是集群内研发（R&D）的投入所得到的产出，这主要由集群内大学、研究机构等知识生产角色的个体完成；从知识的使用者来说，它们在知识使用的过程中产生新的经验和知识，这些知识大多都是隐性知识；二是从集群外引进新知识，通过集群中高位势企业与集群外部环境的互动，引进新的知识并加以整合，使其能被集群内的其他企业所接受。因此，要提高中小微企业集群的创新能力要通过以下几方面实现知识的积累。

1. 集群内创新主体自身的知识创造

集群的创新首先表现为集群内成员的创新，成员自身创造的知识是集群创新的基础。

（1）在纷繁变化的环境中，知识使用者企业越来越意识到：竞争优势来自于知识，要维持竞争优势就必须获得知识，才能进行创新。最初的知识是

从经验而来的，企业要善于从自身经验中得到新知识，从而为集群创新提供知识积累。集群知识累积根据企业类型的不同而不同：对于供应商来说，原料的产地、特性和质量等是它主要应该掌握的知识；对生产商来说，生产技术是主要应该掌握的知识；对于销售商来说消费者的情况是它需要掌握的知识。但是，不管什么类型的企业，企业管理和公关方面的知识是共同的，而且集群网络的文化知识是成员的基础知识，它为"隐性知识"的共享提供了基础。根据分工理论，知识也存在着分工，每个企业更重要的是要掌握与其产出密切相关的专业知识。知识上的专业化使得集群中的企业可以将其有限的资源集中投入其所从事的活动，获得经验上的总结。

（2）研究机构、大学、技术转移机构等作为集群内专门从事知识创造的主体，它们的知识开发和投入对集群创新系统的知识支撑有很重要的作用。只有将研究开发机构、实验室和大学等的知识创造同市场及集群整体联系起来，它们才能成为集群的"实验室"，为集群提供知识积累。此外，也不能忽略集群中的中介服务机构，它是集群创新的重要支持力量。中介服务机构的完备水平已被视为集群发展成熟程度的重要标志，每个企业的部门和组织都不可能十分完备，特别是中小微企业，这些中介服务机构的存在弥补了它们在知识分工中的缺陷，为它们提供了专业的支持，降低了经营成本，中介服务机构可以有效协助企业创新过程中的经营管理、资本及法律障碍，促进集群创新效率。

2. 集群内创新主体间的知识交汇

创新过程研究的成果证明——基础性的知识创造通常是一个集群内个体互动的知识获得过程，这一想法并不是什么新鲜的事情，上溯到 Smith（1776）的分工理论，他已经为"分工是发展知识的装置"的思想指明了方向。当集群成员共同从事一个产品发展项目时，各个主体是在利用知识的不同部分，因此它们必须去克服这种认知上的困难（Storper、venables，2002）。另外更重要的是，集群提供了一个类似于单个企业为各个部门所提供的"共同语境"，这无疑也极大地便利了集群主体间知识的创造，尤其是，如果集群中的主体间构成一种互补性的关系时，这种语境对于集群主体间的知识协调和创造更为重要。然而，我们注意到：集群内知识的交互和主体创造的知识存在一个很大的不同，前者没有一个专门的组织形式保证着各个主体间的协同，而后者有主体的高层管理者对企业内的知识创造活动进行协调。因此，集群内个体互动的知识累积需要一定的条件：集群内主体统一的价值链，参与知识创造的主体所依赖的知识基础不同。

3. 集群外知识的获取

企业集群的创新网络系统是一个开放的系统，如果只考虑集群内的知识累积，忽略与其他外部经济实体或知识体的联系，无疑是孤立集群，特别在经济全球化趋势和信息化社会的今天，知识的封闭会导致整个集群网络的消失（Wilkinson，1999）。因此，集群应从其他集群和政府等公共部门中获得知识，从而增加其知识累积。对中小微企业集群来说，不能完全依赖本地化的学习和隐含知识，大量的文献都强调了本地网络由于地理接近，便利的隐性知识传播对其创新有积极作用，但是它也带来了"路径依赖"的负面影响，而从外部获得非本地化的、编码化的知识有利于克服这种影响，最重要的是外界的知识源是引发本地集群增长的关键动力。

我们知道一个人如果知识过于专一就容易形成思维定式，有的时候不同的学科是我们获得答案的灵感。同样，集群的知识在促进创新的过程中，有可能使企业形成"思维定式"，其他集群的知识可能在这个时候起到关键作用。集群外知识可能提供有用的信息，也有可能提供一种思维方法，而且出于知识产权的考虑，集群内企业除了从本集群和自身获得知识累积的同时，应通过与集群外部企业或知识组织发展联合研发、战略联盟或外包生产网络等方式从集群外获得新知识。

二、基于知识学习的中小微企业集群创新

中小微企业集群中的主体的学习形态有两种：一种是模仿；另一种是创新。这是中小微企业集群中的主体根据自身规模、经营策略和发展目标，在对市场环境的分析下，经过博弈而形成的。

上面我们对集群个体的创新和模仿的博弈进行描述：集群个体只有在创新的收益大于创新的成本的时候才有可能进行创新。荷威特（Howitt，2001）利用多个国家对发达国家的经验数据，论证了国家间"适度"经济模仿有利于经济的共同增长，集群也一样。所以知识学习是集群创新的产生、扩展和作用的基础，集群创新是知识学习的直接或者间接目标。而学习，也就是知识的转移，是知识的拥有者借助于适当的途径从拥有者转移到接受者的沟通过程（vito Albioetal，1999）。因此，应通过以下途径加快集群内的知识学习过程。

1. 形成集群内的知识创新氛围

集群企业由于地理和传统文化上的接近，受相同政策和环境的作用，群

内企业间相互影响和借鉴，会形成与其他集群不同的区域文化与价值观，从而建立区域的差异化优势，使区域内企业获得了单个游离企业难以拥有的产品质量、产品成本、产品差别、组织生产、区域品牌等方面的优势，进而获得企业集中度下的利润增长。而集群创新要求新知识可以在群内企业中保持良好的流动，而保持知识传播顺畅的关键在于提高集群的知识创新气氛。

首先，政府要加大知识保护的力度。政府在政策上鼓励创新，支持知识流动的同时，要加强对知识产权的保护，对知识价值做出肯定，以提高创新主体创造新知识的积极性。只有知识的创造能够为主体带来效益，才能形成知识创新的氛围；当然政府还可以通过金融和财政手段，对新知识的产生予以支持。

其次，要建立集群的知识链。集群创新能力以及竞争力的提高，不是由个体创新能力直接相加而成的，而是取决于集群内所有企业相互合作创新所产生的协同效应。因此，从知识链入手，不仅要求集群内企业对知识掌握、运用、管理与创新，而且要求集群内所有企业要相互合作创新，实现协同效应。只有集群内知识链达到顺畅循环，才能增强对集群、对环境的应变能力和洞察能力，构建集群的核心竞争力，提升集群实力。

最后，集群内部应建立良好的创新氛围。要提高全体成员学习和传播知识的意识；建立良好的创新激励机制；创造尊重知识和尊重人才的氛围；培养良好的社会关系等。

2.减少集群内知识扩散的阻碍

新创意和发明容易在同行中传播，这是因为同行之间已经拥有的知识是类似的，知识具有共通性，所以掌握容易。由于集群文化制度的差异，知识的接受程度和掌握方式就不一样，如果没有共同的文化背景，集群内成员企业间知识的掌握与传播就比较困难。因此，对于不同集群的主体，则可以通过参与者的共同体验来相互分享隐性知识，而显性知识则可通过编码化来共享和扩散。

知识流动需要良好的知识整合平台。知识的流动是企业集群创新的实质性阶段，集群网络的特性为成员的集体学习、互动创新提供了良好的环境，当然这种环境是在集群提供平等、开放和协作的知识交流的基础上，这要求我们要消除价值链中不利于知识传播的问题，从横向公平竞争，从纵向合作协调。集群中的知识流动存在很多障碍，有人为的、有外在的。知识是个人所掌握的，所以个人的特征和能力影响了知识的扩散效果，并且集群中的个体分享知识的意愿也影响着知识的扩散。

要减少集群内知识扩散的阻碍，就要建立创新的集群文化氛围，建立广泛的社会关系和统一的信息编码。其中，广泛的社会网络关系是获得知识的有效手段，良好的社会关系网络不仅可以充分拓展信息源，还为隐性知识的正确理解和掌握消除了障碍，从而成为知识共享的基础和知识翻译的保障。

3. 加快集群内知识库的形成

知识经济的生命力和灵魂在于创新，创新的基础是知识，通过集群知识库的构建，可以为创新奠定坚实的知识基础。知识库指的是按一定要求存贮在计算机中的相互关联的某种事实、知识的集合，是经过分类和组织、程序化的知识集合，是技术整合中实现知识共享的基础。它不同于普通数据库，是在普通数据库的基础上，有针对性、目的性地从中抽取知识点，按一定的知识体系进行整序和分析而组织起来的数据库，是有特色的、专业化的，是面向用户的知识服务系统（张平等，2004）。

知识库的知识都是一些显性的知识，而企业集群创新更重要的是实现对隐性知识的分享，因此，构建集群内知识库最主要的目的就是要将集群内的隐性知识转化为显性知识，对隐性知识进行编码化。知识的编码涉及两个方面的问题：一是知识（或者信息）怎样有效地传递到集群内部？二是集群内部有效的"储存、翻译过程"又涉及哪些变量？对此，本节认为可从以下方面来进行。

首先，通过过程分析识别出决策制定和经营过程中所需的知识，对需要的知识有选择的 R&D 投入，对所缺少的知识进行购买或者通过其他途径获得；其次，要使企业在更大规模和更大程度上保留已经存在的和新获得的知识，特别是隐性知识，做好知识储备工作。

在现代的技术条件下，前面这两个过程越来越依靠信息技术，因而网络化的信息技术成为知识储备的重要机制，这就是知识的信息化。集群知识的信息化管理，就是把集群内的知识转化为信息的过程：①集群知识的信息化是知识的筛选过程。由于知识包括的内容十分广泛，现在又是知识爆炸的年代，因此知识信息化首先就是知识的筛选过程；②集群知识信息化还是知识处理的技术化过程。知识要广泛而又简便地流通，就必须把知识转化为信息并用计算机语言将其存储、流通和使用，这就是知识编码；③集群知识信息化包括集群内所有知识的信息化和具体一项知识的信息化过程，要对每个相关的知识企业对信息化的过程进行规划统一，提高隐含经验类知识的编码精确度和广泛性。

总之，知识编码化可以使集群企业间的知识获取更加系统化并可以有效地防止知识的零散状态，同时还可以加速可用知识存量的增长速度和知识流量的流通速度，从而有助于发挥知识在集群发展中的应用，也为知识的更新提供了方便。

三、基于知识应用的中小微企业集群创新

企业集群的持续发展与地域的文化背景、群体的价值观念、风俗习惯及信仰均有着密切的关系，不同的家庭观念、教育观念、经济观念、冒险和创业精神都会影响到企业集群的发展。企业知识管理的目的就是使知识能够应用于生产实践中，使有利于集群创新的观念、思想、文化和制度得到推广，从而更好地实现集群的价值。

1. 营造宽松的集群创新大环境

（1）发挥政府对集群创新的引导作用

借鉴各国的实践经验，本节认为：①政府作为政策制定者必须转变观念。从直接对中小微企业集群发展干预转向间接干预，通过以下方式促进集群创新：制定相关政策鼓励集群内企业按照市场需要开发新产品，采用先进的技术、生产工艺和设备，提高产品质量，实现技术进步；为集群的技术创新项目及技术改造项目提供贴息贷款；提供政策支持，推进建立各类技术服务机构、生产力促进中心和科技企业孵化基地，为集群提供技术信息、咨询和转化服务，为产品研究、技术开发提供服务，促进科技成果转化，实现技术和产品的升级；鼓励集群内企业与研究机构、大专院校开展技术合作、开发与交流，促进科技成果产业化，发展科技型中小微企业。②制定稳定的经济和政治政策，使所有集群创新主体对未来可以预期，从而提高企业对政府和未来的信任；③政府在集群各主体之间充当媒介，使得大学等研究机构与企业密切联系，所创新的知识能为企业所用；④培育社会中介组织，逐渐过渡到通过市场提供服务；⑤为提高企业集群的竞争力和生命力，鼓励集群应尽可能加入到国际生产体系中，通过与国际性企业特别是跨国公司的合作，以获得国际性的知识，并在国际市场竞争的压力下不断寻求创新。

（2）形成基于信任的集群社会网络环境

信任接受承诺一方"相信合作伙伴愿意而且能够完成它们的义务和做出承诺，同时合作伙伴对联盟和其他的行为都出于好的意愿"（Cullen，1996）。社会资本中的信任机制具有"粘合力"，它促进了知识的共享，确保知识链的运行顺畅，使集群内所有成员都可从中获利。科尔曼认为"许多社会交换不是在相互竞争的市场结构中进行的，而是在各种信任结构和权威

结构中进行的"。因此，如果信任能成为成员间相互交往的基础，就能建立隐性知识共享的良性循环。因为成员已经相互信任且可以开诚布公的交流，就可以更快地相互学习，进而积累一定的隐性知识；当集群内能提供公平、信任的机制时，它们就比较愿意共享知识。

（3）培养和引进集群创新所需的智能型人才

智力资本是能够被用来创造财富的智力材料，知识、知识产权、经验等都是智力资本的组成（斯图尔特，1997），拥有智力资本的智能型人才是推动集群创新的关键。因此，应培养和引进集群创新所需的智能型人才：①集群内大学、中专等人才培养机构应以未来的专业方向尽量培养实践型人才，使得教育能够同生产联系起来；②集群内企业等知识使用主体应鼓励和促进人才通过"干"中学获取知识，建立允许失败和支持创新的激励体系；③通过行业协会组织对群内企业员工的在职学习、培训、教育，提高员工的技能素质；④建立集群企业员工间的交流和互助网络。通过人才在集群内的流动促进集群知识的整合；⑤集群外人才的引进。集群外人才的引进不仅可以提高集群的人才数量，还间接为该集群获得了这些人才原来所在集群的知识，可以克服集群人才培养和使用中的近亲繁殖、思维定式等的负面影响。

2. 建立集群内的知识应用平台

由于深受儒家思想的影响，我国集群区域文化形成了相对固执、不善接受的文化环境，譬如：重技术轻知识的价值观、企业家专断独行的管理、采用非法的手段获取知识等，这都影响了企业对新知识的推广。地域内的创新精神、主流价值观、社会风气等文化特征是嵌入当地的历史发展过程中，很难像技术或其他显性知识一样可以复制，所以要进行知识推广。首先，就是在集群内部建立起这种对异域文化的宽容。尤其是在当前国际贸易和全球计算机网络发展中，各个国家相互依赖程度越来越高，不同文化背景下的知识有很大的出入，因此，要在集群内推广应用外来知识，要让群内的主体接受不同的文化。

①要形成群内价值链与知识链的匹配。知识链是基于知识流在不同企业主体间的转移和扩散而实现的知识集成、整合与创新和具有价值增值功能的网络结构模型。形成价值链和知识链的匹配就是要根据集群网络内节点分布、联系和力度进行知识的分配。首先，就节点分布来说，企业数量要符合集群规模要求：均匀、有效、疏密得当，这样知识才容易在价值链中分配；其次，就联系来说，每个企业要尽量增加连接的节点，以分散风险，增加知识合作的力量；最后，节点之间联系的力度要有轻重之分，对于直接联系的节点要

更加密切，这样知识链才能达到平衡。

②建立集群内知识应用的激励机制。建立知识应用的激励机制，就是要保证知识的所有者能够从知识中获得利益。通过激励不仅要使集群内的知识所有者尽可能输出知识，还要尽量鼓励员工在自身工作中总结经验获得新知识以及从集群内获得知识。

首先，应通过建立密切协作的工作关系鼓励成员间共享知识。通过合作激励个人之间、团体之间进行合作交流，让奉献知识的成员觉得共享自己的隐性知识比让它永远存储在自己的头脑中更有实惠，只有这样才能使成员的隐性知识转化成组织强大的创新力。

其次，应创造各种机会鼓励成员实现知识输出。我国"知识交易"的不公平现象，使个人所拥有的隐性知识的挖掘、流动、转化、共享和创新等管理问题很难解决。为此，集群内企业应该把员工视为"有知识的人"，从物质和精神两个方面采取有效的激励措施来调动员工的积极性，在充分信任的原则上，创造各种机会鼓励员工的知识输出。在物质上，建立"按知识贡献分配"的激励制度，采用知识薪酬支付制、知识股权制等从近期和远期进行激励，激发他们输出知识的欲望，让每个学有专长的职工主动输出知识；在精神上，按"能位匹配"原则对员工赋予更大权力和责任，满足员工的成就欲和尊重欲，推动员工隐性知识的交流与共享，进行目标激励。据介绍，国外一些组织已经在激励知识共享方面做出了有益探索，如在 IBM 公司对成员的评估中，知识共享的比重为 25%；巴克曼（Buckman）实验室每年都要对在知识共享方面排名前 100 名的成员进行奖励。

最后，应鼓励成员主动寻找隐性知识的源头，并总结提炼得出新知识。以松下公司的面包机为例，这个面包机的关键组成是要把揉面团的过程机械化，而这种揉面技术完全是面包师所掌握的隐性知识。松下公司软件负责人通过公司的收集信息，得知当地最好的面包出自一家星级宾馆，为了改进揉面技术，松下公司出面穿针引线，让软件人员到宾馆拜师学艺，他们通过亲身实践，终于摸索出揉面的秘诀，从而攻克了面包机的技术难关，公司也对这种学习行为给予了充分的奖励。

3. 发挥企业家在知识推广和知识应用中的作用

企业家的人力资本是一种非常特殊的资源，它的特殊之处主要体现于其受集群网络文化制度的影响，同时对集群内文化和知识的传播也产生巨大的影响。中小微企业很多都是家族式的企业，管理模式趋向于个人决定一切，依靠个人魅力帮助群体新成员完成社会化，号召成员完成复杂的工作。所以，管理者可以把最有影响力的非正式领袖培养成隐性知识管理的早期接受者，使他们拥有对隐性知识的支配权。当然，不同的企业家风格对新的知识也会有不同的接受方式。例如市场型企业家会倾向于多花时间进行客户回访等活动，通过与客户交朋友，捕捉他们需求的变化来学习新知识；技术型企业家可能更愿意参加各种专业的展览，通过与供应商讨论原材料使用和设备更新等问题，来学习新知识。此外，企业家是否愿意学习和接受新知识与他个人的冒险精神是分不开的。由于中小微企业的社会资本更多是建立在企业家个人的关系网络上，因此企业家个人学习行为的不断深化，他的学习、成长和人力资本增值可以促进所在企业和集群内其他主体的紧密联系，从而促进企业的知识获得，而且知识的投入还需要企业家的投资决策，企业家对知识应用的承认，是对员工知识共享和创新的很大激励。

第四节　集群创新效应分析

一、集群创新的正效应分析

1. 集群是中小微企业创新的有效途径

我国中小微企业的技术创新，无论是创新意识、创新能力，还是创新投入、创新成果及创新效益都还处于较低水平。主要表现为研究开发投入、科技人员比例、创新管理等指标不仅低于发达国家水平，也低于国内大型企业水平。从中小微企业技术创新的主要制约因素出发，理论界普遍认为，发展中小微企业集群是促进中小微企业技术创新的有效途径。首先，集群中的分工协作体系可以使市场不断细分，促进中小微企业的专业化生产；生产的专业领域越窄，资金、技术和人才投入越集中，企业越有条件向专业知识的深度挖掘，因而较容易实现创新。安徽来安县一个专门生产医药瓶盖的小厂，在率先完成天然橡胶瓶盖向人造橡胶瓶盖转换的创新后，又在人造橡胶瓶盖的合理配方上取得重大突破，产品的市场占有率一直居全国第一。企业在专业化基础上实现创新，又在创新的基础上实现规模化生产，在规模化生产的基础上，企业创新所带来的超额利润也呈规模性增长。因此，从这个角度来讲，集群是中小微企业创新的有效途径。

中小微企业集群式创新是指以专业化分工和协作为基础的同一产业或相关产业的中小微企业，协同供应商、顾客、营销网络、政府或其他机构等集群中的各行为主体，通过地理位置上的集中或靠近，集群企业之间在竞争压力下推动创新产生、传播、溢出和扩散的集群协同创新。企业地理上的集中必然会带来竞争，而竞争促进创新；地理上的集中本身就有助于商品制造者、供给者与顾客之间产生一种更为自由的信息传递。熊彼特认为创新不是孤立事件，并且不在时间上均匀地分布，而是相反，它们趋于集群，或者说成簇地发生。所以，创新与集群在一定程度上密不可分的；创新扎根于集群，集群内企业之间的持续联系以及既竞争又合作的关系能够促使企业进行不断的创新。可见，与单个企业相比较，中小微企业在集群内更易于创新。就单个中小微企业而言，由于资本积累和融资的困难，导致研发创新力量不足、市场竞争优势的缺乏，难以实现规模经济以致防御风险能力差。由于中小微企业的市场能力有限，技术创新及其必需的知识通常难以交易或交易费用很高。因而，要充分发挥中小微企业的比较优势，避免它们的比较劣势，就可以通过中小微企业的聚集来解决，集群的出现彻底改变了单个企业势单力薄、无力开发的被动局面。企业集群整体的规模很大、市场势力很强，集群内中小微企业能够跨越组织的边界，在分享专业化的同时分散创新压力和风险，与集群内其他企业和机构结成长期的、相对稳定的合作关系，形成技术交流信息共享的互动网络，为中小微企业创新开辟了新的路径。

2. 有利于促进知识和技术的转移扩散

研究成果表明，科学家的 40% 的知识是通过非正式交流得到的，工程师通过非正式交流获得的知识高达 60%。在一个特定的企业集群内，在长期的发展过程中，集群形成了自己的价值观和企业个人内相互信任的氛围，这样使各采纳主体间的相同性较高，在浙江，很多企业集群内的采纳主体是小企业或家庭作坊，他们得到一个创新的来源主要来自于已经形成的地方人际关系。当区域中的精英通过不同途径成为创新（产品、技术，观念等）接受者时，他同时成为新一轮创新的发出者。由于各企业间的竞争协同（竞争合作）关系，企业的地理集中，以及相同或相似的企业文化，使本没有密切联系的企业有更多的相互接触和相互学习的机会和动力，形成一种学习或模仿效应，使信息在企业间传递的费用大大降低，信息沟通的便捷性提高。

3. 有利于形成产品竞争力

现阶段，随着科学技术的迅猛发展和全球范围的竞争加剧，一方面，产品的生命周期越来越短；另一方面，顾客的需求变得更为挑剔，更加倾向尝试个性化、多样化的新产品，对原有产品和服务的忠诚度和依赖性不断降低，同时顾客对提供产品或服务的时间要求越来越高，时间竞争已经成为企业市场竞争的一个制胜砝码。企业集群有利于企业之间的深度分工，而深度分工又有利于专而精，有利于提高效率。在纵向关联的企业集群中，每个企业一般只从事其中的一个或几个环节。这种少量环节的专精生产一方面降低了创办企业的资金要求，使一家一户的企业规模形式成为可能，又为集群产品的差异化和多样化创造了条件，使得企业集群能以较低的调整、转化成本和较短的转换周期满足顾客快速变化的、多样化的需求。如浙江苍南县金乡镇是一个专门生产铝制标牌和徽章的专业镇，其产品的生产工序可以分解为溶铝、轧铝、写字、刻模、晒板、打锤、钻孔、渡黄、点漆、穿别针、打号码等十几道工序。每个工序都可以有几家或更多家企业从事生产，任何一道工序的创新都可能使产品实现创新。通过各工序的精心设计、不断革新，产品实现了在规格、款式、色泽、造型、原材料等水平方向的差异化。这种产品的差异化不仅增强了集群整体的市场竞争力，而且能够有效地缓冲群内企业间的竞争，甚至可以避免集群内部的恶性价格竞争。

集群内部的竞争激励企业提升了创新效能。作为一种网络组织，中小微企业集群有利于促进企业间的学习和创新能力。一方面，企业间的有机联系增强了企业间的资源互补性和合作性，有利于知识和信息迅速传播、技术转移和新业务形成，加快企业学习和创新的进程。另一方面，集群内的竞争优势越明显，越能吸引大量的小企业向它聚集，由比较效应所产生的企业危机感也越强。尤其是集群内相同业务企业的彼此竞争，使企业为提高产品品质和降低生产成本所进行的创新活动总是能得到较快的反馈和回报。这种显著效果又成为企业新一轮创新活动的动力。知识外溢和信息传递的广度和深度，不仅为生产过程在更高水平上的创新创造了条件，更重要的是在此过程中培育了一批富有创新精神和创新能力的企业家，他们把企业的创新活动推向一种永无止境的常态。

4. 有利于中小微企业形成行为优势和资源优势

专业化分工网络不仅降低了创新在技术上的难度，扩大了创新发生的概率和在商业上的应用价值，而且又能共享各种辅助性服务的规模经济，降低生产成本。比如浙江大唐袜业的主体是数量众多、个体规模小，布局相对分散的小型家庭企业。这些企业就个体而言是缺乏竞争力的，任何单个企业都无法完成产业链的所有环节。但通过专业化分工，众多的小型家庭企业联合协作形成产业链，每个家庭企业所从事的加工或销售业务都是大唐袜业的有机组成部分。企业下单周期短，交货快，接单企业能随时随地集中大量袜机和其他印染、包装、运输等设备，在最短的时间内完成生产任务，有利于节省销售商的成本，保证产品的时效性。大唐制袜企业尤其适应小批量、多品种的生产结构，这是任何一个大企业都无法做到的。利用集群优势，充分发挥外部经济的作用，这种外部经济，既不损害单个中小微企业技术创新的独立性和灵活性，但又可以获得大企业才有的整体资源优势。于是从单个企业的技术创新来看，"小而不散""小而有效"；从众多中小微企业所组成的创新区域整体来看，"大而不呆""大而灵活"。因此，这种"小企业大群落"的技术创新组织形式，可以实现"行为优势"和"资源优势"的有机结合，解决了中小微企业技术创新中存在的规模、资金和风险问题。

集群内的专业化分工对企业生产力提高和创新具有重要的作用。专业化分工的实施使劳动者的业务局限于一种简单的操作，能够大大增强工人的熟练程度。专业化分工不仅促进了技术、工艺的创新，而且还推动了管理和产品的创新。企业集群内通过专业化分工采用柔性化弹性方式，通过供应链环节各个企业生产产品的不同组合，提高了生产组织的灵活性，生产的产品品种齐全，花样繁多，具有更高的市场竞争优势。

5. 集群的供货方式对企业创新有积极的影响

加大中小微配套企业的产品批量生产优势，必须建立区域和多龙头企业形成的产业供货网络系统，即以区域中心为半径，建立最优的层级式多向供货产业体系。而目前此处零部件生产企业大都只为本地区的一两家组装企业配套的生产格局，很难从根本上解决中小微企业生产的规模化问题。层级式多向供货产业体系能有效克服臂长型和层级集聚型集群的缺陷，通过一个较大区域内多个龙头企业带动的分工协作，实现市场的无限细分和生产规模扩大。这是因为，集群内分式的区域有效半径（即配套能力在最佳成本控制范围内）越大，企业的供货面越广，产品的生产批量越大；同种产品的批量越大，企业越倾向于这种产品的创新型尝试和组装业务；层级向下的零部件生产分工越细，生产企业的供货渠道越多，企业越能走上规模化经营的良性发展轨道，企业的创新动能也越强。

6. 有利于获得人才、提高企业创新能力

在集群内，一方面，有为企业提供人才供给的大学、科研机构、培训机构等，另一方面，集群本身对人才的强烈吸纳能力造成大量人才慕名而来，也形成专业化人才的供给。在集群内，对于专业化人才的吸纳能力和吸引力远远大于分散企业。集群内部中小微企业的专业化与分工可以在广泛地交流与接触中掌握新的技术信息，有利于吸引专业人才，从而为集群内企业创新提供人力资源保障。企业的集聚造成了技术人员的聚集，技术工人之间的长

期紧密的交流对工人本身技术能力的创新能力的提高也有着巨大的推动作用。这样企业集聚不仅能给各个中小微企业之间协作提供空间上的便利，更重要的是提高中小微企业的技术水平和创新能力。

7. 易于获得共享资源

中小微企业通过集群式创新形成资源互补。相关中小微企业各自优势资源的组合，也是相关中小微企业各自核心能力的叠加。这不仅可以获得大企业拥有的创新资源优势，而且由此产生的集体创新效率和创新能力可能远远超过大企业。众多相互关联的中小微企业聚集在一起，通过建立长期的伙伴关系，密切配合，可以削减各种相关的共享成本，并在密切合作的同时增强共享收益，从而获得创新优势。集群中的企业可以获得外规模经济和外范围经济的好处。集群中的企业通过这些创新基础设施，可以节省许多投资，方便快捷的接触到创新思想的来源及知识、信息，从而促进创新。在创新资金方面，企业创新的资金可以由专业化的金融机构提供。由于集群内企业相互了解、信任、加上相互之间的合作关系和固定的社会网络存在，企业之间筹措创新资金比较容易。

8. 易于获得政府支持

政府对企业创新提供公共服务，中介机构为创新及时地传递科技信息、市场需求信息，金融机构为创新提供资金支持以及分担创新风险等，这些都会导致企业集群内的创新较容易进行。因此，企业集群也是企业创新的理想场所。

9. 可以充分发挥科技园区对企业创新的推动作用

国内外经验表明，通过科技园区内中小微企业、大学研究机构和政府等各个不同的创新行为主体各自高效运作，实现技术、人才和知识等资源在科技园区内的集成配置，推动各创新主体人才、信息之间的广泛、多层次的有效互动、交流和合作，进而衍生、孵化和培育中小微高新技术企业群，促进技术向周边地区传统中小微企业辐射扩散，是中小微企业创新能力提升的一个重要的途径。西方大量文献表明，集群创新为技术创新提供了特殊的文化环境。集群创新的出现彻底改变了单个企业势单力薄、无力开发的被动局面。区内企业通过弹性专精的分工协作，结成稳定的合作网络，协同作用合作创新。

二、集群创新的负效应分析

技术创新扩散是一把双刃剑，它在对技术创新存在诸多良性效应的同时，还具有创新阻滞效应，这种阻滞主要表现在以下几方面。

1.拥挤效应和外部不经济

集群创新能使企业在生产和交易成本方面得到节约，但是由于众多的企业集中在一个相对狭小的区域，到一定程度后就会产生拥挤效应，使公共物品的边际收益呈现递减状态，如果超过了一定的"度"，就会加剧企业集群的恶性膨胀。也就是说，当某一区域内企业聚集的数量超过了最佳规模后，由于对公共资源和生产要素的需求量大大超过其供给量，会造成公共资源的紧缺和生产要素价格上涨，就将加大企业的成本，从而形成外部不经济。同时，随着企业成员的增加，集群区域市场日益激烈的竞争只能带来较低的边际利润，减少了企业 R&D 投入的资金来源。拥挤效应将导致企业间竞争的加剧，从而可能会提高经营成本。高技术人才的流动已成为了一种常态，那种试图用法律手段和旧的人事管理制度来阻止高技术人才离开企业的做法已不再适用，企业为了招聘到和留住一流的高技术人才，往往就必须用高工资、慷慨的奖金、股票期权、宽敞的住房以及其他优越的条件来吸引他们。产业集群会使区域人口增长、能源消耗和交通扩张。一般来讲，当特定企业或产业涌向某一特定地理区域时，必然会引起该地区工业和生活用地价格的上涨、道路或交通的阻塞，而这些往往是构成企业经营成本的重要因素。人口向区域聚集的惯性和第三产业发展所带来的巨大物质和精神诱惑力使区域发展呈加速度之趋势，但当聚集达到一定规模后将会出现地价上涨、交通拥挤、环境污染等问题，使企业的经济效益下滑。

2.过渡竞争与"柠檬市场"

"柠檬市场"是乔治·阿克洛夫（George Akerlof，1970）引入信息经济学研究中的著名概念，主要用来描述当产品的卖方对产品质量比买方有更多的信息时，低质量产品将会驱逐高质量商品，从而使市场上的产品质量持续下降的情形。由于模仿技术创新的成本低，耗时短，在技术创新扩散的传播过程中，企业往往选择的是"模仿式"创新，而不是"自主式"创新，这导致了行业结构上的趋同性，形成同类种群同向高速增长以及低水平、平面式分散的数量扩张，产生"搭便车"效应，从而导致恶性的过度竞争局面，形成"柠檬市场"，阻滞技术创新。

3. 使中小微企业面临的风险增多

集群所面临的风险有三种：结构性风险、投资性风险和网络性风险。结构性风险就是指产业集群老化或衰亡对区域经济的危害。当集群走向成熟甚至衰退阶段，由于资源高度集中于一个产业或一类产品，有可能拖垮整个区域经济。投资性风险是指技术创新扩散的时效性、外溢性决定了企业必须进行持续快速的创新，否则，就难以获得竞争优势。传统企业生命周期理论认为，一旦企业开发了一种适应市场需求的新的产品，它的生命轨迹往往要经历从生成—发展—成熟—衰退—再创新，以最大限度地获得创新收益。而在扩散引起的"挤压效应"下，扩散的作用周期越来越短，企业面临着激烈的市场竞争环境，其所开发的新产品成熟期一般很短，发展期迅速，因而区内企业从新产品中所获得的创新性收益一般是一种高附加值，同时企业往往在利润率很高时就必须进行新一轮的创新或技术升级，这种新产品的研制和开发往往也伴随着高投入成本。而这种高投入和高收益的快速创新模式必然会增大企业的投资风险。网络性风险则是指集群内企业间的网络关系对集群发展可能带来的危害。企业间的网络关系由行为主体、活动和资源三个基本要素构成。在产业集群内网络根植在共同的文化氛围中，在形成阶段是促进创新的要素，但也有可能导致"区域锁定"，阻碍创新的持续发展。这种区域锁定的形成，常常是社会和文化意义上的，促进集群形成的重要制度到一定阶段有可能集中于自我保护，最终产生对区域进步不利的风险。

三、企业创新对企业集群发展的影响

1. 创新是企业集群规模扩张的重要基础

企业集群规模扩张是建立在单个企业决策基础上，单个企业行为总是基于利益比较。集体效率是企业集群存在的经济基础，技术的溢出效应和技术创新联合行动是集体效率的重要来源，成为企业集群规模扩张的重要基础。王缉慈（2001）认为知识创新与知识学习是非常本地化的过程，地方产业氛围可以培养身处其中的人对该种产业相关知识与创新的敏感性，尤其对创造性要求高的产业，本地化知识大量以隐含经验类知识的形式存在于日常生产生活中，技术创新通过在"干中学"而传承；朱英民（2003）认为学习和创新是知识经济条件下企业集聚的重要因素，企业集群是企业学习和创新的重要环境；Audretsch 和 Feldman（1996）通过实证研究表明在知识外部性起重要作用的产业中，企业往往倾向于选择相对集中的区位。

2. 技术创新是企业集群提高竞争力的关键所在

技术创新是企业集群生存的关键所在。企业集群是由一个个企业构成，企业集群竞争力是建立在企业的竞争力基础上。波特（1997）指出任何企业都涉及大量技术，企业所做的每一件事情都涉及某种技术；作为各种活动的企业是各种技术革新的一个集合体；技术包含于企业每一项活动中，技术变革实际上对任何活动都产生影响，从而影响竞争；技术除了自身对成本或歧异化产生影响，还通过改变或影响其他成本或歧异性驱动因素来影响竞争优势，技术变革是竞争的主要驱动之一，在产业结构变化以及新兴产业创造方面发挥重大作用。

3. 技术创新是企业集群可持续发展的内在需要

企业集群发展过程中会面临一系列的风险和问题：一是制度性风险。制度风险主要是对有关产品和技术的新规定给企业集群带来的风险。二是技术间断性风险。技术上的间断性也许是外界威胁因素中最重要的因素，因为它们会同时抵消许多原有优势，集群内的资产—市场信息、雇员技能、科技专长和供应商基地—可能会变得毫无相关（波特，2000）瑞士钟表业就曾面临钟表技术间断性风险威胁。三是资源依赖性风险。不少企业集群形成是基于某种资源的易得性和廉价性，缺乏技术含量，一旦其他地区有更廉价的资源出现或本地这种资源变得越来越稀缺时，企业集群发展就可能受到冲击。企业集群要消除资源依赖性风险，需要转型和升级。大量事实证明，就算是基于原料资源的区域集群，也可以通过转变为技能性和过程性集群而规避衰退的风险，进而获得持续性发展（吴晓波、耿帅，2003）。四是"成功陷阱"。Markusen（1996）认为越是成功的集群，越可能走向衰败。企业集群实现可持续发展就必须不断解决发展道路上的这些风险。理论和事实证明，企业集群唯有不断进行创新才能实现可持续发展。

第五节　中小微企业集群创新网络的建立

通过以上的分析我们知道，集群创新不等于中小微企业在地域上简单扎堆，而是一个有机的网络，网络中各要素的相互作用、相互影响共同推动集群内中小微企业创新活动的产生和发展。企业的创新反过来又对集群的发展起到推动作用。但同时，我们还要清楚地认识到，中小微企业集群创新不仅给企业带来正面的效应，如果处理不当还会带来负面效应。所以，为了增进集群创新的正效应，避免集群创新的负效应，需要建立一个完善的企业集群创新系统，以保证中小微企业创新的顺利开展和持续发展。

一、中小微企业集群创新网络的特点

最早明确提出创新网络概念的是 Freeman C，他认为创新网络是应付系统性创新的一种基本制度安排，网络构架的主要联结机制是企业间的创新合作关系，以实现企业销售和收益能力的提升。目前人们普遍认为，中小微企业集群创新网络是指在某一区域内，中小微企业创新活动过程中与外部机构、企业、组织、如供应商、客户、其他相关企业、大学、科研院所、政府、金融机构以及中介机构等，形成的以创新为导向、以横向非正式联络为主的开放的稳定结网关系。

创新网络是涉及多个层次、多个组织、多个阶段、多种创新要素的复杂创新活动的组织形式。企业创新不是一个企业孤立的行为，企业在创新过程中需要与外界交换大量的信息。企业创新能力的提高以及创新绩效的改进要求与各种和创新活动有关的主体之间建立密切的合作关系。概括起来，集群创新网络具有开放性、本地化、动态性和系统性的特点。

1. 互惠、协同、共生性

Baptista&Swann（1998）通过实证调查，发现处于集群内部的企业比外部孤立的企业更具创新性。Capello（1999）通过对特定地区的实证分析得出，集群学习与小企业突破性产品创新之间存在显著相关关系，从而也验证了产业集群可以加强小企业集群创新能力的假设。企业集群不仅为集群中的企业获得各种创新资源提供了便利，而且通过集群这样一种社会实施机制可以建

立良好的集群信任机制，从而改善创新环境。

根据已有的研究成果和实证资料可以看出，产业集群创新网络的一个最主要的优势便是其创新的效应，产业集群创新网络实际上就是一个特殊的创新系统——集群式创新系统。创新是一种社会的、非线性的过程，是行为主体通过相互协同作用而创造技术的过程，也是学习知识的过程。网络内松散的链接为相互学习和创新提供了满意的条件。创新网络内的中小微企业突破内部资源约束，很好地共享、利用外部创新资源，形成了一个区域中小微企业创新网络。在集群区域内，众多的中小微企业不仅能共享公共资源、实现资源互补，更重要的是还可以通过正式的合同关系或非正式的信息交流，彼此之间结成长期、稳定、互惠互利的关系，最终形成相互依赖、共同发展的创新网络，并表现出竞争协同的特点。

集群中互惠共生的双方尽管分离后能够独立生存，但双方在某种方式下紧密结合，通过功能互补，可以使得两者都有更广阔的生存发展空间。网络中创新的参与者特别是企业会依据不同层次、不同方面的信息和技术进行分析、处理，做出创新决策，进行有效整合与配置，并通过网络扩散、外溢。在此过程中，相关主体会根据此创新决策及时反映和协调，在协同作用的基础上导致网络式的创新诞生，从而使整个集群由此而获得了持续的竞争力。

2. 本地化

集群创新网络系统具有一定的属地特性，它根植于当地的社会文化环境中。集群式创新实际上是以产业关联为基础，以地理靠近为特征，以设施配套、机构完善为支撑条件，以文化融合为联结纽带的本地化的区域创新网络，地方结网性是其最重要的一个特征。由于集群创新系统的本地化特性，各行为主体之间往往具有共同的社会文化背景，频繁的交流也无疑为这种非正式关系增添了一种信任机制。正是由于这种信任基础的存在，使得集群内的隐性知识能够得到更有效、更迅速的传递和扩散，从而有力地推动了人力资本和知识产生的社会化进程，提高了创新的效率，同时也使集群内部形成了一种良好的创新氛围。

3. 开放性、动态性

集群创新既是一个开放的网络系统，更是一个动态演进的过程。技术创新停滞或技术断层必然对企业集群创造力造成威胁。技术创新理论工作者用技术创新的发生频率、绩效和成功概率分析产业集群对技术创新的推动作用（Freeman.C. and Roy Rothwell，1991；Christian DeBnesson，1999），还有学者认为大量同业中小微企业在地理空间的集聚、产生技术创新的追赶、模仿、学习和启发等效应，企业间增加了技术创新的引导和启发作用。为中小微企业寻找技术创新项目、切入市场提供轨迹模仿和榜样学习（郑健壮、吴晓波，2002）。创新网络将企业连接到更广泛的创新系统中，使创新活动进一步在地理空间扩散，而不再像传统模式中，大多数创新活动只发生在企业内部的研究与开发机构或中心区域。集群创新网络系统的动态性表现为网络边界的扩张与收缩。网络松散的组织结构鼓励了集群内外各主体之间的频繁交流。这种交流使彼此之间的严格边界日渐模糊，并且对集群内外资源呈现出多孔状的有效吞吐。一方面，为了获取创新所需的新鲜力量，网络吸纳其他主体，此为网络边界的扩张。另一方面，当某个联系特别是非正式契约的联系变得无效或有害时，网络就会主动切断这种联系以保持网络的效率性，这就表现为网络边界的收缩。另外，集群创新网络的动态性还表现为本地网络的外部连接，即各个行为主体之间的连接不仅仅局限于本地集群系统，而是与集群外的系统一直保持着一种动态的、积极的良性互动。

4. 系统性

集群中的企业是以专业化分工与协作为基础的，产业集群中具有参与活动能力的行为主体（企业、大学、研究机构、地方政府等组织及其个人）在交互作用与协同创新过程中，在主动或被动地参与活动过程中，通过资源的流动，彼此建立起各种相对稳定的、能够促进创新的、正式或非正式的关系总和。

集群网络是一个有机的、相互作用、相互依存的社会。这些关系有时是基于共同的社会文化背景和共同信任基础上结成的非正式关系，有时是发生在市场交易或知识、技术等创造过程中的正式合作关系，他们共同完成了集群系统中的创新活动。

二、中小微企业集群创新网络的主体及其相互关系

企业集群有利于加强知识的积累和学习，加快知识和技术的扩散，降低创新的风险，塑造一种良好的创新氛围和环境。与集群外单个企业创新不同，中小微企业集群通过创新文化、集群竞争效应、创新收益、市场需求和创新积累等对创新产生了强大的推动力。企业集群本身就是一种网络组织，中小微企业集群内各类行为主体通过竞争与协作，在创新活动中形成相互联系、相互作用的有机整体，构成了中小微企业创新网络体系。

中小微企业创新网络是一种"混合型"（hybrid）的组织形式，它所包含着的合作关系就是一种特殊的合作关系，居于网络之中的中小微企业行为是

竞争与合作的辩证统一。这个网络是涉及多个层次、多个组织、多个阶段、多种创新要素的复杂创新活动的组织形式。由此可见，企业创新不是一个企业孤立的行为，企业在创新过程中需要与外界大量交换信息。企业创新能力的提高以及创新绩效的改进要求与各种和创新活动有关的主体之间建立密切的合作关系。

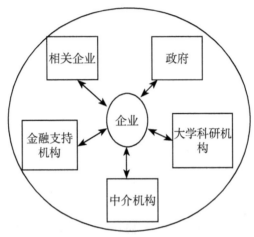

图 5-2 中小微企业集群创新体系主要涉及五大创新行为主体：

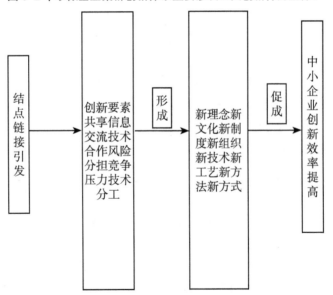

图 5-3 中小微企业集群创新网络系统

1. 中小微企业和相关企业

相关企业是指集群内部大型企业、物流企业以各类服务企业等。企业是集群创新的核心主体，它们面临着集群内部企业间在采购、客户资源、价格、服务质量和销售等方面的激烈竞争，他们彼此相互竞争、相互协作，相互模仿、相互突破，具有创新的动力，在竞争中求生存，在创新中求发展，形成创新互动机制，实现多赢。企业间的战略通过优势互补，可以缩短产品开发周期，分散技术开发和市场、通过信息交流和相互学习，提升企业的竞争优势。企业是创新网络中最重要的经济单元，也是参与创新实现创新增值的最直接行为主体。

2. 政府及有关管理部门

政府及有关管理部门，它们能够创造促进企业集群创新的制度和政策环境，是推动中小微企业集群的重要力量，如制定促进利用信息技术和现代实用技术改造传统企业的政策，提供基础设施等公共资源，支持教育培训与科研开发，支持对公共技术的研究等。在中小微企业集群发展的不同区域、不同阶段，政府及有关管理部门所起的作用是不同的。政府的主要功能是引导、扶持和创造良好的环境。政府是推动中小微企业集群创新的重要力量，如提供基础设施等公共资源，支持特殊领域的教育培训与科研开发，给予一定的政策倾斜和优惠政策等。

政府通过规划、资助和优惠政策等推动中小微企业创新网络的形成和发展。政府对中小微企业的支持包括政府对企业提供税收减免、贴息贷款、政府有关的财政补助、人才引进政策、产品出口优惠政策等一系列的政策支持，如技术创新知识的普及、技术创新经验的交流、技术公关协助、高技术发展动态、战略咨询、资金支持等。网络中的企业与政府关系密切，更有利于获得政府的政策支持，促进企业的发展，扩大企业与其他节点的广泛联系，促进集群创新网络的形成和发展。

3. 大学、科研机构

大学与科研机构，主要是大中专学校以及从事科研的单位，它们是集群创新网络中的知识和技术的源头。我国的科技资源大多集中在大学和科研机构中，90%以上的中小微企业技术开能力较弱，大学、科研机构与企业之间的合作是非常必要和有益的。大学、科研机构是中小微企业集群创新网络中各种专利、创新的发源地。科研机构与企业合作可以实现其新技术、新工艺、新思想、新创意的转换，可以实现科研机构的商品化、研究的市场化。

4. 中介机构

中介机构包括各类信息咨询服务公司、行业协会及其他合作组织等，它们在加速集群内部各种信息的传递，沟通和协调企业之间、企业与政府之间的关系，建立集群创新必须的信用机制等方面发挥着重要作用。中介机构作为中小微企业与其他机构如大学、科研院所、政府、金融机构、供应商联系的一个桥梁，起到了沟通联结的作用，在各类创新资源或各创新行业主体间起到穿针引线、铺路架桥，从而使它们开始建立联系，推动中小微企业创新网络的形成。

中介机构如各种行业协会通过本身作业该行业的管理与技术推广、技术扩散组织，在中小微企业之间、中小微企业与政府之间起到了协调的作用。当中小微企业与其竞争企业冲突和矛盾时，企业与其竞争企业的联系发生中断时，行业协会协调其间的关系，促使企业与竞争企业的联系继续保持，促进创新网络的进一步发展。还可以通过中介机构为中小微企业提供技术创新信息，创造企业与企业相互交流的机会，建立或加强企业与其他节点的联系，推动中小微企业创新网络的形成与发展。

中介机构的完善与活跃，对企业创新活动会产生积极影响，不仅可以有效地协调与规范企业的市场行为，促进资源的合理配置，而且还可以帮助政府部门和市场激活创新资源，进而增强网络内创新的活力。

5. 金融支持机构

金融支持机构，它能够在企业创新，特别是风险创新等方面提供金融支持。由于企业集群的整体效应，金融机构对集群内中小微企业的投资比对外部中小微企业更加有信心。如在集群内部企业信息化建设、开展电子商务等方面，中小微企业常常受到资金的限制，需要金融支持才能实现企业创新思想。

三、集群创新网络系统构建

结合中小微企业集群创新的特点，及对中小微企业集群创新网络的分析，笔者认为在集群创新系统的构成中，最关键要素应该是集群中的相关企业集合以及由它们所组成的网络。其次是集群技术基础设施，包括硬件基础设施和软件基础设施（如作为知识生产和提供者的研究开发机构、实验室和大学，人力资源与培训机构，及其他如金融机构、产业协会、技术服务机构等各种服务机构）。再者是集群环境因素，包括社会、文化、政府、外部资源和制度规制等。这些因素往往是集群自身不可控的，属于集群的外围因素。为此，我们认为集群创新系统应由三部分组成，即核心层次（Core–level）、辅助层次（Supplement）和外围层次（Peripheral–level）要素构成。

中小微企业集群主要存在经营性市场组织（市场主体）、非政府和非经营性的社团组织（中介组织）、区域政府组织三类组织。市场力量和原则（即资本权力、利润与效率）支配着各个行动主体的活动。政府组织是以社会全体的基本福利为其目标的行动者。政府存在的合理性在于政府可以弥补市场的缺陷，如基础教育、社会保障等公共产品。中介组织是自律组织，它以社群利益为导向，发掘和运用分散的社会资源，为其成员谋求发展，主动地、自觉地参与社会事务。它不掌握公共权力，但可以在集群内进行协调、沟通、整合，发挥极积极作用。

1. 核心层次要素

核心要素包括供应商、竞争企业、用户和相关企业四因素，并由这四因素构成了集群及其创新网络的核心主体，它们之间通过产业价值链、竞争合作或其他内部联结模式实现互动。

中小微企业是集群创新的核心主体，它们面临着集群内部企业间在购销渠道、客户资源、价格和服务质量等方面的激烈竞争，因此具有创新的动力；同时由于多数中小微企业往往只具有较少的或某一方面的创新优势，这就需要在创新上与相关企业进行合作，形成创新互动机制，实现合作创新多赢。

2. 辅助层次要素

辅助要素即基础设施要素，包括三个因素：硬件技术基础设施、集群代理机构和公共服务机构。辅助层次要素为集群自身可控要素。辅助层次要素服务于集群创新系统的持续创新产出，离开核心层要素，辅助要素就失去存在意义。各类代理各公共服务机构，它们在加速集群内部各种信息的传递、沟通和协调企业之间、企业与政府之间的关系，建立集群创新必需的信用机制等方面发挥着重要作用。

3. 外围层次要素

外围要素包括政府、正式和非正式制度规制、外部市场关系三因素。这些要素为集群不可控要素。这些因素为集群所处的环境因素所构成，它们同样作用于集群创新活动，但没有集群，这些要素同样存在。

这三个层次之间的关系是：辅助层次主要为核心层次提供资源和基础设施，知识流、技术流、人力资源流、信息流等生产要素的支持，其中的集群代理机构还作为政府和集群的代理人，承担集群内部的制度设计和行为规范。

外围层次或通过不断完善辅助层次，或直接通过有关规制的建设，或通过其他间接的作用方式（如文化和人际关系），影响着核心层次的行为和相互联结方式。

第六节　晋江中小微企业集群创新的实证研究

晋江市地处福建省东南沿海，是海峡西岸经济区发展构想的重要组成部分，是全国著名侨乡。全市陆域面积649平方公里，人口102万，以汉族为主，有回族、畲族和满族等12个少数民族。从1978年以来，通过改革开放，经济发展的速度十分惊人：1992年至今一直名列福建省经济实力"十强"县（市）之首，1995年全市实现小康，2002年县域社会经济综合发展指数位居"全国最发达100个县（市、区）"的第14位，2004年全国县（市）社会经济综合发展指数排名第18位。全市已初步形成纺织服装、鞋类、建材陶瓷、食品、轻工杂品业等五大传统支柱产业和化纤、车辆机械、新材料、制药、纸制品业等五大新兴优势产业，这些产业共聚集企业6300多家，产业链配套完整，集聚趋势相当明显，年产值占全市工业总产值的90%以上。其中，纺织服装业共有企业3300多家，年产值285亿元，荣获"中国纺织产业基地""中国拉链之都"称号；制鞋业共有企业2300多家，年产量7亿多双，旅游运动鞋产量占全国的40%、世界的20%，被授予"中国鞋都"称誉；食品业共有规模以上企业560多家，产值30多亿元（占福建省的50%以上，糖果总产量占全国的近20%），被评为"中国食品工业强县"；陶瓷石材业共有陶瓷生产企业250多家，石材企业300多家，年产建筑陶瓷5亿平方米、石板材4000万平方米、石雕工艺品60万件，外墙砖在国内市场占有率达65%，琉璃瓦产品几乎垄断全国市场；轻工杂品业共有企业400多家，是全国三大玩具生产基地之一。制伞业出口总值占全国的23.8%，是中国最大的伞业制造基地之一。磁灶、永和、东石、深沪、英林、龙湖、新塘等镇（街道）分别被授予"中国陶瓷重镇""中国石材之乡""中国伞都""中国内衣名镇""中国休闲服装名镇""中国织造名镇""中国运动服装名镇"称号。把这种发展称为一种经济发展的奇迹并不为过，那么，是什么力量创造了这种奇迹呢？

其实，每个区域经济的崛起总是有它的历史必然和现实偶然，晋江也不例外。早在《马可·波罗》中，泉州就被描写成一个繁华的商业城市，良好的商业传统是这个经济崛起的历史条件；改革开放的政策提供和当地的区域特点是晋江发展的偶然因素。

一、晋江中小微企业集群的发展背景及其发展历程

和我国其他许多中小微企业集群一样，晋江的中小微企业集群是在家庭作坊的基础上发展起来的，以生产专业化、非正式的社会关系和制度安排，以及企业间的合作为特征的，集群层次比较低。这种企业集群可以被看作是一个多中心的网络，参与者在自愿的基础上，通过横向或纵向联系进行合作或竞争，集群的竞争力通常与供应商之间的"灵活的专业化"过程的扩散有关，通过合作降低生产成本、增强生产灵活性。从它的发展脉络我们可以看出晋江中小微企业集群的个性化特征。

1. 晋江中小微企业集群的发展背景

远在元代，泉州作为最大的海外贸易中心就是南方少有的商业发达城市之一。据马可·波罗的记载，这里是一群从中原等地移民来的士民集聚地，各个国家的商人及其文化集中在这里，商业思想成熟。知识是文化、制度和技术等的综合，它为集群发展提供了可能，以下我们从文化、制度两个角度来分析集群产生的背景。

（1）晋江文化上最大的特征就是差序格局。"差序格局"是讲传统中国社会的独特结构，"我"处于伦理和认知的中心，其他一切关系——父母、兄弟、夫妻、朋友、君臣，都由"我"而派生，仿佛一个同心圆，圆心、与圆心外一圈圈散开的涟漪，就构成了传统中国社会"不断扩展的秩序"（费孝通）。晋江是北方士民迁移与当地人斗争和融合而成的，它的文化具有多元的特征；它是著名的侨乡，隋唐开始就有人定居海外，所以有"海外一个晋江，海内一个晋江"之说，这加深了晋江人爱家、爱乡和爱国的精神。海上斗争形成了晋江人顽强的精神，海上生活使得晋江人勇于冒险，海外侨胞为晋江的发展提供了第一笔资金。晋江的文化传统是晋江形成中小微企业集群的重要条件，它具体可以表现为以下几点。

①冒险、进取的拼搏精神。晋江靠海，都说"伴山者仁，伴水者智"，源远流长的海上贸易活动培育了晋江人富于冒险、开拓进取的拼搏精神。从历史上看，晋江所在的闽南地区的人"就以敢做'杀头生意'著称于世"，"相对闽南省其他地区，闽南人尤其是沿海闽南人，更少循规蹈矩，更具蔑视权威、敢于离经叛道的独立自主的精神"（庄国土，1999）。

②开放、趋利的经商传统。晋江的形成就是中原结合闽越产生的，到了马可·波罗的时候，这里已经聚集了世界各地的商人，这些商人把他们的文化融入晋江，形成了现在的晋江文化，这从晋江多样的宗教信仰就可以看出来。所以在改革开放后，他们比较容易接受新的思想，采纳新的做法，适应新的

政策，外商进入扎根也比较容易。

③内聚的家族、地方意识与在商言商的趋利传统并存。传统商业氛围使得这的人具有敏锐、精明的特征，在与其他地区竞争时，反应敏锐，对市场把握快人一步，精明使得晋江人在合作中准确判断、理性分析和经济事务；但是，在对内合作方面，晋江人表现出强烈的地方保护主义和家族繁荣的意识。

（2）晋江在管理制度和管理目标上，总是从实际出发，选择成本最低和最符合现实的制度方案。

首先，企业家具备务实的特点。由于当地资源和基础的贫弱，晋江人从起步阶段就反传统发展路径，根据自身现实情况，借助外部资源发展产业，通过市场途径引进设备、技术和原材料来组织商品生产，吸引四面八方的相关资源和要素向这里流动、集聚，在这里整合、加工。在经营的过程中，企业家不追求生产的模式，只要节约成本，就可以在一个小房间家庭生产；不会自我封闭，只要生产的产品有市场，他们就愿意效仿，向人家学习；没有老板和员工的等级分别，没有排场和烦冗的制度，这有利于生产初期的发展。

其次，地方政府具有务实精神。晋江政府的政府工作宗旨是服务企业、服务大众，达到服务功能。20世纪70年代末，经济体制开始复苏，晋江政府和地方公社冒着政治风险，默许甚至帮助民营企业戴上集体企业的"红帽子"、涂上"公办"的保护色，为企业争得生存和发展的权利；到了80年代末，引入品牌和外销的观念，为企业的发展提供了引导。90年代，当地政府又提出"耕地向规模经营集中，企业向工业园区集中，人口向城市和集镇集中，住宅向现代社区集中"的原则，有序引导企业向市、镇两级工业园区集中，逐步缓解了资源、环境等压力；现在，政府根据发展阶段把城市定位为"现代化制造基地、著名侨乡、生态型滨海城市"。应该说，没有政府的政治胆略和企业的坚韧精神，就不可能造就晋江民营经济先行一步、发展较为充分的优势。

2. 晋江中小微企业集群的发展历程

第一，20世纪80年代至90年代初，集群的萌芽及起步阶段。早在20世纪70年代，晋江就有不少群众共同集资，并以队办企业的名义挂靠经营，其实质就相当于联户办企业。改革开放之初，为了就地迅速调动、集中相关资源，该市（县）陈埭镇四境、洋埭等村利用侨乡闲散的资金、闲置房屋以及大量的闲置社会劳动力（所谓"三闲"），通过自愿联户，创办了一些小闲加工企业。这一行动很快地得到其他乡镇的响应与效仿。1980年，晋江县委、县政府因势利导，使全县乡办、村办、联户办、个体企业迅猛发展。一年中，联户企业就创办了500多家。当年，晋江第一次实现工业产值超过农业产值的历史性变化。自 1981 年至 1985 年，晋江全县乡镇企业数量增长 1.87 倍，其中，联户办企业总数增长 28 倍多。"三闲"起步以及联户经营的模式为当地内在发展冲动的释放提供了有效途径。

另外依托海外侨胞的关系，晋江从 1978 年就开始承接来料加工、来样加工、来件装配和补偿贸易业务。晋江第一家来料加工装配厂是 1978 年底由深沪镇与香港长青贸易公司创办的，接着 1979 年来料合同数便增加到 27 项。据统计，自 1979 年至 1988 年，晋江全县共有 400 家乡镇企业先后承接来料加工装配业务，签订合同近 4000 份，获得相关收入 3114 万美元。"三来一补"策略使晋江第一次参与到国际大分工的劳动协作之中，它不仅为当地经济增加了外汇收入，更为重要的是，它为本地引进了一批在当时较为先进的机器设备，并培养了一大批具有开阔视野、熟悉国内、国外市场形势的生产骨干及新兴企业家人才。

第二，20 世纪 90 年代初至 90 年代末，集群的形成阶段。首先，晋江乡镇企业开始走向规模化。据统计，从 1991—1995 年其乡镇企业数从 18677 增加到 31971 家，比增 71.18%；企业员工数则从 22.77 万人增加到 40.22 万人，比增 76.64%；总产值则从 26.23 亿元增加到 270.38 亿元，比增 930.80%。

其次，产业链价值的完善。以鞋业为例，在当地已涌现出一批如宏伟鞋材、泰亚鞋材、盛辉鞋材、兴业皮革、峰安皮革等规模化鞋材生产企业和福建最大的制革基地——安海镇许慕制革集控区，从鞋的配件，鞋栓、鞋底、鞋跟、鞋衬、轻泡到纸盒、包装盒等均由专业厂家生产，形成了社会化分工、自主配套的生产协作网络。

最后，政府的正确引导。晋江市政府根据区域经济布局和国内外市场导向，进一步调整和优化产业结构和产品结构，培植壮大支柱产业和重点产业，从根本上是提高乡镇企业的整体实力。

第三，20 世纪 90 年代末期至今，集群的提升阶段。在这一阶段，晋江企业集群大力发展，提升其竞争力。一是涌现出了一批明星企业。晋江的中国驰名商标有：安尔乐、SBS、安踏、七匹狼、九牧王、劲霸、浩纱、柒牌、德而惠。这些明星企业有力地带动了集群竞争力的提升。二是晋江企业集群结构由劳动密集型向技术型、资金密集型、出口创汇型转化、促进产业间的生产要素的合理流动和优化配置，形成高效合理的产业体系。除了继续发展原有的企业集群，晋江还积极扶持化纤、车辆机械、新材料、制药、纸制品业等新兴产业。

以晋江鞋业集群发展为例。20 世纪 80 年代初期，耐克进入中国，带来了产品也带来晋江最早的制鞋业主。1981 年由耐克与福建鞋业公司、泉州胶鞋厂合作生产旅游鞋，后来由于福建省与市合资单位出现矛盾，耐克撤出，但留下的一批技术人员办起了手工家庭制鞋作坊。无论是安踏，还是三兴等一批由晋江本土成长起来的制鞋老总都是当年晋江手工作坊的学徒做起来并成长起来的，有十余年的制鞋经历。一开始由于工艺简单，材料有限，加工过程偷工减料，质量低下，有"星期鞋"名气；到80年代末期，有了一定资金后，开始使用新材料，技术改进，质量也有所提高，产品开始走向出口外销道路；90年代，晋江鞋业有90%以上都是为外销订单加工，产品以OEM方式为国外其他品牌商生产为主；随着东南亚金融危机的爆发，以安踏为代表的一批企业开始将目光转向国内市场。现实的发展已经表明了晋江鞋业集群的优势。晋江人通过20多年的努力，从靠"锤子＋剪刀"的制鞋模式，从仿样加工到贴牌生产，再到打响自有品牌，发展到现在成为形成集鞋材、成本鞋和鞋机为一体的鞋业集群区域：拥有鞋业企业3000多家（年产2亿多双鞋），鞋材企业2000多家，晋江现在已经成为世界旅游运动鞋的代名词，初步具备"品牌之都"的雏形。

二、晋江中小微企业集群的发展现状与优劣势分析

1. 晋江中小微企业集群的发展现状

目前，晋江全市已初步形成纺织服装、鞋类、建材陶瓷、食品、轻工杂品业等五大传统支柱产业和化纤、车辆机械、新材料、制药、纸制品业等五大新兴优势产业，这些产业共聚集企业6300多家，产业链配套完整，集聚趋势相当明显，年产值占全市工业总产值的90%以上。晋江中小微企业的集群网络如图5-4所示。

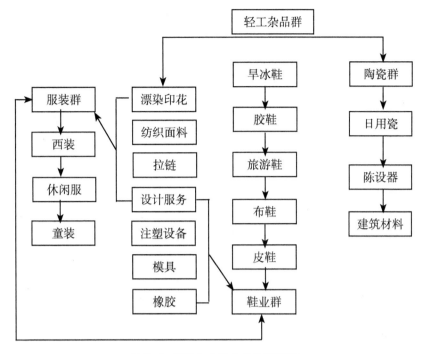

图 5-4 晋江中小微企业集群网络

晋江的集群网络中纺织服装业主要集中在英林、深沪、金井、东石等镇，共有企业 3300 多家，年产值 285 亿元。服装品种十分齐全，有中山装、西装、时装、童装、港式男女夹克衫等 100 多种类别，上千个品种，荣获"中国纺织产业基地""中国拉链之都"称号；制鞋业群主要在陈埭、青阳、池店等镇，陈埭尤为集中，为全国最大鞋帽专业市场之一，有"穿陈埭鞋走天下"之称，被授予"中国鞋都"称誉。鞋类品种繁多，有布鞋、皮鞋、凉鞋、旅游鞋等几百个品种。其中旅游鞋生产厂家共有企业 2300 多家，年产量 7 亿多双，旅游运动鞋产量占全国的 40%、世界的 20%。陶瓷石材业共有陶瓷生产企业 250 多家，石材企业 300 多家，年产建筑陶瓷 5 亿平方米、石板材 4000 万平方米、石雕工艺品 60 万件，外墙砖在国内市场占有率达 65%，琉璃瓦产品几乎垄断全国市场；塑料玩具业共有企业 400 多家，主要集中在安海镇，是全国三大玩具生产基地之一。食品业共有规模以上企业 560 多家，集聚有亲亲、蜡笔小新、雅客、福源、福马、喜多多等国内食品行业的龙头企业，产值 30 多亿元（占福建省的 50% 以上，糖果总产量占全国的近 20%），被评为"中国食品工业强县"。除了上述企业集群外，晋江市还有机械配件、制药等其他新兴产业。

现在，晋江中小微企业集群发展表现出了大好的形势，但是，集群发展由于发展过程中和集群本身的问题，不可避免存在着这样或者那样的问题，新兴优势产业的集群还不是那么明显和有效。

2. 晋江中小微企业集群的优劣势分析

就晋江经济而言，它的企业集群属于马歇尔式传统产业区，其中不乏一些创新能力强、竞争能力强的企业，但总体来说，竞争优势主要源于低成本，其中，主要是廉价的劳动力成本。晋江中小微企业的优势表现在：①企业家冒险和执着的精神。本地团结的文化精神是晋江企业集群的重要特点。这个精神在集群发展的初期起到了极大的作用，使晋江家庭作坊能够在与大型和中型的集体企业竞争并生存下来；②产业链完整，空间集聚特征明显。每个村和镇的产业划分明显，地理区域划分不明显，相互联系较为紧密；③地方政府的服务特色。地方政府在改革开放的一开始就支持地方企业的发展，为它们提供充分的政策支持，政府所提供的良好环境吸引了企业。

晋江中小微企业集群的劣势主要表现在：首先，技术问题是晋江中小微企业集群的最大问题。由于晋江的企业在技术方面一向是"拿来主义"，对技术的投入重视不够，R&D投入一般仅占企业销售额的2%~3%，这与国外相比具有很大的差距；另外晋江的技术只是对国外先进技术的简单模仿。其次，晋江中小微企业集群缺乏人才观念。一些本地企业主由于受家族主义的群体内信任观念影响，即使在万般无奈之下引进族外甚至外地的管理人才，在具体的经营过程中，对后者也总是千般防范，无法做到充分信任与放权。以晋江食品企业集群为例，它们规模小、组织结构和管理制度落后，缺乏先进的管理知识，企业家做主，对知识产权重视不足，开始凭借农民的创业热情、勤勉的作风以及低廉的生产成本使得企业蓬勃发展，"由于没有优秀的学习代理人"，使集群中的很多企业都忽视了对技术能力的投资；设备大多比较简单、陈旧，不能够为新技术知识的推广提供支持；缺乏高级管理、研发、设计人才，研发能力偏低，绝大部分公司没有开发新技术和专利产品，企业内部设置科研中心的也仅有福源、亲亲等少数几家公司。

企业集群体是一个有机的产业群落，企业的集聚并不意味着集群竞争优势的形成，晋江的中小微企业集群也不例外。根植于本地的地方企业文化对企业集群的成长功不可没，政府的服务模式初期也促进了集群的发展，企业家本身的务实在创业初期促进了集群的发展。但是，随着企业集群的不断发展，特别是进入规模化扩张阶段之后，既有的地方传统产业文化是一种以血缘、亲缘、地缘等为人际关系纽带的人格化价值认定标准和社会信用链条的文化，它已经成为限制企业创新能力发展的障碍，因为具有"根植性"的思维方式和文化的历史传承性，传统的生产工艺和管理方式更容易得到群内企业的偏爱，从而影响新思维、新技术、新产品的出现，形成"路径依赖"；政府在集群不同的时期要提供不同的政策支持；企业家的独断专行，使得管理缺乏固定的体制支持，风险较大，而且他们的素质已经难以满足日益发展的经济需要。为避免经济陷入低成本锁定状态，把竞争优势转变为波特所说的高级要素优势，就需要把一个本地根植区域变成一个学习型区域、一个创新型区域，通过网络的联系，整合各个要素，产生集体效率。以下我们将从知识的角度解决晋江企业集群所遇到的问题，建立对经济推动有效的集群创新模型。

三、晋江中小微企业集群的知识创新环境和知识活动分析

1. 晋江中小微企业集群的知识创新环境

知识创新环境是由知识体系的主体和主体之间的关系构成。晋江中小微企业集群网络的知识创新环境分析首先应从集群结构入手：

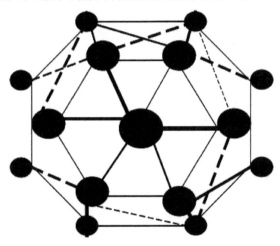

图 5-5 晋江中小微企业集群的知识创新环境模拟图

这只是区域经济中的一个集群，最中间的是政府部门，第二层是各种中型生产企业、主要服务机构和大学等文化机构，最后一层是一些小企业和机构。它们之间知识传播有直接的（实线）和间接的（虚线），有"强关系"下的强传递和"弱关系"下的弱传递（Granovetter，1973），这些形成了晋江中小微企业集群的知识创新环境。

（1）知识创新的宏观环境

国家、地方政府在企业集群发展中的作用一直是个有争议的问题，有人

认为当地政府最好的办法是"无为而治",即什么事也不做,任其按照市场机制发展,政府的干预往往会起副作用,这种看法有失偏颇。事实上,企业集群的兴起,地方政府起着相当关键的作用,晋江集群在这点上尤其明显。

1978 年,改革开放政策一开始实施,晋江政府就抓住政策,因势利导,积极鼓励和支持地方企业的开展,消除了企业主的顾虑。到现在,晋江城市化水平已达 41%,城市环境质量明显改善。市区绿化覆盖率 35.2%,人均公共绿地 8.12 平方米;能源、交通、通讯、供水和市政等五大基础设施网络配套完善;福厦高速公路穿境而过,市域公路通车里程 1722 公里,百平方公里通车里程位居全国前列;全市建有 50 万伏输变电站 1 座、22 万伏输变电站 5 座、11 万伏输变电站 19 座、装机容量 7 万千瓦的发电厂 1 座,正在筹建 LNG 燃气电厂和热电厂,晋江成为全省电力设施配套最完整的区域之一;建成深沪、围头万吨级码头和 4D 级泉州晋江机场;市区 20 万吨自来水厂投入运营,市域 106 万吨引水工程全线贯通。

(2)知识创新的中观环境

我国企业集群的发展顺应了国际企业转移的趋势,利用当地区位和低成本的优势形成竞争力,没有建立在当地社会网络的基础上,大学、研究机构、金融机构、中介机构等,所以现在我们面临着中观环境缺乏支持的情况。

首先在思想上,晋江缺乏大团队精神,庄国土先生曾指出,包括晋江在内的闽南地区精神存在着一个局限性,即缺乏"大团队"精神,这可能与商人的习性有关(庄国土,1973)。它的团结只能在"关系"之中。有一个企业通过广告成功,其他也追随其后,缺乏总体创新和整合意识,这在开始促进了经济的发展,而现在却对经济形成了阻碍。

其次晋江在知识基础设施建设方面有很大的不足。大学和研究机构等公共服务机构,除了向集群成员企业提供人力资源培训和教育支持外,还有一种很重要的形式,就是提供技术和管理支持。这些公共服务机构成了集群创新系统内部的知识基础结构和集群学习的通道,公共服务机构与成员企业之间的互动程度对于集群学习起着重要作用,但是晋江人注重的是实干,在家庭教育中就不是那么重视教育,这种劣性也带到了企业管理之中。

(3)知识创新的微观环境

晋江中小微企业用地难、招工难、用电难、融资难以及原材料价格上涨,全市规模以下的企业生产环境不容乐观,2006 年 1—6 月规模以下工业产值仅增长 2.2%,受大中型商贸流通性连锁企业的挤压及居民支出预期增加、即期消费减少的影响,小型商贸企业及个体商贸经营户发展趋缓,据抽样调查结果,2006 年 1—6 月全市限额以下贸易住宿餐饮业商品零售额仅增长 1.8%。

微观环境主要面临的问题是：①企业主要是低成本竞争，缺乏知识含量，受到原料影响严重；②企业人员流动效果比较差。1999年成立全国第一个县级博士后科研工作站，至今已有8个，1996年以来全市共引进各类人才5600多个，其中高级人才1000多个，但是引进的人才却留不住，人才不是在集群内流动，而是流向集群外。由于农业收入上升、城市食品价格上扬、民工需求旺盛和分流使得低层次人员缺乏。而且在晋江一般高级管理人员年薪仅为20万元左右，所以也缺乏对高级人才的吸引力；③企业还是家庭内管理，缺乏系统的知识激励机制和知识管理组织。原安踏营销总监叶双全，特步主管企划、生产和行政的副总经理王礼雨，以及361度的市场总监杨锋等职业经理人相继离开说明：晋江现在还不具备组建专职业化、规范化的管理团队的氛围。

2. 晋江中小微企业集群的知识活动分析

集群是一个动态、开放的系统，形式上根植于本地的集群不仅需要内部的知识提供者提供信息、知识，成为创新的源泉，更需要与外界进行物质和知识、信息的交流，随外界环境变化而调整自己的发展战略，增强适应能力，这也是学习型区域的内涵所在。

知识是人们在实践中积累起来的经验和理性认识的总和，企业集群的知识包括产品知识、技术知识、管理知识、供求信息等，这类知识有两大特征，一是公共物品性质，它一旦被创造出来"传播的速度越快，拥有的人越多，为群体带来的福利就越大"，二是大部分的这类知识属于隐含经验类知识，难以具体化、系统化。因此，通过知识的活动过程有利于提高晋江中小微企业集群的创新能力。

（1）晋江中小微企业集群的知识累积

知识累积存在着知识孵化功能较弱的问题。企业的创新过程实质就是生成、处理与整合相关知识的过程。知识是创新活动的前提与关键因素，创新活动的效率相当程度上取决于知识的广度与有效程度，网络对集群企业创新效率的意义在于，它是影响知识的广度与有效程度的重要因素，这可以通过强关系与弱关系两方面来说明，受到集群内文化传统的影响。

从表中我们可以看到，晋江企业觉得本地的冒险拼搏精神和家族主义是企业得以发展的主要方面，而他们觉得本地的社会网络的信任机制过低。知识的孵化有两个途径：一个是企业内部知识的生成，一个是集群网络服务机构的建设，但是，信任却是知识孵化器的润滑剂。我们看到：晋江企业由于自身规模的原因难以投资到内部知识生成，这个区域缺乏大学和研究机构等公共服务机构，很难就近获得大学、研究机构的人力资源培训和教育支持，以及技术和管理支持，它们之间的不信任还影响了从其他方面获得新知识。由此可见，晋江企业集群孵化效果不好。

表 5-2　晋江集群文化传统的基本状况

问题	选项	比例（%）	问题	选项	比例（%）
您认为本地信任与合作水平如何	很高	9.3	您认为本地最为突出的文化传统和价值观（多选）	冒险与拼搏	88.4
	较高	16.3		家族主义	69.8
	一般	18.6		其他	12.8
	较低	45.3	您认为本地文化传统与价值观对本地经济作用	很重要	76.7
	很低	10.5		一般重要	15.1
				不重要	8.1

3. 晋江中小微企业集群的知识流动

魏江认为企业集群知识的流动指的是集群内各个要素之间知识流动的渠道和作用方式，可以概括为三个层次：一是集群核心要素成员之间知识的互动；二是集群辅助网络向核心网络知识流入的过程；三是集群外围网络向核心网络知识流入的过程。

创新的主体是人才，人才的流动在促进知识交流的同时最大限度地发挥了人才的潜能，直接促成了知识的创新。企业集群为人才的流动提供了区域外不具有的优势。首先，集群内人才流动的交易成本很低，离开一个公司的员工不需要离开本区域就能找到如意的工作；其次，集群完善的劳动力市场、猎头公司和各种中介机构也直接促进了人才的流动；最后，集群内企业间的联系也为人才流动提供了条件和途径。人才的流动使社会人才资源得到优化配置，不同技术的人在一起学习交流，增加了组织个体的知识存量，加速了区域知识创新的过程。

4. 晋江中小微企业集群的知识应用

前几年，晋江中小微企业对人才不够重视，管理的个人主观模式，在生产中的抄袭和模仿，使得知识在晋江企业集群内没有得到重视，知识在经济中的含量也极其低，从而成为企业发展的一个阻碍。经过几年时间的论证，企业家、政府都意识到了这些知识应用方面的问题。

近几年，晋江企业一方面大力倡导企业制度创新，按照《公司法》的规范实行有限责任公司改制，针对家族管理的弊端，引入现代企业制度，引导企业逐步褪去家族管理色彩、实现向现代企业制度的"进化"；另一方面大力投资于产品品牌、技术，加大与大学、研究机构等的合作，重视和提高人才的待遇、生活水平等等，从这些都可以看到晋江近几年知识应用的改善。

四、提高晋江中小微企业集群创新能力的具体思路

通过我们对晋江中小微企业集群现状和知识构成的分析，可以看出晋江中小微企业集群发展到现在存在的最大的问题就是集群知识含量过低，使得集群发展受限于外界的资源，要改变这种依赖就是要强化知识优势，基于知识进行集群创新，达到改善集群环境、提高集群竞争力的目的。

1. 加强集群中的知识创造，为集群创新提供良好的环境

集群创新需要一些环境支持，这包括宏观、中观和微观三方面，在宏观上要求政府的积极服务，在中观上需要繁荣第三方服务机构，在微观上需要企业积极投入创新。

首先，就政府来说，除了通过种种优惠措施招商引资，或者提供基础设施外，还应该维护竞争规则，在所提供的公共服务及公共产品中，引导和促进区内企业、服务机构之间的交流与协作，发展当地各种行业协会、商会，以及为各种非正式交流活动提供便利和空间。由于创新投资存在的巨大风险和创新产品的外部效应，集群内部企业的模仿动机通常大于其创新动机，从而使企业集群常常因为缺乏创新能力而衰落下去。因此，通过政府帮助来增强集群内企业的自主创新能力显得非常重要：①知识所有权的保护是当前政府应该做的最重要的事情，政府应通过立法来确立知识产权的保护，并做好监督和维护工作；②通过对集群内较大型企业的扶持，增强其研发能力，使其成为拉动集群发展的增长点；③要以不同渠道积极引入外部技术创新的资源和优秀人才，形成有效的技术创新能力。

其次，从第三方服务机构来说，要建立以公共服务为宗旨的组织机制和专门化的技术开发公司，为集群内企业的技术开发提供技术服务；科研机构、大学与企业之间应加强知识交流，使得发明创新能为企业所需、所用；改革知识创造机构保守的办学模式，为知识创造机构更广泛参与企业创新提供方便。这些公共服务机构成为集群创新系统内部的知识基础结构和集群学习的通道，公共服务机构与成员企业之间的互动程度对于集群学习起着重要作用。如当地大学和学术机构可以通过科学技术扩散为集群学习提供技术支持，通过出版物的形式，传递科学性、基本性的技术和知识，此外，这些知识基础设施还为集群成员的沟通提供了场所，为这些成员之间的交流创造条件，对促进集群创新系统内部的技术沟通具有显著意义。同样地，在晋江的中小微企业集群中，知识基础设施还非常薄弱，有待大力加强对知识基础设施的建

设和完善。

最后，企业是集群创新的核心。由于创新投资的风险较大和创新产品的外部效应较强，企业创新的收益很容易被其他企业模仿、假冒而侵占，创新成本则由企业自己承担。因此，在外部制度环境不完善的条件下，尤其是在知识产权和专利制度得不到有效保护的市场环境中，作为理性"经济人"的企业通常不会选择进行自主创新，而希望成为创新产品的"免费搭车者"。但是，经济发展使得技术创新的产权保护日益加强，使自主创新成为企业追求利润最大化和自身发展的合理选择。

2. 加强集群中的知识流动，为集群创新提供技术支持

集群中知识的流动，可以从两个方面来研究，一是拥有知识的人流动，二是知识本身的流动。

首先就人的流动来说，现在晋江乃至闽南用工难的问题都已经是企业发展面临的首要问题。创新的主体是人才，只有人才的流动在促进知识交流的同时最大限度地发挥了人才的潜能，才能直接促成了知识的集群创新：①集群内人才的流动可以带来其在原来企业中的知识，从而增加了企业的知识存量，并通过不同技术的人在一起学习交流，加速了集群知识创新的过程；②人才的流动使社会人才资源得到优化配置，优秀的人才向优秀的企业流动，从而产生递增效益，优秀人员的集中有利于交流创新。因此，我们要从三个方面促进人才的流动：一是政府要为人才设立档案，建立留住人才机制，并对人才进行奖励，保证其生活环境和工作环境；二是建立猎头等服务机构，为人才提供更好的选择，使得"人尽其用"；三是企业要留住人才，不仅在工资待遇上，还要在管理上要真正赋予其权利。

其次，就知识本身的流动来说。如果企业集群能够保持较大的开放性和弹性，有利于各种资源要素的合理流动和优化组合，有助于保持集群持续的创新能力和竞争能力。知识的流动避免了知识创新在产业内的重复，在整体上降低了知识创新的成本，提高了知识的利用程度。但是，知识的流动需要一定的成本，在流动方式的选择上也有派人学习和引进技术等方式，具体要采用什么方式要进行选择。在知识的流动中有集群内和集群间的知识流动问题。在知识流动的过程中：①政府要建立知识库。通过大学、研究机构的引入，为集群网络提供共享的知识库；②行业协会要充分发挥作用。通过规范政府与行业协会的关系，使行业协会在理顺集群内企业关系、发挥中介服务功能、降低企业制度成本、管理成本、交易成本和公共成本中发挥作用，以加强集群间的知识流动；③企业要努力克服"小范围团结"的思想。消除一些企业

老总对族外成员的天然"戒心",引入外资、人才参与企业管理。

3. 加强集群中的知识应用,以实现集群创新效益

知识只有应用到生产当中去才能推进生产,所以晋江企业集群的发展还应重视知识的应用。

首先,应重视知识推广。知识的活动是自身经验总结或对外学习的结果,当企业的员工已经拥有了新的知识时,就应该让这些新知识产生生产力,就好像购买了新的设备,就应该派专门人员去学习,然后在企业内普及;特别是管理方面的知识,要引入制度化管理,克服"个人主义"的负面影响,发挥企业集体的作用,专门的人才在这个领域能说得上话、做得了决定。

其次,应加强知识学习,建立集群创新支持系统。通过加强大学、科研机构的建设,并且将其与企业发展相联系,建立利益共享、风险共担的结盟机制。强化集群共享的研发机构和技术质量监测机构、人才机构建设;构建与地方生产系统相适应的职业技术教育和培训体系,培养大量具有现代管理理念的专业管理人员和掌握现代生产技术的产业工人;加大对企业技术改造的支持力度,推动产业现代化、信息化改造。这里所提倡的人才引进不是只是聘请一些专家、学者挂名企业,必须让他们真正参与到企业管理之中。晋江企业有着明显的同质再生特征,外族特别是外地人才的引进和使用可以克服企业由于"狭隘管理"造成的负面影响。

最后,要建立知识应用的专门负责机构,对可以促进生产的新知识推广进行奖励。大力推动电子商务平台建设,构建沟通企业与国际市场的信息网络,优化企业营销手段;大力发展现代物流产业,形成与企业集群发展相适应的物流圈和供应链;把培育专业市场与发展虚拟经营紧密结合起来,引导企业适应贸易方式的改变;鼓励发展各类中介组织,建立健全管理咨询、信用评估、法律服务、检测认证等中介服务体系。把知识的重视付之于实践,在企业建立相关的知识引进和培训部门,并对新知识的产生实施物质和精神的奖励,把掌握核心知识和技能的人才放在重要的地位。

第六章 我国中小微企业发展现状及面临的问题

第一节 中小微企业在国民经济发展中的作用

一、中小微企业自身的优势和特点

1. 中小微企业规模小，创办相对容易

一般来讲，我们把本行业中规模相对较小的企业归为中小微企业。这种规模小不仅体现在资本（或资产）规模小，还可以体现在产出规模小或销售规模小等多个方面。

由于中小微企业的规模相对较小，所需投资少，创办时间短，因此使得其创办相对很容易。但同时也正由于中小微企业的规模小，所以导致其抗风险能力较低，因此我们可以发现在世界各国每年都有许多新创办的中小微企业诞生，同时又有许多中小微企业倒闭，但总的来说，新创办的中小微企业数量总是要比倒闭的数量要多，因此呈现出各国中小微企业数量不断增加的现象。

由于科技的发展，市场竞争日益激烈，所以中小微企业在其不断地创办和倒闭过程中，不仅数量没有减少，而且其生存和竞争能力还日益增强，并在国民经济运行和发展中发挥着越来越重要的作用。

2. 中小微企业数量多，分布面广

由于中小微企业创办比较容易，所以数量众多，不论是在发达国家还是在发展中国家均表现出这一特征。在美国，2005年工业中小微企业数量占工业企业总数的比例为98.55%；在中国，2005年国有及规模以上非国有小型工业企业数量占全部工业企业总数的比例为89.05%，中小微型企业所占比例则

达 97.85%。

同时，中小微企业的经营范围也很广，几乎遍布所有行业和领域，关于这一点我们可以从后面的分析中看到。除了一些特殊的资金技术密集程度较高的行业外，中小微企业广泛地分布在第一、第二和第三产业的各个行业中。

3. 中小微企业经营手段灵活，组织结构简单

中小微企业由于投资小，因而投资风险也相对不大。另外中小微企业对市场的反应灵敏，应变能力强，它可以根据市场的需求等因素的变化较快地调整其产品类型或生产方向，从而满足和适应市场新的需要。因此，中小微企业以其经营手段灵活，适应性强，能够满足不同消费者的需要而著称。

另外，中小微企业的组织结构简单，不仅人员安排和管理上比较容易，而且具有信息接收快、决策快从而迅速对市场做出反应等灵活多变的特性，这也是在当今激烈竞争的市场中，中小微企业得以生生不息、不断发展壮大的主要原因之一。

综上所述，中小微企业具有的这种数量多、分布面广以及创办容易、组织结构简单、对市场反应灵敏、能够满足日益多元化和个性化市场需求等特征使其成为市场经济的重要组成部分，是活跃市场的主要力量。

二、中小微企业加速了科技创新活动的开展

1. 中小微企业技术创新的优势

美国中小微企业在其经济发展中起到了十分重要的作用，其中一个重要的原因在于大量中小微企业的存在促进了竞争，推动了创新活动的开展。

（1）中小微企业容易接受创新

中小微企业组织层次少，上下级关系近，内部交流多，结构灵活，信息传递快而有效，对市场反应灵敏，决策速度快。近年来大批高科技中小微企业进入了高技术领域，并在许多行业显示出明显的优势，这都是依赖于中小微企业的灵活运行机制和对新兴市场的敏锐把握不断地进行创新的结果。同时，中小微企业面临着比大企业更大的市场竞争推力，因为中小微企业如果不积极创新，就可能会退出市场。所以，中小微企业的创新活动与每个员工的利益息息相关。20 世纪 90 年代以来第五次兼并浪潮席卷全球，对中小微企业的生存造成了巨大的压力，但仍有大批的中小微企业继续生存和发展。它们适应经济发展的需求，在大企业没有优势而又是经济发展所需的部门大量发展，在大企业占有优势的部门，又围绕大企业提供产品和服务。所以说，

中小微企业得以不断发展壮大的原因，就在于它具有很强的灵活性，并且容易接受创新。

（2）中小微企业创新效率高，创新速度快

尽管与大企业相比，中小微企业无论在研发投入上还是在人员方面都处于劣势，但是中小微企业在创新方面所发挥的作用却超出了一般人的预期。中小微企业的技术创新不仅在数量上占有相当的份额，而且其创新水平和影响也并不亚于大企业。美国小企业管理局曾经收集过 20 世纪对美国和世界有过重大影响的 65 项发明和创新，发现它们都是由雇员在 500 人以下的中小微企业所创造的。据一项资料统计，美国中小微企业在 20 世纪的重大技术进步中占到一半以上，而这些中小微企业的研发费用却只占大企业的不到 5%，因此，克林顿在 1995 年的《小企业状况：总统报告》中指出："小企业是很强的创新者，它比大企业创造出多一倍的重大创新"；在 1996 年的《小企业状况：总统报告》中提到："小企业的技术创新是美国在世界经济中占领导地位的主要原因"。这些都说明了小企业在创新方面所起的重要作用。

（3）中小微企业技术创新的应用化程度高

中小微企业的 R&D 投入少，抗风险能力弱，只能避开投资多、风险大、开发周期长的技术创新项目，而选择投资少、见效快、针对性强的"见缝插针"式的项目，其创新成果往往针对企业生产经营活动的某一特定环节，可操作性强，有的几个月就可以见效。所以，中小微企业的技术创新应用化程度相对较高。

总之，中小微企业由于其在市场竞争中所处的不利地位，所以不断地进行创新活动，创新效率高、速度快，并且应用化程度高，推动了整个社会科技创新活动的开展。

2. 中小微企业技术创新的机制

（1）中小微企业技术创新机制的"轮式"模型

由中小微企业技术创新的主体、客体、动力机制以及协调机制等构成的有机系统，就是中小微企业技术创新的机制。这一机制可通过下面的"轮式模型"（Wheel Model）表示出来，如图 6–1。

在图 6–1 中，横坐标表示企业经营的粗放型程度，纵坐标表示集约型程度。B 点为粗放型经营，A 点为集约型经营，由 B 至 A 表示企业技术创新的轨道，也是企业经营方式转变的轨道。技术创新之"轮"沿着这一轨道渐进地向上滚动，促进了企业经营方式的转变。该模型清楚地显示出以企业家为"轴心"的主体机制，以及两种拉力（市场需求、政府激励）与三种推力（科学技术、市场竞争、政府推力）的动力机制。

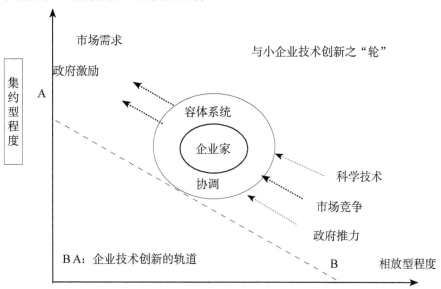

图 6-1 中小微企业技术创新机制的"轮式"模型

（2）企业技术创新的主体机制

企业作为技术创新的主体主要体现在三个方面：企业是技术创新的利益分配主体；企业是技术创新的风险承担主体；企业是技术创新的投资、决策和开发主体。我国企业技术创新能力不足的原因是多方面的，既有宏观方面的，也有微观方面的，既有外部原因，也有内部因素，但其深层次的原因，就是企业没有成为技术创新的主体。对于中小微企业来讲，企业家在技术创新的主体机制中扮演了非常重要的角色。因为，中小微企业的企业家亲自参与企业的技术创新活动；他们既是技术创新的领导者又是技术创新的具体工作人员。

企业是科技创新的主角，企业内部具体的制度安排对于技术创新的激励有非常重要的作用。这些具体的制度安排包括：企业的产权制度、企业的分配制度和企业的管理制度等。企业应把建立健全技术创新机制、提高技术创新能力和经营管理水平作为企业走出困境、发展壮大的关键措施，使企业真正成为技术创新的主体。

三、中小微企业的发展促进生产的社会化和专业化

中小微企业充分发挥自己在生产中灵活多变的优势，合理地配置资源，促进了生产的社会化和专业化，关于这一点我们可以从美国中小微企业在经

济发展的不同时期所发挥的作用看出来。

首先，在重工业占主导时期，大企业占有主要地位，美国中小微企业在这一时期仍然得到了发展。中小微企业依靠其灵活的运行机制，能够迅速适应市场的变化随时进行调整。因此，在大企业占优势的部门，中小微企业围绕大企业提供产品和服务，通过更加专业化的经营，使得大企业的生产更加集中，更加具有竞争力；而在大企业不占优势的部门，特别是那些经济发展所必需的部门里，中小微企业大量地发展，通过中小微企业之间的合作与竞争形成一个整体的社会化生产网络。

其次，在新经济时代，由于推动经济发展的因素已经不是资本，而是智力因素，需要企业具有足够的灵活性和创新能力，而中小微企业恰好就具备这方面的优势，因此在信息技术等高科技产业中迅速地发展起来，成为美国经济中的一个重要组成部分。与此同时，这些技术又被应用到传统产业中去改革旧的生产方式，从而进一步地促进了资源在产业间的合理配置，改善了产业结构。

由此我们可以看出，中小微企业由于其生产受到规模、市场等多方面的限制，因而生产都是针对某一个特定的市场，所以促进了生产的专业化；同时，中小微企业又依靠其灵活的经营机制，广泛地分布在国民经济的各部门当中，因此它们在促进生产专业化的同时又极大地促进了生产的社会化。

四、中小微企业的发展改善了产业结构

中小微企业凭借其自身的优势和特点广泛地分布于国民经济的各行各业，特别是随着信息技术的飞速发展，大量中小微企业及时将生产转向信息技术等高科技产业，同时由于传统产业得到这些新技术的改造，所以更多的劳动力被解放出来，又投入到蓬勃发展的第三产业当中，使产业结构得到进一步的改善，关于这一点我们可以从下面两表中的具体数据看出来。表 3-1 为中国从业人员在三次产业中的分布情况：从 1986 年到 2006 年，中国第一产业从业人员所占比率明显下降，从 60.95% 下降至 42.60%；第二产业从业人员所占比率变化不是很大，从 21.87% 上升至 25.20%；第三产业从业人员所占比率呈明显上升趋势，从 17.18% 上升至 32.20%。也就是说，这些年来中国从业人员不断在从第一产业向第二和第三产业转移，特别是第三产业的从业人员明显增多。

表 6-1 1986—2006 年中国三次产业从业人员所占百分比

年份	从业人员分布		
	第一产业	第二产业	第三产业
1986	60.95%	21.87%	17.18%
1987	59.99%	22.22%	17.80%
1988	59.35%	22.37%	18.28%
1989	60.05%	21.65%	18.31%
1990	60.10%	21.40%	18.50%
1991	59.70%	21.40%	18.90%
1992	58.50%	21.70%	19.80%
1993	56.40%	22.40%	21.20%
1994	54.30%	22.70%	23.00%
1995	52.20%	23.00%	24.80%
1996	50.50%	23.50%	26.00%
1997	49.90%	23.70%	26.40%
1998	49.80%	23.50%	26.70%
1999	50.10%	23.00%	26.90%
2000	50.00%	22.50%	27.50%
2001	50.00%	22.30%	27.70%
2002	50.00%	28.60%	21.40%
2003	49.10%	21.60%	29.30%
2004	46.90%	22.50%	30.60%
2005	44.80%	23.85%	31.35%
2006	42.60%	25.20%	32.20%

　　表 6–2 为中国国内生产总值在三次产业中的分布情况：从 1986 年到 2006 年，中国第一产业国内生产总值所占比率明显下降，从 26.90% 下降至 11.70%；第二产业国内生产总值所占比率有一定增长，从 43.72% 上升至 48.90%；第三产业国内生产总值所占比率则呈明显上升趋势，从 29.38% 上升至 39.40%。这表明，这些年来中国的国内生产总值结构也在不断地调整和改善，第一产业已经不再是国内生产总值的主要来源，第二、三产业所占比重已经明显增强。

　　这些年来，随着中国改革开放步伐的不断加快、经济体制改革的不断深入，全国特别是东部地区沿海省份的中小微企业如雨后春笋般蓬勃地发展起来，这些中小微企业在推动地方经济发展、促进资源配置的改善以及产业结构的合理布局等方面都起到了积极的推动和促进作用。

表 6-2 1986—2006 年中国国内生产总值结构

年份	国内生产总值结构		
	第一产业	第二产业	第三产业
1986	26.90%	43.72%	29.38%
1987	26.57%	43.55%	29.88%
1988	25.47%	43.79%	30.74%
1989	24.88%	42.83%	32.29%
1990	26.88%	41.34%	31.78%
1991	24.28%	41.79%	33.93%
1992	21.54%	43.45%	35.00%
1993	19.49%	46.57%	33.94%
1994	19.65%	46.57%	33.78%
1995	19.77%	47.18%	33.05%
1996	19.51%	47.54%	32.95%
1997	18.06%	47.54%	34.40%
1998	17.32%	46.21%	36.47%
1999	16.22%	45.76%	38.02%
2000	14.83%	45.92%	39.25%
2001	14.15%	45.15%	40.70%
2002	13.49%	44.79%	41.72%
2003	12.57%	45.97%	41.46%
2004	13.11%	46.23%	40.67%
2005	12.60%	47.54%	39.85%
2006	11.70%	48.90%	39.40%

五、中小微企业的发展活跃了市场经济

通过竞争促进资源的合理配置是市场经济的重要特征。从西方国家的教训来看，大公司、大集团如果不加限制地过渡发展将严重限制自由竞争，导致企业活力下降，国际竞争能力下降。因此，各国都鼓励中小微企业的发展来促进竞争。同时，由于中小微企业生产批量小，对市场反应灵敏，能够满足日益多元化、个性化的市场需求，是活跃市场不可或缺的重要力量。中小微企业还有一个最重要的，而又往往被人们忽视的经济作用，就是中小微企业具有数量大、种类多、地域广、行业全的特征，这使得中小微企业成为市场经济理论和实践得以存在和发展的基石。没有广大的中小微企业的存在，市场经济从理论到实践都将化为乌有。

六、 中小微企业的发展缓解了就业压力

在社会资本总量一定的条件下，一个社会中总的企业劳动力就业量是由大企业劳动力就业量和中小微企业劳动力就业量之和构成。一般来说，大企业资本较密集，劳动力使用相对较少，所以资本有机构成高，而中小微企业

多是规模小，劳动力使用相对较多，集中于劳动力密集型行业，因此资本有机构成较低。如果企业规模结构合理，劳动力就会得到充分就业；如果偏重发展大企业，中小微企业发展不足，将会发生严重的失业问题；而发展中小微企业有助于提高社会的总体就业水平。

从关于美国中小微企业解决就业问题的情况分析中可以发现，从1988年至今雇员少于500人的中小微企业解决就业问题的比率基本上均在50%以上，而在经济发展相对落后的地区如蒙大拿州，该比率甚至高达70.95%，由此可见中小微企业在解决就业问题上发挥着巨大的作用。由于中小微企业投资少，对劳动力的技术要求较低，因此同样的资本可吸纳更多的劳动力，是失业人员重新就业和新增就业机会的主要渠道。近年来，高新技术中小微企业诞生和发展起来，又为社会创造了更多的就业机会。

中小微企业发挥其缓解社会压力、稳定社会的作用主要体现在以下几个方面。

（1）大公司在经济不景气时，小公司一般能保持一定的就业增长速度。从2001年美国的经济衰退中，就可以看到这一点。由于经济的不景气，大公司运行状况不好，同时也有大批的中小微企业倒闭，但与此同时还有更多的中小微企业诞生，它们凭借着所具备的灵活经营机制和创新能力不断地发展壮大，因此在一定程度上缓解了整个社会的经济问题和就业问题，起到了稳定社会的作用。

（2）中小微企业的就业人员中，有大量的老年人和妇女，她们在就业竞争中往往处于不利的地位，那么中小微企业的发展大大缓解了这部分人的就业困难以及与此相关的社会政治问题。其中还有不少老人和妇女在中小微企业的创办和发展中获得了更大的发展空间，实现了自己的梦想和夙愿。

（3）中小微企业中雇用了许多兼职人员，这样满足了那些只能或只愿非全天工作的劳动力的需要，更具有灵活性。

（4）中小微企业不仅为新进入劳动力市场的人员提供了就业机会，同时也为他们创造了培训基本工作技能的机会，从而为这些人将来更好地创业或就业提供一个良好的平台。

（5）大量高科技中小微企业的诞生也进一步促进了社会经济的迅速发展，为人民生活水平的提高创造了条件。

在我国，2001年至2003年中小微企业的就业比率均达78%左右，从1998年至今，小型工业企业从业人员占全部国有及规模以上非国有工业企业从业人员的比率也达43.9%以上，最多时达到50.9%，这表明中小微型企业在解决我国的就业问题上也发挥着相当大的作用。但是当前，随着我国经济体制改革的不断深化，就业和再就业问题已经越来越突出，下岗人员增多，大学毕业生找不到合适的工作等，这些都影响着我国社会秩序的稳定和国民经济的健康发展，因此大力发展中小微企业拓宽就业渠道，缓解就业压力从而维持社会稳定是我们的当务之急。

七、中小微企业的发展促进了私人储蓄向投资的转化

哈罗德和多马提出的 Harrod–Domar 经济增长模型的基本方程式是：

g=s/v。g 为增长率，s 为储蓄率，v 为资本—产出比率，即 v=K/Y，K 为产出量，Y 为资本存量。资本—产出由技术水平决定，投资的来源是国民收入中用于消费以外的部分，即储蓄，储蓄和投资在数量上是相等的。由此得出了宏观经济理论的一个重要结论：社会经济要维持稳定运行，必须使总供给与总需求相协调，其中的关键是储蓄等于投资。若投资大于储蓄，总需求将大于总供给，出现经济过热，物价上涨；而储蓄大于投资，则总需求小于总供给，经济陷入萧条。因此，保障经济稳定增长的一个重要方面，是要确保储蓄顺利转化为投资，实现储蓄与投资相等，而中小微企业在储蓄转化为投资的过程上具有重要功能。

一般来说，某一地区总储蓄由政府储蓄、企业储蓄和家庭储蓄构成，而总投资来源于政府投资、国内银行贷款、资本市场融资和民间直接投资。在正常的市场经济条件下，政府只是在市场失灵的情况下，才会运用财政政策进行投资，国家财政投资渠道的流量是较小的。大企业投资主要来源于银行贷款和资本市场融资，中小微企业投资则主要来源于居民家庭储蓄。如果没有家庭储蓄对中小微企业的投资，大部分储蓄将被投入银行和投资于股票，导致资金融入大型企业，而使中小微企业得不到投资和发展，最终国民经济将会陷入困境。因此，若中小微企业发展缓慢，将会产生两个后果：一是一部分储蓄将会由于没有投资渠道而转化为消费基金，在总供给不足的情况下，会造成通货膨胀，抑制经济增长；二是储蓄通过银行贷款和资本市场流入大企业，大企业的偏重发展造成失业率上升，进而造成居民收入下降，影响总消费需求，从而抑制经济增长。因此，在储蓄向投资转化的过程中，以私人投资为主的中小微企业的发展显得十分重要。

第二节 中小微企业的现状

一、我国中小微企业在现阶段的特点

1.投资主体多元化

现阶段，既有国家所有制的中小微企业和集体所有制的中小微企业，又有混合所有制的中小微企业和私人所有制的中小微企业。中小微企业不像大型企业那样，多为国家投资兴建，多为国有企业，又不像资本主义国家那样，多为私人投资兴建，多为私有企业。一般来讲，大型企业多为国有企业，小型企业多为非国有企业。1994年独立核算工业企业的大型企业中，国有企业占77%，非国有占23%；中型企业中，国有占69%，非国有占31%；小型企业中，国有仅占14.5%，非国有占84.5%。

乡镇企业除少数已发展成大型企业外，绝大部分都是非国有的中小微企业。在乡镇企业由联产经营和个体经营构成的个体私营企业占据着乡镇企业的1/3甚至1/2的天下。

2.产出规模小，技术装备率低

中国的中小微企业，特别是小企业，还不能像发达国家那样，在现代化过程中实现小型企业"巨大化"。由于技术装备率低，产出规模较小，产品多为劳动密集型。1993年，全国独立核算的小型企业，平均每个企业资本金只有23万元，约为同期中型企业的1/11，大型企业的1/65；平均每个企业的年产值为405万元，约为同期中型企业的1/9，为大型企业的1/80。所以中小微企业一般一次性投资量较小，进入的限制条件较少，使用的多为传统技术，产品的技术含量低，附加价值低。

3.中小微企业的地区分布广泛

中小微企业大多分布在东部和中部，西部相对较少(见表6–3)，由此可见，中小微企业在中西部，尤其是西部地区还是大有潜力可挖的。

表 6-3 我国中小微企业的区域分布（%）

	东部	中部	西部	合计
数量	42	42	16	100
产值	66	26	8	100
该地区工业总产值	66	67	55	

4. 广大中小微企业水平参差不齐

中小微企业遍布国民经济的各行各业，在我国，工业企业是中小微企业的主体。中小微工业企业的发展水平普遍不高，基本上不具备技术开发能力，有些企业还在应用着传统技术。但也有不少中小微企业已逐渐顺应时代潮流，步入高新技术产业，如北京著名的中关村一条街，被称为中国的"硅谷"，分布于其中的中小微企业科技水平较高，人才济济。相比而言，东部的中小微企业由于起步早，因此发展比较快，发展水平比中西部要高。由于南方开放的比较早，国家对一些经济特区给予了不少优惠政策，也促进了中小微企业在南方的蓬勃发展。

5. 企业组织结构和产业结构不合理

中小微企业没有把握好自己的优势，也搞"小而全"，专业化分工水平低，结果在与实力强大的大企业的竞争中往往处于劣势，与大企业缺乏较为密切的协作配套关系，难以从大企业得到资金、技术和管理方面的支持，企业发展无法通过专业化分工提高效益。中小微企业往往自己缺乏明确的发展战略，发现有盈利的、效益比较好的行业，就不加选择地一拥而上，导致大量低层次的竞争，造成重复建设、重复投入，浪费了国家的资源，有时也使自己走向破产。

二、我国中小微企业的现状

1. 中小微企业的数量有很大的优势

2007 年，我国中小微企业已达 4200 万户（包括个体工商户），约占全国企业总数的 99.8%。我国中小微企业创造的最终产品和服务的价值占国内增加值的 58%，社会零售额占 59%，上缴税收占 50.2%，提供就业机会占 75%，出口额占全国出口的 68%。在从事跨国投资和经营的 3 万户国内企业中，中小微企业占到 80% 以上，同时很多大企业都是由中小微企业发展而成的，如联想、海尔、海信、华为等。

2. 社会就业的重要渠道

中小微企业提供了大约 75% 的城镇就业岗位，不仅安置了大量的城市下岗职工，还吸收了大批农村剩余劳动力，有效解决了农村剩余劳动力的转移和就业问题，缓解劳动力供求矛盾，从而保证了社会的稳定和经济的发展。

3. 科技创新的重要源泉

由于中小微企业经营灵活、高效的特点，把科学技术转化为现实生产力所耗费的时间和经历的环节也大为缩短。中小微企业完成了我国 65% 的发明专利和 80% 以上的新产品开发。很多中小微企业向专、能、特、新方向发展，是创新不可忽视的力量。河北省科技型中小微企业数量不断增加，到 2010 年搭建公共技术服务平台 100 个，产学研合作平台 50 个，培育 300 家技术创新示范企业。推进技术创新，调整优化技术结构，以建立健全技术创新支持体系，实施"中小微企业技术创新工程"调整优化中小微企业技术结构。

4. 地方发展的重要支撑

增加农民收入必须加快乡镇企业的发展。乡镇企业是减轻农民负担和扶贫开发的一支重要力量和治本措施，凡是乡镇企业比较发达的地方，农民收入增加就快，贫困人口就相对较小。

第三节 中小微企业面临的问题

一个国家的经济稳定持续增长离不开数量众多的中小微企业，特别是在稳定经济、吸纳就业、出口创汇和提供社会服务等方面，中小微企业的作用是不可或缺的。在我国，中小微企业在国民经济中占有绝对的数量比重优势。据统计，2002 年，全部国有及非国有工业企业数增加到 18.16 万个，其中大型企业 8752 个，中型企业 14571 个，小型企业 158234 万个，占当年企业总数的比重分别为 4.82%、8.03% 和 87.15%。中小微企业是就业机会的主要提供者。在就业问题上，中小微企业能吸纳众多劳动力就业，是缓解就业压力的"减震器"。据统计，目前我国有 90% 以上的企业职工在中小微企业就业，80% 以上的新增劳动力和下岗职工由中小微企业提供就业机会。另外，中小微企业在科技创新和出口创汇方面也占有十分重要的地位。发展中小微企业，无论对于发达国家，还是发展中国家，都是不可回避的重大课题。当前，中小微企业的发展已经得到了中央及地方各级政府的高度重视，研究机构对如何发展中小微企业也是十分关注的。2002 年国务院出台了《中小微企业促进法》，旨在"改善中小微企业经营环境，促进中小微企业健康发展，扩大城乡就业，发挥中小微企业在国民经济和社会发展中的重要作用"。经济学家们也为中小微企业出谋划策，为企业经营的各个环节进言献计。这些均为中小微企业的发展营造了有利的环境，提供了有益的参考，为其发展起到了积极的促进作用。但是，由于各种因素的作用，目前中小微企业的发展还存在不少问题，既严重制约了企业的发展，又影响了国民经济的更快的增长。

一、中小微企业面临的主要问题

1. 小企业内部存在的问题

（1）规模狭小，过于分散。我国中小微企业的员工人数绝大多数在几个人到二三十人之间，规模过小，而且相互间缺乏经济联系。虽然有些学者认为，企业的规模小，便于企业灵活经营，即"船小好调头"。因为相对于层级繁多、组织结构复杂的大型企业来说，中小微型企业在组织结构上层次少，易形成高效率的经营管理决策，但是，我们绝对不能否认的是，离开了一定的规模和相互协作，中小微型企业不可能稳定的发展。由于企业资金较少，抵御风险的能力也相对有限。有人统计，我国中小微企业生存期较短、出生和死亡率高，其中50%的寿命不到一年，不能不说与此有关。以爆发的"非典"疫情为例，当时北京停业、倒闭最多的是大量的小餐馆、小旅行社、理发店、装修队、小商店、家政服务等。

（2）基础设施落后，技术水平低下。小型企业由于资金不足，往往既不能购买足够的机器设备，也无能力购买先进的机器设备来改进生产作业，提高生产效率。我国多数中小微企业的设备是大企业淘汰的产品，而且有相当一部分是较原始的手工操作，这不仅导致企业产品缺乏竞争力、资源浪费严重和环境污染严重，而且还为安全生产埋下了重大隐患。近年来，我国频繁出现的安全生产事故，多数就发生在那些设备陈旧、技术落后的中小微企业当中。

（3）就业人员素质不高，管理水平低。中小微企业的从业者主要来自农村剩余劳动力或城镇新增劳动力，文化水平普遍低下，加之上岗前后大多缺乏技能训练，劳动力基础素质较差，制约了企业的技术进步和生产效率的迅速提高。此外，中小微企业的经营管理多为家族经营模式，浓厚的家族观念束缚了经营管理中人力资源作用的发挥。虽然中小微私营企业在创业之初都能利用极其有限的原始资本、资源、场地，以灵敏的智慧、操作的技巧和家族成员的共同努力，抓住机遇，创造出惊人的奇迹。但我国企业的外部环境变化快，随着中小微私营企业规模的扩大，家族成员的知识、观念、管理已跟不上企业的发展需要，若不进行内部经营、管理机构人事的变动，从外部引进人才，极易使企业陷入家族内部的权力纷争。在北京一度闹得沸沸扬扬的餐饮业"九头鸟""九头凤"之争，就与家族管理模式关系密切，其结果对企业的发展绝非好事。浓厚的家族经营理念已经成为影响我国民营企业、乡镇企业发展壮大的主要障碍之一，如何走出"家门"求发展也成了摆在民营企业、乡镇企业面前的一道严峻课题。

（4）企业产权模糊，企业内部组织关系不稳定。从20个世纪90年代开始，我国中小微企业以创建股份合作制为突破口，进行产权制度改革。机制的转换，确实是解决企业深层次矛盾，进一步解放和发展生产力的重大举措。但是，目前的改制还有很多工作要做，仍然存在不少问题。比如，在股份合作制当中，如何处理好企业内部股和外部股的关系，企业职工持有股票不均的情况下如何保持不同职工的权、责、风险关系的对称等等，这些关系的处理难度相当大，其中的矛盾和冲突足以使企业解体。

（5）多数企业的经营理念尚不成熟，企业经营的战略思路混乱。中国的民营中小微企业发展历史较短，在瞬息万变的市场经济情况下，短时间内形成成熟的经营理念既不可能也不现实。不少企业的经营没有目标，没有规划，整个经营"跟着感觉走"。一会儿"科技领先"，一会儿"发展成行业龙头"。一个仅有十多名员工的微型箱包生产企业要去开拓欧美市场，要把产品打入南非；还有些中小微企业患有严重的"短视症"，哪儿有钱就往哪儿钻。在企业发展上不是过分追求"小而全"，就是不顾实际盲目效仿大企业的投资和管理。许多企业家在取得短暂的成功之后头脑发热，忘乎所以，似乎无所不能，结果是志大力疏，欲速则不达，把好端端的企业葬送了。最近，一些企业意识到家族经营的缺陷，于是效仿大企业从外部引进人才的做法，对"高学历""高素质"人才情有独钟。例如一家民营肉食品加工企业，最近两年一改过去家族化、家乡化的做法，实行主管人员"外来化"并排出聘用次序，"先考虑聘用欧美企业的人员，再考虑日本企业的人员，最后考虑港台企业的人员"，不惜花十几、二十几倍于现有高管人员的重资。其结果是人员来来走走好几拨，根本没有什么效果，不仅基础管理没做好，反而引起企业现有管理人员的普遍不满和抱怨。

2. 制约中小微企业发展的外部因素

（1）面对强大的竞争对手，中小微企业的生存环境日益艰难。在经济全球化的背景下，固然给中小微企业的发展带来了机遇，但是也使中小微企业受到了前所未有的挑战。由于自身存在着技术力量薄弱、管理水平落后、竞争能力差、经济效益低下和资金人才缺乏等严重问题，在国内外竞争对手的压力之下，明显处于被动和艰难状态。

（2）国内缺乏支撑中小微企业发展的环境，政府对中小微企业重视、扶持不够。20 世纪 80 年代初期，国家对以中小微企业为主的乡镇企业的发展给予了许多优惠政策，随着改革的推进，这些政策逐步淡出了。在新的历史条件下，中小微企业不但很少得到政策优惠，反而面临着不公正的政策环境。在"抓大放小"的政策诱导之下，一些地方政府对于组建当地的大型企业集团相当感兴趣，而弃中小微企业于不顾，或者只对出售中小微企业感兴趣。还有一些地方政府对个体私营中小微企业的发展漠不关心，而热衷于公有性质的企业的发展。

（3）中小微企业普遍存在融资困难。由于中小微企业规模小、资产少、资信度低、缺乏担保和抵押，以及存在社会偏见等因素，商业银行一般不愿向中小微企业提供贷款。一些地方的金融机构对不同所有制和不同规模的企业实行不同的贷款条件，对非国有、非集体的企业的贷款条件要比国有的、集体的企业严格得多，中小微企业贷款的条件比大企业严格得多，一些个体私营的中型企业甚至没有资格向金融机构贷款。

（4）政府对中小微企业监管不力，中小微企业负担过重。长期以来，国家一直没有制定有关扶持中小微企业发展的法律、法规。这一方面造成了这些企业的经营行为缺乏法律约束，使它们能够采用多种不正当的手段参与经营与竞争，严重扰乱了经济秩序，造成了资源和环境的重大破坏。而另一方面，中小微企业的许多正当利益也得不到应有的保障。作为地方财政的主要来源，中小微企业常常被作为弥补收支平衡和转嫁负担的对象，企业的税务负担、社会负担越来越重，由于这些企业规模小，对名目繁多的费用常不堪重负，企业的正常经营受到巨大的干扰。

二、解决问题的对策

1. 政府应加快有关立法步伐，完善服务体系，提供更多优惠政策，运用法律手段营造有效竞争环境

目前，政府主要是通过《中小微企业促进法》《鼓励和促进中小微企业发展若干政策意见》《关于"十五"期间加快发展服务若干政策措施的意见》《关于加快发展第三产业的决定》《关于加快培育工商领域协会的若干意见》等法律政策，试图为中小微企业发展营造良好的外部环境，同时促进、鼓励

各种服务机构的建立，维护各类服务资源在市场中的有效竞争。据不完全统计，全国现有社团 13 万个，民政部登记的社团组织 1850 个。这些举措应该说是积极有效的。近年来成立的"中小微企业科技创新基金"对科技型企业扶持、"中小微企业开拓国际市场基金"对出口型中小微企业支持、对中小微企业信用担保机构免征三年营业税等，都是政府部门发挥财政、税收等公共管理手段予以促进的。但是，离营造良好的竞争环境还存在着不少需要加强和改进的地方。

对此，还应在以下几个方面发挥其作用：（1）完善制度环境建设。一是政策制定要到位、具有可操作性，能够区别对待、分类指导不同发展水平的东中西部，避免出台一个政策全国通用。二是将政府管不了和管不好的职能明确授权给非政府组织，支持拓宽服务市场领域，激发服务市场发展活力。三是突破服务业发展中的难点，打破垄断、放宽市场准入、推进事业单位改制、鼓励民间投资参与。四是探索公共财政转移支付的有效方式，对提供外部经济的公共服务机构，可通过政府采购、补贴券等方式予以直接和间接支持。五是加强监管，通过问责和评估提高服务质量，并逐步推动独立评估机构、公众共同参与对服务市场的绩效管理。（2）促进各类组织健康发展。一是对政府弥补市场空缺创建的公益机构，应着力提升机构服务能力，通过品牌服务产品培育核心竞争力，并逐步引入竞争机制。二是推动现有全额、差额拨款事业单位尽快走向市场，逐步打破部门界限而参与市场竞争，并进而通过各类机构整合政府资源。三是推动商会和行业协会逐步形成由企业自愿组成、以服务和自律为宗旨的非营利性中介组织。四是对各类专业服务机构加以规范引导，使其在服务市场中有序发展，并与其他服务机构共同享有政府支持的公平机会。（3）为中小微企业减轻负担。必须坚决清理和制止加重中小微企业负担的一切举措。为此应进一步规范政府的行政行为，明确政府提供公共物品和服务的费用都应主要由税收来承担，不应再向使用者或受益者收取额外费用。

2. 中小微企业要依据自身的特点，通过优势定位、以多种形式改制、放开、完善自己的运行机制

发展中小微企业可以采取股份合作制，租赁、联合、兼并，委托经营以及合资、合作、嫁接改造。放开搞活中小微企业，是一项涉及方方面面的复杂的系统工程，其中既包括企业改制的组织形式、结构调整形式上的选择问题，又包含如何规划、协调、指导、组织实施等推进改革的方式方法问题，因此，应采取多种形式对中小微企业改制。要选择适合企业特点的财产组织形式，

以企业走向市场、提高对市场适应能力为原则，因地制宜、因行业制宜、因企业制宜。

3. 制定恰当的发展战略模式

除要掌握国内同类企业的特点外，还必须对企业内外环境做出科学分析和论证。这种分析是必不可少的，也是我国中小微企业最薄弱的。它包括对企业所在社会环境、经济状态、行业结构及企业自身的资源、素质、经营管理能力等各个方面的分析和预测。应通过市场细分，开拓市场，走"小而专，小而精，小而高，小而强"的路子，拓展自己的生存与发展的空间。我国中小微企业在选择发展模式时，必须遵循的基本原则是：（1）优势性原则。我国中小微企业普遍偏小，技术、资金、人才都严重缺乏，因此，其战略定位要有利于集中发挥企业自身优势。包括企业的资源、产品、区位、文化和管理，还包括企业的核心竞争能力，以及政策环境、人际关系等方面的优势。（2）适应性原则。纵观世界企业发展史，凡是长寿企业，都是顺应环境发展要求的企业。这种适应是多方面的整体适应：一是与自己的特点相适应，如中小微企业资源有限，不宜搞多角化经营；二是各项经营活动和总体战略之间的适应，如果奉行低成本战略，那么，企业的生产、销售、管理活动都应以降低成本为目标；三是各项经营活动之间的相互协调和加强，如销售活动与生产活动的相互协调，把从销售渠道了解到的产品信息反馈给生产单位，从而改进产品设计；四是战略与环境之间的相互适应问题。因为中小微企业实力弱，抗风险能力差，外部环境一个偶然的变故，可能给企业以致命的打击。这就要求企业随时监控和扫描企业的外环境的变化，分析机会和威胁存在的方式对企业的影响程度并及时做出反应。（3）创新性原则。创新是中小微企业生存的关键。想在艰难的环境中生存和发展，就必须不断地突破常规。一个新竞争者的最有效的武器很可能是一张白纸：没有过去在本行业中的沉淀资源、没有对行业认识的固定观念的约束，完全可以在借鉴别人成功的基础上创新。这时，最需要的是观念的创新，要相信除了变化本身以外，没有什么是固定不变的。（4）民主参与原则。战略定位不是企业管理者的专利，其实，每个员工都能参与进去。中小微企业人数少，员工对企业的各方面情况都比较熟悉，对企业的发展也承担着比大企业更大的责任，其命运与企业发展的联系更为紧密，他们对自己的命运拥有发言权，在一个影响企业发展方向的机会中投入自己的精力，将增加企业的凝聚力，激发员工的智慧和才能。

第七章 西方经济学界对中小微企业理论的研究成果

第一节 中小微企业存在和发展的必要性

纵观整个 20 世纪，世界各国的中小微企业在发展过程中都遇到过相似的问题，但中小微企业的作用不容否定。这 100 年中，发达国家经历几次兼并浪潮，确实出现了一些大型的企业与企业集团，但是，另一方面中小微企业不仅数量上没有减少，而且对国民经济的贡献与地位仍表现出蓬勃的生命力，中小微企业长盛不衰的根本原因在于现代经济社会中有其能够生存发展的深厚基础，很多经济学家对此发表了自己的观点。

（1）1974 年，舒马赫出版了《小的是美好的》一书，其贡献主要有两个：一是指出了大型化与自动化的发展误区；二是提倡发展中小微型的中间技术。他认为，大型化和自动化导致了大量的社会经济问题，包括大量失业、农村衰落、贫富差距、极端的社会紧张等，因而不能成为经济发展和工业发展的方向，要使社会持久发展，必须走小型化、中间化的发展道路。特别是要发展"小企业"和"中间技术"。"中间技术"是指一种具有人性的技术，它不是使人们的双手和大脑成为多余，而是使人的大脑变得比任何时候的生产能力都大得多。

（2）美国制度学派的代表人物加尔布雷斯在 1973 年出版的《经济学和目标》中写道：现代美国资本主义经济并非单一的模式，而是由两大系统组成的。一是有组织的大企业，即当时的 100 家左右大公司；二是分散的中小微企业，有 1200 万家。其中，大企业实行的是"计划生产"和"计划销售"，采取的是"操纵价格"，他把这一部分经济称为"计划系统"，中小微企业听命于市场，他把这一部分经济称为"市场系统"。加尔布雷斯指出，当代资本主义的畸形发展和比例严重失调，就在于经济系统中上述两大部分权力分配不平衡所造成的。因此，制度学派寄希望于政府采取行动加以改革，从而减少在计划系统和市场之间的不平衡状态。

（3）匈牙利著名经济学家柯尔夸认为中小微企业预算易硬化约束，他在《短缺经济学》中用预算约束软化这一核心概念来解释传统计划经济下的盲目扩张和低效：由于国家对企业父爱主义的保护而导致的企业的软预算约束，使得企业可以不计成本、不算效益的盲目铺摊子，在大量稀缺资源被浪费的同时，导致了整个经济体制的低效。

以上三种观点从不同角度说明了中小微企业存在并发展的必要性，事实上，对中小微企业的作用及其生存、发展规律的认识，不同国家（地区），不同时期的经济学家有不同的作答，从而形成了众说纷纭、各有侧重的中小微企业相关理论，由于理论界对企业的真正研究只有区区几十年，对中小微企业的专门研究则为时更短，特别是由于中小微企业本身的复杂性，不同国家（地区），不同时期中小微企业的作用和发展状况都不尽相同，也导致了理论认识上的差异。因此，直到现在中小微企业的相关理论都还处于不断的发展、成熟当中。

第二节 企业成长理论

一、企业外生成长理论

企业外生成长理论认为企业成长是外生性的，强调企业外部因素对企业成长的决定作用，尤其强调市场结构特征对企业成长的决定作用。代表性理论有：新古典经济学的企业成长理论、新制度经济学的企业成长理论和波特的企业竞争优势理论。

1. 新古典经济学的企业成长论

新古典经济理论将企业仅仅看作一个生产函数，作为一般均衡理论的一个组件，企业内部的复杂安排均被抽象掉，"代表性企业"排除了实际企业之间的各种差别。企业成长的基本因素均是外生的，企业成长就是企业调整产量达到最优规模的过程（或从非最优规模走向最优规模的过程）。而且这个过程是在利润最大化目标既定，所有约束条件已知的情况下进行的，是根据最优化规则进行的被动选择，没有企业主动性的余地。Marten Coos 从产业组织视角研究了劳动需求与企业成长——产业演化的关系，在吉布莱特定律的基础上构建了企业用人行为与企业或产业特征之间关系的模型。S. Makino则从宏观政策的层面综合分析了对企业成长的影响。Nixon 从市场供求对企业规模影响的角度研究企业的绩效。

2. 新制度经济学的企业成长论

Coase 认为，企业是市场机制的替代，市场交易费用与企业内部协调管理费用的均衡确定企业的边界，节约市场交易费用是企业成长的动力。Williamson 从资产专用性、不确定性和交易效率三个维度定义了交易费用，在此基础上分析了确定企业边界的原则等问题。他认为，为解决资产专用性带来的机会主义行为，企业会通过前向或后向一体化，把原来属于市场交易的某些阶段纳入企业内部，这种企业成长就表现为企业纵向边界的扩张。Crossman & hart 通过强调资产所有权的重要性，提出物质资产专用性和人力资产专用性对于纵向一体化具有不同的意义。杨小凯和黄有光（1993）认为应该考虑经济主体的交易效率因素，即市场越发达市场交易范围越大，在增加了交易费用的同时，也提高了交易效率，且后者更为重要，只要交易效率提高的收益大于交易费用导致的成本，市场与企业的成长就可以齐头并进。

3. 以竞争优势理论为核心的企业成长论

Poter 提出竞争优势理论，认为企业获取竞争优势主要有三种基本战略，即成本领先战略、标新立异战略和目标集聚战略。后来波特又创立了价值链理论，认为企业的竞争优势来源于价值链的优化。他对企业成长理论的主要贡献在于提出了产业结构的规范分析方法，认为企业竞争优势在一定程度上取决于企业所在产业的竞争结构，企业应该在对其竞争者、购买者、供应者、替代者、潜在竞争者 5 种力量进行分析的基础上确定企业的竞争战略；企业竞争战略反过来又会对以上 5 种基本竞争力量产生影响，并进一步影响产业结构和竞争规则，从而增进企业的竞争优势。

二、企业内生成长理论

企业内生成长理论从企业内部因素出发来研究企业的成长问题，认为企业成长是内生性的，企业的内生性因素（资源、能力、知识等）决定了企业成长的程度和范围，是决定企业成长的主导因素。企业内生成长理论有着丰富的研究成果，总结起来主要有：内生成长理论的渊源、彭罗斯的内生成长理论、管理者理论的企业成长理论、制度变迁理论的内生成长理论、演化经济学的企业成长理论等。

1. 内生成长理论的渊源

Adam Smith 在《国富论》中用分工的规模经济利益来解释企业成长问题，是企业内生成长理论最早的思想来源。他指出，分工对劳动生产率的促进作用主要表现在以下三个方面：第一，简单工作的重复进行可以提高劳动生产率；第二，把复杂工作分解为连续的简单操作可以减少工人从事多项操作时的转换成本；第三，工作的简单操作有利于机器的发明和应用。

用现代企业资源基础理论的观点来看，企业的劳动分工实质上是生产流程被日益简化、分解的连续"发明过程"。因此，劳动分工是企业内生成长和效率的根源。

马克思（1860）对劳动分工和企业内生成长之间的关系做出了详细而准确的描述。他考察了劳动分工条件下局部劳动分工如何影响生产效率的机制，在强调劳动分工的同时，还强调了协作对提高组织效率的作用。他指出，单个劳动者力量的简单加总和多人协作完成同一操作表现出的社会力量存在根本的差别。"这里的问题不仅是通过协作提高了个人的生产力，而且是创造了一种生产力，这种生产力本身必然是集体力。"马克思注意到专业化分工和专用性知识积累的内在联系，马克思的分析为我们考察知识积累和企业内生成长之间的内在联系机制提供了有益的借鉴。

马歇尔（1920）从企业内部职能部门间的"差异分工"角度提出了企业内部技能和知识的成长理论。他认为，企业中的一项职能工作通常可以分解为多个新的次级职能单元，不同次级单元将产生一系列不同的专业技能和知识。然而，这种专业化分工的增加导致了新的内部专业职能来对各原有的和新的专业职能进行协调和整合。这样，企业的生产和协调能力就会在内部获得持续的成长。马歇尔的理论建立在 Herbert Spenser 的"差异—整合"理论基础之上，但他的观点已经与现代企业资源基础理论非常接近了，即企业的异质性能力来源于企业内部职能分工中的知识积累和组织协调。他在坚持规模经济决定企业成长这个古典观点的同时，也试图把它与稳定的竞争均衡条件相协调。斯密以后的古典经济学家均忽视对稳定的竞争均衡条件的分析，因此对企业随着分工成长会导致垄断问题暂时搁置一边，普遍接受分工的规模经济利益决定企业成长的观点。马歇尔试图综合稳定的竞争均衡条件与古典的企业成长理论，他通过引入外部经济、企业家生命有限性和垄断企业避免竞争的困难性，把稳定的竞争均衡条件与古典企业成长理论协调起来。他认为，由于企业规模的扩大会导致灵活性下降，从而竞争力下降，成长的负面效应最终会超过正面效应，使企业失去成长的势头，更重要的是随着企业的成长，企业家的精力和寿命均会对企业成长形成制约，且新企业和年轻企业家的进入，会对原有企业的垄断地位形成挑战，从而制约了行业垄断结构的维持。

企业的成长取决于企业的外部经济和内部经济。外部经济给企业提供了成长的足够的市场空间，内部良好的管理给企业带来了超额利润。大批量生产能力、大规模生产能力和内部交易费用下降对企业成长和边界有重要作用。企业家是影响企业成长的决定因素。马歇尔的理论是熊彼特、彭罗斯、演化理论的思想渊源。

2. 彭罗斯对企业内生成长理论的发展

彭罗斯发展了马歇尔的企业内部成长理论，并将注意力集中到单个企业的内生成长过程。她以单个的企业为研究对象，以"不折不扣的理论"来分析企业成长这一过程，探究了决定企业成长的因素和企业成长的机制，建立了一个企业资源—企业能力—企业成长的分析框架。她认为，稀缺的管理资源是企业成长的最重要的限制因素，企业成长的前提是增加相应的管理资源。在现有管理资源的约束下，企业的过度扩张会导致企业生产效率的下降。企业内部决策活动的惯例化和程序化是缓解管理资源稀缺的主要途径。在企业的扩张中，非程序化的决策活动引起的新的协调问题在开始的时候往往占用了管理人员大部分的时间和精力，一旦把这些问题惯例化和程序化，单个决策者就能够节约其管理资源并将这种管理资源释放出来。

彭罗斯集中研究了企业新知识促进机制和接下来的企业知识积累机制，认为知识积累是企业内部化的结果，这一过程节约了企业稀缺的决策能力资源，促进了企业成长。她把企业内部决策活动的程序化看成是外部知识内部化的知识积累过程。特别关注企业对"标准操作规程"和"程序性决策规则"等知识的积累。在企业将外部知识内部化和个体知识联合化的过程中，实质上是在将正式的公开性的知识转化为非正式的默示性知识。彭罗斯把决策的惯例化和程序化看作是专业化协作中共同知识的积累过程。随着共同知识的积累，一方面稳定了企业组织成员行为的预期，另一方面提高了企业成员的决策效率。这使组织可以释放出部分管理资源，以解决企业成长中的非程序化决策问题，推动企业的成长和发展。彭罗斯对企业内生成长的研究是深刻的，但她过分强调了管理资源对企业成长的作用，而忽视了企业内部其他资源对企业成长的制约作用。

3. 管理者理论的企业成长论

管理者理论是在伯利和米恩斯提出现代企业所有权和控制权分离这一命题之后，经济学家对经理式企业目标行为进行探讨的过程中形成的。主要包括鲍莫尔的销售收益最大化模型，威廉姆森的管理者效用函数模型和马里斯的企业稳定增长的模型。管理者理论关于企业成长的主要观点是，随着现代企业所有者和经营管理者身份的分离，以及相应的所有权与控制权的分离，企业的经营管理者掌握了企业的实际控制权，因此，这些企业的目标已经不是追求企业所有者的利润最大化，而是追求管理者阶层自身的效用最大化。由于管理者利益并不是与利润直接相关，而是与企业的规模或增长密切相关，这就导致企业行为方面的新特点。即企业成长成为企业的目标，因为这符合管理者的效用函数。管理者理论的企业成长论的共同之处在于，把追求企业成长作为企业的目标，在此前提下探讨决定企业成长的因素以及实现稳定增长的条件。

4. 企业制度变迁理论与内生成长理论

对企业成长制度变迁理论的探讨，钱德勒是从历史和宏观角度进行的。钱德勒的主要观点集中体现在他的三部经典著作《战略与结构：美国工商企业成长的若干篇章》《看得见的手——美国企业的管理革命》与《企业规模经济与范围经济——工业资本主义的原动力》之中。钱德勒在《看得见的手——美国企业的管理革命》中，描述了现代工业企业的两种扩张途径：一是生产型企业主动拓展，直接进入采购和分销领域，实现前向或后向一体化；二是小规模的家庭或个人所有的企业借助横向合并，成为全国性企业，在集中生产的基础上，再向前或向后实行联合。企业多角化和纵向一体化是现代企业成长的主要策略。钱德勒通过对企业成长路径的经验研究，发现管理层级制是现代工商企业的一个显著特征。从历史上看，现代企业曾先后采用过三种内部管理层级制：第一种是控股公司结构，简称 H 型结构，是现代企业成长中第一次重要的组织制度创新；第二种是以权力集中为特征的功能垂直型结构，简称为 U 型结构，U 型结构兼容了美国铁路公司的高层管理模式和家族式企业的中层管理方法；第三种是以企业总部和分支公司之间的分权为特征的多部门结构，即 M 型结构，又称事业部制，M 型结构被钱德勒当作是对于成长的一个反应，特别是对于现代公司多样化经营的一个反应。在钱德勒看来，真正的企业成长是现代工商企业出现之后的事情，而现代工商企业的出现是与两项重大的企业制度变迁相联系的，一是所有权与管理权的分离；二是企业内部层级制管理结构的形成和发展。在那些依靠内部资金发展起来的纵向一体化企业中，企业主本人或其家族在企业的高层管理中居支配地位，所发展起来的是中层管理。在那些依靠外部资金发展起来的企业中，则是支薪经理在高层管理中居于支配地位。钱德勒把以上过程称为经理式资本主义的兴起和家族式资本主义的衰落。

而威廉姆森（Williamson，1985）的主要贡献是从理论思维的角度系统阐述了企业成长过程中组织结构的演变，以及不同组织形态的效率。钱德勒认为，从组织制度上可以把企业分为古典企业和现代企业，企业成长中由古典企业向现代企业的这种制度变迁不仅对企业本身意义重大，而且对社会经济体制的转变也具有决定性的作用。他认为，企业制度变迁是随企业经营规模扩张而出现的，而企业制度变迁又是维持和促进企业规模扩张的必要条件。在钱德勒看来，真正的企业成长是现代工商企业出现之后的事情，企业经营规模扩张包括两个方面：一是大规模分配和大规模生产的发展。大规模分配是指大批量经销商品的现代商业企业的出现，是运输和通信技术变革所带来的结果，大规模生产的出现晚于大规模分配，是因为前者除了需要运输和通信技术变革之外，还需要进一步的技术上的突破。二是把两者结合于一个单一公司之内的一体化，这种结合导致大量市场交易活动的内部化，结合主要是通过纵向和横向两种方式实现的。

5. 演化论经济学对企业内生成长理论的贡献

尼尔逊和温特在阿尔钦的演化论经济学思想基础之上建立了一个比较完整的解释经济变迁的演化理论，特别强调企业在变动的市场环境中如何运动是解释经济变迁的基础。他们指出，现实企业是由利润推动的，但绝不是新古典经济学所假设的利润最大化的生产者。企业是生产性知识和能力积累的载体，对未来的把握取决于特定企业的知识积累状况。在不确定性条件下，企业拥有的知识是不完全的，只是特定时间内具有一定知识、能力和决策规则的生产者。在环境选择机制作用下，企业现有惯例或知识基础决定了企业成长的方向和模式，同时也决定了企业之间竞争性行为的结果。

尼尔逊和温特认为，企业将遵循已经成熟的惯例进行运作，而不是随时计算最优的解决方案。每个企业的惯例可以被看成是企业知识和经验的载体，这些惯例之间存在着一定的差别性，它们构成了企业之间相互区别的特征。企业的惯例在一段时间内将保持一定的稳定性，如果企业按惯例运行能够获得满意的收益，那么这些惯例往往不会发生变化，因而不会发生企业的成长。但是，如果企业的运行状况出现了异常而使收益低于某一限度时，企业将有可能对惯例加以调整，从而可能会引起企业的成长。尼尔逊和温特把企业改变惯例的应变行为称为企业的成长，他们认为企业成长是基于惯例的，企业成长需要企业惯例的支持。因为在企业的组织活动中，知识和能力表现为具体的惯例。它构成了企业组织成员决策活动的前提。所以，惯例可以说明"单个组织行为方式的连续性的性质和来源，即企业的内生成长表现为内在的惯例依赖过程。

6. 以资源为基础的企业理论对企业内生成长的研究

20世纪80年代以来，资源基础企业理论的许多学者从企业内部资源角度讨论企业的内生成长。他们认为，企业的成长是内生性的，企业内部的资源、知识和能力决定了企业成长的方向和模式。

德姆塞茨（Demsetz）认为，在承认其他因素起作用的条件下，大体来说，企业为维持自己所需要的知识花多大的开支，决定了企业多元化扩张的程度。一家单独企业要在自己产品的用途进一步多样化以前，把它加工成新的、根据说明书的指导用起来更简便的几种产品。这样就必须使企业成长，因为要开发新的生产线，就必须为获得和维持有关信息花费更大的成本。如果由不同的生产者分别使用这些已被进一步简化的生产线，他们就无须付出那些成本。一旦生产线的发展达到这一点，该产品的所有权就会转移，但即使不改变所有权，进一步加工出派生产品的工作也成为其他企业的任务。界定多元化程度的边界也由此建立起来了。

普拉哈拉德和哈默（Parahalad and Hamel）认为，企业核心知识和能力所具有的因果关系的模糊性、路径依赖性和社会复杂性形成一种"隔离机制"，使得其他企业的模仿行为即使是可能的，也将面临相关的很高的成本约束。企业的成长表现为企业之间不断地模仿和创新性竞争活动，而这些活动围绕的中心是如何快速而有效地积累起适应外部环境变化的核心知识和能力。因此，企业成长是内生性的，即企业内部持续的知识积累过程。

巴尼（Barney, 1991）指出，传统经济理论和企业战略管理理论把企业的竞争优势看成是外生决定的，认为企业的成长是由外部因素决定的。而巴尼认为，实施竞争性战略的关键性资源是企业内部长期发展的结果，难以通过市场公开获得。企业生存和成长取决于企业内部长期知识和资源积累过程中所形成的长期的动态生产成本优势。

A.N.Jack（2004）以"复杂问题"对企业决策选择的影响为切入点，研究包含知识和资本两种要素的企业成长路径的选择，认为企业根据搜索选择方式的成本——收益比较可以得到最优策略。J.C.Hayton（2005）实证研究发现企业高管人力资本和组织名誉对企业行为具有显著的影响，认为智力资本是形成企业持续竞争优势和技术发展的潜在源泉。我国学者邢建国（2003）提出以不断变革与创新能力为依托，强调核心能力的自我超越和保持"创新个性"，实现"代际推进"的企业持续成长。郑建伟（2004）基于集体效率的企业族群能力理论，提出基于知识的企业族群能力的概念。陶长琪等（2008）首次运用新增长理论，从人力资本单个维度和多个维度构建了 IT 企业成长的模型，并以我国 IT 上市公司为例开展了实证研究，发现人力资本及其溢出对促进 IT 企业保持持续增长发挥着关键性的作用。

7. 学习型组织与企业的内生成长

企业获得核心竞争力的关键在于建立健全的内部学习机制，企业内部的学习和发展机制是企业长期进步和发展的基础结构。Lucy Firth 和 David Mellor（1993）认为，从传统 Solow —Swan 成长模型到 Romer 的由学习驱动的内生成长的新的成长模型，每一个步骤都与组织的学习有着密切的联系。新成长理论的精髓论证了学习是有目的的，花费成本进行投资的结果，是企业针对市场信号变化所采取的反映措施，是成长的内生变量。学习型组织理论认为，组织学习是企业成长过程中必不可少的内部机制，现代企业是一个学习型的生命体（Dodson，1993）。组织通过学习就能够了解顾客的需求，开发出新产品；可以根据竞争对手的情况调整自己的市场策略；通过系统化的制度开发智力资本等。因此，通过适应环境、自我调整而获得生存与发展，是企业组织生命体的基本机制。

国内也有不少学者对企业成长进行了研究，具有代表性的研究成果是杨杜（1996）的《企业成长论》和尹义省（1999）的《适度多角化——企业成长与业务重组》。杨杜将"经营资源"作为其研究的一个关键概念，探讨了经营资源的量、扩张、结构、支配主体四个方面的课题，强调分析了构成企业成长理论之核心的规模经济、成长经济和多元化经济，以及它们的结合状态——复合经济。尹义省在其著作中回答了企业多角化成长中理论机制的核心和关键问题，提出了实用策略，为企业家战略决策和政府对多角化企业的调控提供理论依据和可供借鉴的实例。

第三节 企业规模理论与企业竞争理论

一、企业规模理论

最佳规模理论最早由罗宾逊在 1931 年提出，他认为企业的大规模经济利益会被管理费用的增加和管理效率的降低所抵消。罗宾逊将企业在现有技术条件下长期平均费用最低的规模，即利润率、利润额、附加价值额、人均附加价值生产率最低的规模定义为最佳规模。这样的规模未必是大规模，中小微企业只要规模适度就可以生产和发展。美国芝加哥学派的经济学家施蒂格勒在《规模经济》中较深入地探讨了企业最佳规模及其决定因素，他通过实证研究指出，同样的效率可在不同的规模中实现，同一行业内不同的规模可能都是适度的。由此他提出一个经典的表述：企业的最佳规模可以在相当大的范围内实现，凡是在长期竞争中得以生存的企业都是企业的最佳规模。企业的最佳规模除了既定的技术约束和市场约束外，还要取决于许多难以观察和度量的因素，如企业家的创新能力、国家政策的稳定性等。

诺贝尔经济学奖获得者科斯于 1937 年发表了经典论文《企业的性质》，通过引入交易成本概念来论述企业与市场之间边界的形成，以此来说明企业的最佳规模。科斯认为，企业和市场是两种性质不同的，但在一定条件下可以相互替代的资源配置方式。企业边界决定于企业与市场的均衡，即企业内的边界组织费用与市场边界交易费用相等之处，也即企业最佳规模为交易费用与组织费用之和的最小处。一般说来，随着企业规模的扩大。交易费用递减，组织费用递增，交易费用与组织费用之和在最佳规模处达到最低。最佳规模不一定很大，中小微企业同样也可以达到最佳规模。

竞争簇群论完全跳出了"规模经济"对单个中小微企业形成制约的旧模式而从一个新的角度来论述中小微企业的竞争优势，所谓"簇群"是指位于特定地方、特定领域获得超常竞争优势的公司与机构的集合。这些公司与机构相互独立而又保持非正式联盟关系，簇群具有高效率、有效性和灵活性方面的优势，代表着一种富有活力的组织形式。簇群的成员之间广泛连接而产生的总体力量大于其各部分之和，使得专业化簇群比较容易获得整体规模效益，从而突破了规模经济对单个中小微企业的局限。

二、企业竞争力理论

从古典经济学的劳动分工理论到当代的核心竞争力理论，竞争力理论一直是经济学家和管理学家研究的热点问题。竞争的基础是竞争力，缺乏竞争力的竞争是失败的竞争。中小微企业如何应对入世的挑战，在竞争日益国际化的环境下如何继续生存和发展，竞争力建设是迫切需要解决的问题。

美国著名战略管理学家波特教授从产业的角度对企业竞争优势进行定位研究，他认为，一个企业的竞争战略目标在于使企业在产业内处于最佳的位置，保卫自己抗争五种竞争作用力，即同业竞争者、替代业者、潜在进入者、购买者和供应者，如何应对这五种竞争力是企业构筑竞争战略的关键。波特提出了三种战略以获得竞争优势：一是成本领先战略，即降低成本可以获得高于产业平均水平的收益，最后，低成本又使企业在同替代品竞争时所处的地位比产业中竞争对手的地位更为有利；二是差异化战略，指企业提供的产品或服务有别于其他企业，从而形成在全行业范围内具有独特性的产品，从而可以利用顾客对品牌的忠诚而降低其对价格的敏感性，在面对替代品威胁时，处于更加有利的地位；三是目标集中战略，它是主攻某个特定的顾客群、某产品系列的一个细分区段或某一个地区市场，这一战略的前提是企业能够以高效率，更好的效果为某一狭窄的战略对象服务，从而超过在更广阔范围内的竞争对手，这一战略对于实力不强的中小微企业有着特别重要的意义。

1990 年，美国著名学者普拉哈拉德和英国战略管理学教授哈默，从企业动态发展的战略高度提出比较完整的企业核心能力概念，从而在全世界范围内掀起了该理论实际应用研究的高潮。与传统理论相比，核心竞争力理论关注的不是企业现有的、显性的、外在于企业静态的物质资源，而是基于市场的、隐性的、无形的、动态的能力资源。企业的核心能力是能使企业为顾客带来特别利益的一类独有技能和技术，具体说是指能给企业带来市场竞争优势的诸多要素系统的有机融合。

第四节 企业家理论

企业家理论是随着社会分工和商品经济的发展、企业组织的变化而演进的。本节前部分评介的康替龙、萨伊、马歇尔是 18 世纪初叶以后的近 200 年间在企业家理论上对后世最有影响的经济学家，他们 3 人也反映了企业家理论早期发展的 3 个阶段。20 世纪 20 年代，熊彼特异军突起，他对企业家概念做了新的界定，并把企业家理论纳入新古典派的均衡理论。熊彼特的研究思路，为当代经济学家研究企业家理论开辟了新的路径，为把企业家理论纳入现代企业理论奠定了理论前提。当代的企业家理论是其历史演进的产物。

一、理查德·康替龙理论

在经济学文献中，"企业家"一词最早见之于理查德·康替龙（Richard Cantillon）的《商业性质概论》。康替龙生于 1697 年，1734 年被刺身亡。他是爱尔兰人，长期经营银行业和商业，曾迁居巴黎。《商业性质概论》写于他人生最后的三四年间，长期保存在法国重农学派的米拉波手上，直到 1775 年才得以问世。这部书考察了一国全年的农产品在社会各阶级间的流通和分配，形成重农主义理论体系的思想来源，熊彼特在《经济分析史》中认为康替龙实际上是"绘制《经济表》的第一个人"。

康替龙把社会划分为 3 个阶级，他说，除君主和土地所有者以外，其余所有居民分成两个阶级：企业家（Entrepreneur）和受雇者；后两个阶级是依靠土地所有者阶级维持生活和致富的。康替龙所说的企业家，是指在一国内所有交换和流通中起着"中介"作用的人，而他们的收入又是"不确定"的。最主要的企业家是租地农场主，他们租用土地、雇用工人进行生产，然后将农产品（谷物）的 1/3 作为地租交给土地所有者，1/3 用于补偿种子等生产费用和支付工资，余下的 1/3 是企业家的利润。这样，就实现了全年农产品在各阶级间的流通和分配。就分配的量来看，土地所有者阶级的收入和受雇者阶级的收入，即地租和工资是确定的，因为，企业家是按谷物的固定价格支付给他们的，但企业家自己的收入（利润），由于存在谷物供求变化、价格波动等不可预测的情况，则是不确定的。康替龙依此推断说，把农产品运到城市的商人，农产品的批发商和零售商，对农产品加工以及生产其他制造品的手工业者、工匠或手艺师傅等这些在交换和流动中起着中介作用的人，收入同样是不确定的，因而都属于企业家阶级。他们中有的"拥有资本能够独立营业"，有的"没有资本仅靠自身劳动为生"。康替龙还依据收入不确定的原则，把在艺术和科学领域靠自身劳动为生的人也纳入企业家阶级，虽然他们并不是流通的中介人。

康替龙对企业家阶级和整个社会阶级的划分，反映了当时资本主义阶级关系的不成熟性，以及土地所有权的作用远远大于资本权利的社会经济状况。但他实际上肯定了企业家在财富生产中的重要地位，并把企业家界定为不确定性的承担者、冒险者，则是把握到了企业家最普遍的特点，而为后世的经济学家所沿用。

二、让·巴蒂斯特·萨伊理论

萨伊（Jean Baptiste Say，1766—1832）是法国经济学家，曾到英国求学，也担任过纱厂经理，并兼任机械师、工程师的工作，主要著作《政治经济学概论》发表于 1803 年，作者生前出过五版，最后一版 1826 年印行，离康替龙著作写作时期已近 1 个世纪。这时，随着产业革命的不断扩展，物理、机械等科学的发展，机器大工业的兴起，资本主义社会三大阶级的形成，脑力劳动和体力劳动的分离等一系列新现象的出现，使具有经济理论和实践经验的萨伊有可能对企业家的作用和特征有更为准确的认识。

萨伊是以亚当·斯密的《国富论》作为自己的理论出发点的。斯密虽然以"看不见的手"论证了经济自由主义，但由于价值理论的混乱，并未形成完整的市场经济理论，因而萨伊也不是在这个理论框架内讨论企业家的。

萨伊在《政治经济学概论》中把斯密的三种收入构成价值的错误理论发展为"三位一体"的分配模式，认为地租来自土地，利息来自资本，工资来自劳动。他在对劳动进行具体分析时，论述了企业家劳动的特点。他把劳动分为3个动作，或者说3个步骤，一是"研究关于产品的规律和自然趋势"，二是"应用上述的知识来实现一个有用的目的"，三是"进行上述两步骤所提示的用手的工作"。概括地说，就是"理论、应用和执行"。完成第一和第三两个动作的是科学家和工人，完成第二个动作的人就是企业家，他们"或是农场主，或是工厂主，或是商人"。显然，萨伊所说的企业家是指运用科学、组织工人进行生产的人。这和康替龙的观点基本一致。所不同的是，他不再认为企业家是靠地主致富的，而断定企业家的利润是自己劳动的工资。

萨伊认为，作为企业家要具备多种品质和技能。如作为工厂主，应有判断力、坚毅、常识和专业知识，掌握监督与管理的技术，敏于计算等才能。作为商人，需要熟悉所经营货物的性质，各种货物在世界各地的市价，各国通货及其汇兑率；了解运输方法、运输风险和运输费用；善于识别各种客户，避免受骗等等。

萨伊的贡献在于，他在企业家尚未形成为独立的社会阶层的年代，从经济范畴上对资本家和企业家做了界定。他说，企业家必须垫付一定量自己的资本，因而他的收入有两部分，他"以经理资格获得一部分收入并以资本家资格获得另一部分收入"。这两种收入需要区分开来，因为它们"决定于完全不相同的原则"。作为资本家所取得的收入，他称之为"利息"，其数量"依存于资本的多寡、投资的安稳性等等"。而企业家以经理的资格获得的收入，他称为"利润"，说"劳动的利润依存于所施展的技巧程度、积极性、判断力等等"。这样，他就界定了企业家收入的源泉，确定了企业家作为依据的经济范畴。但是，由于现实生活中资本家和企业家是合二为一的，因此，萨伊又把资本家的职能赋予企业家，强调企业家是不确定性承担者，甚至把企业家直接称之为"冒险者"。

三、阿尔弗雷德·马歇尔的企业家理论

马歇尔（Alfred Marshall）是新古典学派创始人，主要著作是《经济学原理》，出版于1890年，至1920年共出8版。马歇尔活动的年代离萨伊又近一个世纪。资本主义在19世纪和20世纪之交开始进入一个新的阶段，经济生活中出现一系列新现象，促使企业家理论在马歇尔著作中得到重大的推进，主要表现在：

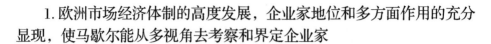

1.欧洲市场经济体制的高度发展，企业家地位和多方面作用的充分显现，使马歇尔能从多视角去考察和界定企业家

马歇尔从企业家作为"中间商人"出发，探讨企业家的本质机能。他认为，生产活动和销售活动是产品的供给适应需求的整体过程。企业家的作用是把生产要素在企业内组合成商品并将商品以合适的渠道到送达消费者手中，企业家是生产要素卖方与产品买方之间的中间人。同时，企业家为了追求成本最小化，必然是运用新技术、采用新形式的创新者。马歇尔还从对企业家活动的分析中，引导出企业家的另一个重要职能：风险承担者。马歇尔说，企业家在购进、投入商品到产出、实现、成功销售商品的过程中，必将会出现风险资本的固定化，从而增加了风险负担。资本，不论其来源于借贷还是来源于自有，一旦经营失败，企业家都要承担由此带来的损失。总之，在马歇尔的著作中，企业家的各种职能，从企业组织的领导协调者、中间商、创新者和不确定性承担者都做了清晰的论述。与此相应的，马歇尔对企业家的品质也提出了新的要求，认为企业家应具有能从更高水平上统帅全局的领导机能。

2.19世纪末期，垄断组织开始出现，企业组织形式发生变化，特别是出现了现代股份制，这些新现象在马歇尔著作中都得到了反映

马歇尔以很大篇幅讨论了作为生产要素之一的工业组织，研究了"组织增大效率"的多种因素。他察觉到在"股份公司组织"中出现了所有权和经营权的分离及由此形成的新型的企业家。他说，股份公司的所有权涉及许多人，它"使得许多没有特殊经营知识的人，把他们的资本交给他们所雇用的人去运用"，同时，"它对于具有经营管理的天才、而没有继承任何物质资本或营业关系的人，提供了很大的机会。"马歇尔看到，在这种新的组织形式中，除了资本所有者的企业家外，又出现了一种无资本的、被雇用的企业家。不过，马歇尔只是附带的把他们作为企业家的一个类别、一个变异来论述，而没有把他们看做是典型的企业家。

3.在马歇尔的时代，社会再生产过程的难点，不在直接生产过程，而是在流通过程中，在商业起着重要作用的产品价值实现阶段

同时，随着市场经济的发展，出现了多种发挥中介作用的现代服务业。马歇尔从这些新现象出发，把非物质生产领域的行业，统统纳入了生产劳动的范畴，从而把这些领域的经营者纳入企业家范畴。他举例说，股票交易所和商品交易所的经营者是企业家，他们虽然不参与生产，但创造效用，并承

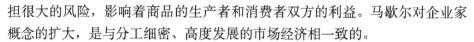

担很大的风险，影响着商品的生产者和消费者双方的利益。马歇尔对企业家概念的扩大，是与分工细密、高度发展的市场经济相一致的。

马歇尔的企业家理论，关于企业家职能的多重性、企业家定位的模糊性、企业家概念的广泛性的观点，具有与他的整个理论体系一样的特点：包容多种观点的折衷性，全面而缺乏鲜明性，但也正是这个特点，使它成为各种后继理论的一个重要的思想来源。

4. 马歇尔建立了均衡理论体系，奠定了现代微观经济学的基础

马歇尔建立了均衡理论体系，奠定了现代微观经济学的基础。但是，在新古典理论模式内，根本没有企业家的位置。在这里，厂商是在既定的生产函数下，依照边际成本等于边际收益的原则，计算出利润最大化的产量，然后以等产量线与等成本线的切点作为坐标来完成既定产量的最佳要素组合。如果生产过程是按照这种规范进行的，那么，哪里还需要企业家个人的能动作用呢？这样，企业家理论就被排斥于经济学体制之外。

四、均衡理论体系中的企业家理论

当代一些经济学家追随熊彼特之后，以新古典理论体系的缺陷为突破口，引出企业家职能，并将企业家理论纳入市场均衡理论。其主要代表人物如下：

1. 莱宾斯坦（Harvey Leibenstein，1968）

美国经济学家莱宾斯坦在《企业家精神和发展》一文中提出了 X 效率理论，指出新古典经济学厂商理论的假设，即厂商根据一致性的生产函数及成本函数进行生产，厂商总是在既定投入产出水平下实现产量极大化和成本极小化的假设，是不现实的。基于 X 效率理论，生产活动不是一种机械的技术决定关系，它依赖于个人的心理和生理活动，依赖于企业全体成员的努力程度。由于企业劳动合同是不完善的，企业主和雇员利益是不一致的，个人的行为具有惰性特征，以及市场结构具有垄断特征等原因，不仅会造成低配置效率，而且会使企业缺乏追求效率的动机，因而企业组织中大量存在 X 低效率。莱宾斯坦由此认为，企业家的职责在于克服组织中的 X 低效率，企业家就是避免别人或他们所属的组织易于出现的低效率，从而取得成功的人。显然，莱宾斯坦的企业家角色是服务于其 X 效率理论的，正如熊彼特的企业家角色是服务于其创新理论一样。

2. 彭罗斯（Edith Tilton Penrose，1959）

彭罗斯在经济思想史上的地位是由其被予以极高声誉的《厂商增长理论》一书决定的。他认为，传统经济学关于企业规模有限的设想是不正确的，它忽视了企业家发现企业生产机会和扩展生产的能力。他指出，企业代表着人力资源和物质资源的集合体，存在着多种组合，而且人力资源的发挥具有变化大和可挖掘的特征，并能使物资资源发挥的结果发生变化，因此，需要结合人力资源和物资资源的相互作用来研究有关资源的多种组合和分配，这实际上是企业不断找出可能利用的潜在于既存资源中的新功能的过程。企业家的职能正是在深刻洞察环境和作为生产资源集合体的企业潜力的基础上，找出未被利用的企业生产机会。彭罗斯将发现企业生产机会的能力称为"企业家的服务"，认为企业家的资质，是创见的多面性、取得信任的说服力、野心和冷静的判断力等项能力的综合。熊彼特也主张用开发新产品、引进新方法等来扩展生产，但他所推崇的技术革新是"非连续性的"，是"创造式的破坏"，而彭罗斯的主张是具有连续性的，他所强调的是从继承而来的内部资源中挖掘出潜在能力。彭罗斯所说的企业家的作用，是有效组织企业内部资源的对内机能使之与市场环境的对外机能相适应，企业家承担了推动市场与企业组织联动的作用。

3. 卡森（Mark Casson，1982、1991、1995）

美国经济学家卡森针对新古典主义把一切决策都归结为根据价格体系提供的公共信息进行边际计算的观点，在综合各种企业家理论的基础上，引入了"企业家判断"这一概念，把企业家定义为对稀缺资源的协调做出判断性决策的人。所谓"判断性决策"，是指在不确定条件下，只依据所掌握的公开信息，按照既定的决策规则和程序所做的决策。由于不同的人获取信息时存在成本差异及个人本身的差异，在相同的情况下也会做出不同的决策。卡森指出，企业家具有制造市场的功能，他凭借对自己判断决策的自信，从事多元化的活动，促成不同类型的市场。卡森还考察了企业家的需求和供给，构造了一个企业家市场"均衡"模型。卡森的著作，建立起一个统一的企业家行为理论的分析框架，标志着西方企业家理论的新发展。

五、企业家理论对现代企业理论的推进

熊彼特对职业企业家概念的确定，为现代企业理论的形成提供了重要的前提。首先，他把企业家和资本所有者区别开来，突显出经营者和所有者的

分离，这就为后来的学者区分现代企业与古典企业提供了一个重要依据。例如，美国经济学家伯利和米恩斯在 1932 年合著的《现代公司与私有财产》一书中就把现代企业的特征概括为"所有权和管制权的分离"。1977 年，美国企业史学家钱德勒以对 19 世纪以来美国工商企业成长历史的系统考察，印证了这一命题。钱德勒由此把现代企业组织定义为："由一组支薪的中、高层经理人员所管理的多单位企业"。

其次，在新古典的分析框架中，尽管认识到企业的所有权与经营权的分离，但在其分析中包含着完全信息的假定，不考虑人如何获取必要的信息并有效配置资源的问题，甚至不承认信息传递的效率与获取信息的激励间的冲突问题，因而，在新古典的范式中股东与职业企业家之间的利益冲突没有得到足够的重视，最终导致了新古典范式对企业性质解释的狭隘性和脆弱性。熊彼特关于企业家在企业中的作用和地位及其不承担风险等职权的论述，揭示出经营者和所有者的矛盾，从而推进了研究企业中的委托—代理等多种关系的现代企业理论的形成。

詹森（Jensen）和麦克林（Meckling）继承熊彼特观点，分析了企业的投资者和经营者之间的矛盾，指出两者是委托人和代理人的契约关系。风险承担与决策控制是企业所有者的职能，决策方案提议和方案批准后的执行决策是管理者即企业家的职能。两者职权的分离，导致他们之间的目标和利益的不一致，这是自然和客观存在的。詹森和麦克林进而分析了两者的冲突所引发的代理行为及其带来的代理成本等代理问题，认为这需要设计一种符合参与约束的激励机制才能达到激励相容，也就是说，由于委托人与代理人之间存在信息不对称，委托人为保障自己的利益，需要设计出一种机制，一方面能促使代理人自己揭示出其私人信息，另一方面用以避免代理人的机会主义，从而减少监督成本。在此过程中产生的成本就是代理成本，它包括以下部分：订约成本，监督和控制代理人（即企业家）的成本，确保代理人做出最优决策或保证委托人（即所有者）由于遭受次优决策的后果而得到补偿的保证成本，不能完全控制代理人的行为而引起的剩余损失等。

詹森和麦克林依据对代理成本的分析，开创性地研究了资本结构安排引起的代理成本及优化问题，更重要的是突破了新古典对企业研究的"黑匣子"，开辟了以人（包括企业所有者、经理人、客户等）、财、物为一体的研究方向，扩充深化了企业家理论的研究范围，从信息和利益角度丰富了企业家理论的内涵。在此基础上形成的从契约角度研究企业家行为、企业治理等理论得到了飞速的发展，取得了众多的成果。

随着信息经济学的发展，特别是在契约理论、激励理论对企业理论的推进下，使得着重激励企业家个人禀赋的"委托—代理"理论向更深入和更广泛的方向发展。在 20 世纪的最后十余年间，西方不少学者都从不完全契约理论出发，探讨了在对未来不可预知的情况下，如何通过依据状态而不是依据结果而设计的契约来激励代理人，并就企业家的能力、职业关注、激励的最优化和资本结构、资本管理等企业的关键要素进行了更深入的刻画，取得了丰硕的成果。

例如，郝姆斯特偌姆（Holmstrom）和科斯特（Costa）对企业家激励与企业资本管理进行了探讨，明确指出对企业家的补偿应建立在企业家能力考察基础之上，企业家最优薪酬合约应该是企业家人力资本的期权价值，该薪酬合约呈向下刚性，但考虑到企业家对未来职业地位的提升和声誉的关注会产生与投资人不同的风险偏好，为避免企业家的过度投资行为，必须实行资本的有限配给。吉泊斯（Gibbons）和莫菲（Murphy）在已有的企业家报酬与某项产出挂钩的显性激励合同基础上，重点考虑了引入企业家对职业关注因素后的最优激励，认为企业家的当前表现将影响对企业家个人能力的评价，进而影响其今后职业生涯中的报酬决定，所以企业家会采取市场观察不到的行为提升公司业绩，提高个人能力的评价水平，这形成了企业家的隐性激励。最优的激励合约应是显性激励和隐性激励总和的最优化。德姆塞兹（Demsetz）和雷恩（Lehn）对 CEO 的报酬、CEO 距离退休的年限和公司的股票价格之间的关联进行了实证分析，表明 CEO 越接近退休年龄，其业绩—报酬的敏感度越大，即显性激励合约的作用越大，而隐性激励因素所起的作用越小。

不难看出，当代形成的这些新的企业家理论，可以看做是从契约、激励的角度对新古典主义厂商理论的挑战，并已成为现代微观经济学的重要内容。企业家的激励约束问题与企业的性质和类型、企业的治理结构、企业的资本结构等这些现代企业理论所考察的基本问题是密切相关的，现代企业家理论已成为现代企业理论的重要组成部分。

第八章 我国中小微企业发展与创新的
方向与模式分析

我国中小微企业的发展与创新是在社会主义市场经济这个大环境中进行的，要在社会主义企业理论的指导下，借鉴西方先进经济理论的经验，走适合我国国情和自身特点的发展与创新之路，具体思路与框架如下。

第一节 我国中小微企业发展的路向

21 世纪，竞争将更加激烈，同时又充满着机遇与挑战。相对于大型企业和企业集团而言，中小微企业将面临不间断的重新"洗牌"，不断组合，优劣相杂，强弱变幻，存在着升降级和兼并收购的可能，因此，风险是共同的，大企业可能会变小，中小微企业也可能扩张成大型企业，特大型企业，结合这些特点，新世纪我国中小微企业发展思路如下。

一、新经济，新机遇

现今世界，新经济正蓬勃兴起，经济全球化、网络化、知识化的趋势清晰可辨。所谓新经济，就是建立在信息技术和高科技之上的知识经济，主要表现为网络经济日益成为社会经济生活中的重要组成部分，人才知识、技术、资本的自由流动和无所不在的网络，打破了传统巨头和垄断组织对信息资源的独占，为中小微企业的发展提供了一系列机遇。

新经济最显著的特点在于互联网的广泛应用，无论企业规模大小，都能在其中找到自身的发展空间；（2）新经济为中小微企业带来了新的商机，如何在互联网上发掘到适合自身的商业机会，迅速成长，将是所有中小微企业经营的关键所在；（3）新经济为中小微企业走专业化发展的道路提供了有利条件，新经济条件下，由于市场环境更为公开、公平，企业间的竞争也将更加激烈，企业的核心竞争力集中体现在企业本身在其专业领域中的技术领先程度，专业化将是企业发展的方向。

二、小企业，大战略

调查结果表明，中小微企业虽然对市场非常敏感，但缺乏指导企业发展的中长期战略。受财力、人力的制约，中小微企业没有战略规划已司空见惯。在这方面，中小微企业应向著名的大企业如联想集团学习，建立适合自己的发展战略，下面介绍几种可供借鉴的发展战略。

1. 虚拟经营战略

它是资源配置和企业组织的新概念，以最低的成本、最快的速度，实现生产能力的最快扩张。在知识经济和知识管理的新经济大背景下，实施虚拟经营正逐步成为中小微企业迅速发展的有效途径。

2. 技术跟进战略

在第二产业中，除极少量科技型中小微企业外，其他均是传统行业的生产加工企业。这些企业没有实力独立从事科学创造和发明，而应紧盯市场上任何新的技术动向，当少数新技术生存下来并被证实有巨大潜在价值时，就马上跟进，购买专利，并在短期内开发出产品。

3. 市场细分战略

随着经济发展和消费水平提高，市场逐渐细分成不同的部分，市场越是细分，中小微企业参与竞争的机会越多。中小微企业应把自己有限的资源与能力集中在某个细分市场上，力争做这一类细分市场中的龙头老大，从而形成自己的经营特色。

三、小企业，大市场

中小微企业在国民经济许多行业和领域具有突出优势，发挥着重要作用。在对外贸易领域，一些经营相对灵活，新技术、新工艺吸收能力强的中小微企业更表现出独特的优势，近两年，我国每年出口总额中均有 60% 是由中小微企业提供的，行业分布广，产品种类多，与国计民生关系密切，需求广泛是中小微企业的一大特点。

中小微企业在对外贸易中往往很有效率，出口产品质量高，数量大，而且充分发挥其经营机制灵活，对市场需求适应性强等优势进行"三来一补"业务，适应了国际市场多品种、多层次的需求，扩大了出口创汇，中小微企业充分发挥其对外贸易优势，参与国际竞争对我国外贸的发展和中国经济的国际化意义重大。

四、小企业，大目标

我国中小微企业发展的战略目标必须与整个国家的发展战略相结合。目前，我国中小微企业还存在很多问题，但从社会资本角度看，应该说完全具有办好中小微企业的能力。

从全国的发展战略角度看，经济理论界预测在未来的 50 年里，我国中小微企业的发展目标可以设想分成三步走：第一步，到 2010 年，相当部分中小微企业达到我国台湾地区水平，即成为具有很强的独立生产能力、销售能力、国际竞争能力和相当的协作能力的资本密集型中小微企业；第二步，到 2030 年，相当部分中小微企业达到意大利水平，即成为具有密切协作关系的技术密集型中小微企业；第三步，到 2050 年，相当部分中小微企业达到美国水平，即成为不仅具有密切协作关系，而且是具有独立或合作创新、研究开发能力的中小微企业。

中小微企业"三步走"的宏伟战略，是国家"放小""扶小""壮小"战略决策的合理延续和具体体现。为此，国家和地方政府将尽全力为中小微企业的生存发展提供法律、资金、技术和政策支持，推动中小微企业在"三步走"的实现过程中发展壮大，自立自强，达到发达国家和地区中小微企业的水平。

第二节 我国中小微企业的发展模式

一、市场竞争力与企业发展

中小微企业要在激烈竞争的市场立足、发展，就必须培育企业的竞争力。一个企业只有拥有自己的核心竞争能力，才能培育出在市场上有独特竞争优势的产品，才会有业务单位的发展，培育竞争力是增强中小微企业生存、发展能力的关键。

1. 产品价格是市场竞争的有效手段

市场竞争越来越激烈，市场经济已发展到供大于求并呈现出买方市场的初步特征，价格竞争已成为市场竞争的最直接的表现形式，价格已不是简单的体现商品的价值，而是直接或间接地影响和作用于商品生产者的整个经营过程。作为市场竞争的重要组成部分，价格是参与市场竞争的重要手段，对商品的生产和消费起着重要调节作用，市场竞争包含了价格竞争和非价格竞争，在市场经济发展日益成熟的条件下，价格的定位已成为企业综合竞争力的具体表现。

价格竞争应立足于企业成本，最终目的是谋求发展，赚取利润。价格竞争的最终目的是扩大产品销量，获得更多市场，赚取更多利润。成本是决定价格的基础，成本的高低决定了产品是否具有价格竞争力和获利能力，降低成本是支撑产品价格竞争的有力保证，因此价格竞争力实际体现的是企业成本管理和控制能力的竞争。

2. 质量是市场竞争力的基础

随着市场经济的发展，消费者在生活中对质量的要求越来越多，越来越细致，人们不仅注重商品的使用价值，同时也看中企业所提供的商品质量、营销质量、服务质量等。获得顾客肯定的质量会使企业的营销战略得到充分发展。一个企业无论是实施差异化战略，还是成本领先战略，无论是进行多元化战略，还是一体化战略，都必须要有各种能获得顾客肯定的质量以支撑战略的实施。随着中国入世，中国企业直接面对的不再是位于同一起跑线上的国内竞争对手，而是许多国际的知名品牌，面对即将到来的质量管理变革，中国的全面质量管理必须在质量经营革命中得到发展。

3. 服务是市场竞争的主要手段

符合顾客意愿的服务质量是企业稳固市场的磐石，生产型企业必须对所生产的产品提供良好的售后服务，才能使产品的消费者对产品的使用有安全感，并形成良好的信誉，使企业有扩大市场份额的可能。而服务型的企业，更离不开良好的服务，企业只有在服务上给顾客留下好的印象，才有可能使顾客频频光顾。由此可见，无论何种类型的企业，只有拥有符合顾客要求的服务质量，才能为企业保存现有地位和扩张提供可能。

敏捷竞争时代对现代企业售后服务工作提出了新的要求，包括提供问题解决方案，废旧产品回收和顾客信息管理等。当企业与顾客能相互理解、共同创造出解决方案时，这种相互依赖和影响便成了长久关系的基础。如以"为用户而存在"为宗旨的美菱电器集团在21世纪伊始提出"新鲜服务"，美菱新鲜养护师在为用户提供日常服务时还会主动为用户提供产品保鲜方案。

二、企业家与企业发展

企业家的精神与能力是中小微企业最重要、最稀缺的人力资本和生产要素，这种生产要素的重要性和特殊性在于：它主导、决定了企业其他生产要素的数量、质量、结构和配置方式，决定了企业其他生产要素所有者的切身利益，决定了企业的性质、规模边界、生产交易效率与效益，最终决定了企业的前途命运和社会地位。

基于企业家人力资本的重要性和特殊性，我们将其称之为异质人力资本，企业家所具有的特殊人力资本的属性内容也相当丰富。但最为本质的特征是企业家人力资本在经营方面所具有的强烈的趋利性、科学的预见性和无穷的创造性。

企业家的趋利性是指企业家的思想行为是为了获得尽可能多的物质经济利益或社会声誉，企业家善于在物质利益与社会声誉之间、长期利益与短期利益之间寻找平衡点，企业家很清楚自己人力资本的经济价值和社会价值，懂得投入与产出之间的效率转换关系以及成本与收益之间的价值比例关系。趋利性决定了企业家经营的所作所为。

在复杂多变的环境中，企业家面临众多不确定因素和强大的竞争压力，企业通过企业家的科学预见性和创造性可以正确预见市场的变化、需求的发展、产品与生产要素的变现规律，可以创造资源的组织方式，配置方式以及产品价值的实现形式，使企业作为交易单位则节约交易费用，作为生产单位则提高生产效率，此时企业家人力资本边际报酬递增才能实现。

企业家人力资本的趋利性、预见性和创造性不仅能够延伸出其边际报酬递增这一重要的经济特征，而且还能延伸出其具有放大资源的数量、提高资源的质量、扩大资源的转换能力、推移或延迟非人力资本边际报酬递增等重要经济特征。

2000年春天，企业家孵化器作为一个新名词、新概念和新术语，在我国报刊传媒中首度出现，并迅速传播，企业家孵化器的明确提出与有效运作，是满足创业需求的延伸，是对企业家管理才能的认同，为知识经济时代中小微企业的发展提供了重要机遇，作为企业发展史上的重要创举，北京天九智业公司于1999年先行一步，开始了孵化企业家的具体实践。

企业家孵化器是集企业孵化器、风险投资、集团化管理于一体、企业发展与企业家培养相结合的一种全新的企业发展模式。这种新企业发展模式最突出的特征至少有以下几方面：以企业家人才培养为重点，整合再造企业成长运营所需要的主要要素，严格按市场经济规律办事，覆盖高科技中小微企业和普通、常规型中小微企业。因而范围广，社会影响大。

天九智业公司融企业孵化器中的场地、服务、中介资金、市场分析、企业成长理论和集团多层次化控制反馈调整之长，集创业、教育、培训、实习于一体，具有多层次、全方位创业辅导的资源整合优势，而吸纳、接收、结合多种优势而形成的自身优势，正是企业家孵化器得以形成并且具有强大生命力之所在。通过企业家孵化器，不仅要给孵化对象以必要的、足够的知识武装，而且最重要的是要培养孵化对象掌握知识和运用知识的能力，让知识"立"起来，"活"起来，形成创造力、创新力，凝结成不断发展的、动态的经营智慧，这是企业家孵化器开发智力的一个重要表现，也是天九智业公司培养企业家的重点，值得广大中小微企业学习借鉴。

三、多向合作

小企业扩大规模、提高竞争力的捷径是多向合作和联合，即以某种方式与其他企业，包括与大企业建立形式不一的联合，这与完全独立的小企业是有一定区别的。企业联合不仅有通过相互持股建立的企业间产权的联合，还有管理方面的联合，历史形成的联合，技术方面的联合，销售方面的联合，甚至经营方面的联合等，无论是否具备一定的组织形式，小企业与其他企业建立了联合关系，就可能改变其地位，如取得对某一产品或市场的控制地位。

政府将积极支持中小微企业间的多种形式的合作，通过鼓励和示范，促进中小微企业之间，小企业和大企业之间，小企业与社会服务体系之间建立必要的联系和合作关系，使小企业能充分利用社会资源提高效益和竞争能力，在联合中发展自我，其基本做法有以下几点：一是政府扶持为小企业服务的组织或企业，为小企业提供金融、信息、技术、咨询、设备租赁、市场开拓、产品开发和人员培训方面的服务。这类机构往往在开办时得到政府一定的补助，但主要依靠提供服务收取相应的费用维持自己；二是小企业之间建立合作伙伴关系，实现资源共享。其一是纵向合作，即在有关联的企业间，按上下游关系建立合作，规定统一的技术和质量标准，共享先进的技术和设备，提高最终产品的质量和竞争力。其二是横向合作，即在生产相同或类似产品的企业间进行一定的市场分工，同时在信息、人员培训等方面共享当地资源；三是在小企业和大企业之间建立合作关系。小企业或可参与大企业某些产品的分包，或可利用大企业的技术、设备和培训设施，也可利用大企业或商工贸企业集团的营销推广网络，推销自己的产品。

在我国，中小微企业合作的具体方式以非产权为主，主要有：配套加工、分发包体系、向优势企业的挂靠联、专业化小区和加工区等。它们形成中小微企业之间和中小微企业与大企业分工协作的互存关系。因此，又可称为"共生"。

假定一个大企业甲与一个小企业乙均作为市场经济中的实体，相互联系和作用的方式就构成共生模式，本节要论述的重点是中小微企业与大企业的互惠型共生。其协调和生存延续的机制是市场制、中间性体制和科层制。中间性体制指共生企业内部以契约、信用、利益共享等方式构成稳定的共生媒介，表现为连续性的市场交易，如日本、香港的下包制、战略联盟、特许联营等。

企业共生同样存在市场诱导与行政手段和共生成本、交易费用、交易秩序、企业信誉等问题。针对我国目前市场尚在发育、市场主体不成熟、共生环境欠佳等现状，经济理论界达成共识，认为促进互惠共生、优化共生环境、培育共生媒介的策略和措施主要有以下几方面。

（1）培育合格、平等的共生单元，使共生单元之间在利益标准下形成有效率的共生形态：培育国有企业的市场主体地位，用现代企业制度改组国有大企业，促进其"政企分开、产权明晰、权责明确和管理科学"；对于中小微企业，可以采取多种形式"放开搞活"，赋予中小微企业平等竞争的地位，保护中小微企业利益。

（2）加强共生秩序建设，促进有效竞争的共生秩序的形成。在这种共生秩序下，中小微企业与大企业共生具有良好的外部经济效应：反对行政性垄断，尽快解决企业的多重行政隶属关系，把企业从行政枷锁中解脱出来；加快对内开放速度，提高企业竞争力；加强产业协会的建设，产业协会具有行业规则中的仲裁职能，在规范企业行为、避免过度竞争等方面均具有重要作用。

（3）培育市场体系，发挥市场在共生模式形成中的主导作用。在市场经济体制下，应使市场机制在调节中小微企业与大企业共生模式中发挥基础性作用。然而，这种作用的发挥依赖于市场的完善。打击地方保护主义行为，促进全国统一市场的形成，使企业在全国范围内自由寻找共生对象，培育要素市场，促进生产要素流动。

（4）促进股权、契约、信任、文化等内生媒介的形成，为中小微企业与大企业之间的间断性共生向连续性迈进创造条件；加快国有企业产权多元化的形成，提高股权转让的灵活性，同时加强资产证券化的速度；组建企业集团应坚持自主自愿、互利互惠、形式多样和共同发展的原则，同时要打破所有制、地区和行业的界限，以建立强有力的资产纽带。

促进企业共生对中小微企业意义重大，可借助大企业之力和共生环境的优化，解决多年困扰中小微企业的市场、经营能力、技术等诸多难题，加快中小微企业的发展。

四、二板市场：中小微企业发展的捷径

30多年的改革开放实践，使我国资本市场已经初具规模并积累了丰富的改革经验，我国的主板市场在总体经济改革和投资、融资改革中发挥了巨大的作用。但近来，随着香港设立创业板市场计划的落实，内地企业特别是民营高科技企业表现出前所未有的热衷，希望在我国设立创业板市场的呼声也日益高涨。中小微企业要应对全球化和入世带来的挑战，获得新的发展以及我国高新技术产业的发展和产业结构调整都需要获得创业板的支持。

在我国，主板市场即A股市场，是主渠道，对企业效益、规模和制度、上市资质条件有许多要求。二板市场，又称第二板市场、高科技板、中小微企业板或场外自动报价交易系统，主要为风险投资创业企业上市交易、股权转让提供方便，也有一些创业企业在起步时即设法从二板市场寻求资金。

中国设立创业板的政策自1998年起步，迄今已有7年的时间。这几年中我国诸多学者深入研究了国内外各方面条件，就此问题进行了大量理论和实务方面的研究。我国沪深股市已有十多年的历史，在运行和监管方面积累了一定的经验，同时国内外创业板成功和失败的例子也为我们提供了借鉴。而企业改革和市场经济体制的日趋完善都为我国设立创业板市场提供了条件。

1. 我国在发展主板市场中积累了丰富的经验，证券市场走向成熟

股份制改造试点开始于1984年，由于当时人们投资意识还相当薄弱，反应是冷漠的。当时发行的股票不仅数额有限，而且极不规范，证券管理经验不足，法规不健全，缺乏宏观调控。1993年到现在，股市高速扩容，规模不断扩大，且逐步趋向规范化。股票业务操作逐步实现电脑化、无纸化，股票市场管理体系初步形成，证监会、证券业协会、证券经营和中介机构先后建立，为证券业的健康发展提供了组织保证。

2. 投资者的投资行为趋于理性

投资者可分为机构投资者和个人投资者，二者行为特征不同，机构投资者由于投资金额大，具有信息搜寻上的规模效应，其边际信息搜寻成本较低。同时，通过大量投资基金持有股票，可以利用资产组合的方式来化解投资风险并注重长期投资，从而具有专业化的投资优势。而个人投资者受投资额与投资知识量的限制，边际信息搜寻成本较高，决定他们对信息的接受与解读上差异很大，投资力量分散，不易形成同质预期。我国的股市是一个投资者结构以个人投资者为主的证券市场，这样一个结构中，发展初期非理性的因素比较突出，但是随着中国入世，及近年来的发展，中国股市将告别纯真年代，

投资者的行为将更多的由理性支配。

3. 中小微企业的迅速崛起，有一部分中小微企业成长良好

创业板市场能够成功运行的基础是具有一批高成长性的中小微企业，他们是创业板的开辟对象，企业只有具备了良好的成长性和发展前途，才能吸引资本市场的大量资金。

国家关于知识作为要素参与分配等政策的落实，大大激发了科技人员的创业积极性，高新技术企业蓬勃发展，且发展势头良好。近年来，大批海外留学人员带着技术和资金纷纷回国创业，使得全国高新技术企业孵化器不仅在数量上迅速增加，质量上有所提高，而且开始向专业化方向发展，在高质量创业型企业源源不断地上市的条件下，创业板的上市公司质量应能得到不断地提高。

第三节 我国中小微企业的创新模式

一、制度创新

制度主要包括产权、经营权、管理权。制度创新是创新的核心，我国企业因长期计划经济体制的惯性所致，在制度创新上的主动意识方面明显存在不足，中国企业呼唤制度创新已经成为不少经济学家的共识。

应当承认，经过 30 来年的努力，我国企业在改制中已取得一定成就，我国已确认企业改制主要是建立现代企业制度，公司制特别是股份制是现代企业制度的主要形式。但我们应主要关注的是现在正在改变的和已经改变的新的更现代化的企业制度和体制，即能够适应现代经济全球化，网络化运作要求的企业制度和体制。所以，对我们来讲，在企业改制方面，决不能满足已经取得的成就，还必须以继续革命的精神，不断进行制度创新，才能使更新、更完备的企业制度和体制继续被创造出来，才能适应全球一体化的要求。

值得一提的是，很多企业一提到制度创新，就狭隘地理解为建立股份制。事实上，我们必须关注一切新的企业制度形式，中小微企业制度创新不能被局限住，要大胆尝试适合自己的改制方式，从全国范围看，改制方法多达 20 余种，成效较佳的有以下几种。

1. 联合结盟

采取不同形式的联合，组建企业集团，带动一批小企业的发展，既鼓励小企业以多种方式参加大企业集团，也促进地方小企业之间相互联合，实现优势互补，形成规模经济。

2. 兼并收购

通过优势企业兼并困难企业，达到壮大优势企业、盘活困难企业存量资产的目的。各地在推进企业兼并的时候，鼓励优势企业跨地区、跨所有制对国有小企业进行购并。

3. 出售转让

国有企业的产权可以出售给私人企业或个人，也可以出售部分产权给外商，引进资金、品牌、人才、技术和营销渠道。但出售转让企业产权需通过国有资产出资人和管理部门的审查或决定，按照国家有关法规办理。

4. 外资改造

通过招商引资，采取单枝嫁接、多枝嫁接、整体嫁接等多种形式，对规模较大、基础较好、资金困难、技术落后的企业进行嫁接改造，可以出售部分企业产权，引进技术和管理机制。

上述方式对规模不大、人员不多和资产存量不大的中小微企业颇为有效，尤其对一般竞争性行业更有效果。因为，这些行业本身就属于"国退民进""放小"的范畴。而股份上市、债转股和专营特许等则因政策导向较强，资质要求较高，审批严格，往往限定于国有大企业和国有集团之中，中小微企业尚不具备条件和资格。

各地推行中小微型企业改制工作已收到明显的效果。通过改制明晰了产权关系，强化了企业的经营意识，调动了经营者的积极性，转换了企业经营机制，提高了企业的经济效益，推动了本地区域经济的发展。下面举几个实例供参考。

四川宜宾的企业改革四年后，财政收入翻了一番。改革前的 10 个特困亏损大户已全部扭亏，有的已成为利税 100 万元的大户。全县利税百万元大户已增加到 20 户。三年多来全市工业投入 3 亿多元，为"七五"期间总投入的30 倍。

上述这些地区的企业改革，为本地的产业结构调整和国有资产的重组创造了成功的经验，带动了区域经济发展，解决了诸如社会保障、富余人员、政府作用和行业管理等方面的问题，使得企业形成了较为灵活的经营机制，基本适应社会主义市场经济发展的要求，值得广大中小微企业学习借鉴。

二、管理创新

对昔日一部分经营管理不力的中小微企业而言，与企业性质和所有权发生的根本变化相适应，企业管理的内涵和范围也发生了深刻变化。管理上的变革和创新可概括为以下几个方面。

（1）由单一的生产管理转变为权责全面到位的企业经营。除了企业内部的生产技术管理之外，更主要的是包含企业的经营理念、经营策略、市场调查、分析预测、经营决策、资金运营、成本控制、市场营销、国际经营等等。

（2）由以实物为中心的管理转变为以价值形态为中心的经营。在市场经济下，整个产供销的再生产循环，全凭企业在市场竞争和价值规律下运作。企业的盈亏决定企业的兴衰。市场经济下企业管理是把价值流放在中心地位，企业经营者把资金、资本运营作为一条红线贯穿于整个企业经营活动的全过程。

（3）从计划经济时代的例行管理转变成为提高市场竞争力而管理。计划经济下的加强企业管理往往表现为一种政府号召，对企业来说，是被动的响应号召，为接受上级的评比而管理，市场经济条件下的企业经营管理则由"要我管"变为"我要管"，变成一种企业的内在要求。这一内在要求的客观动力来源于市场。

（4）从忽视宏观信息和市场信息，对经济信号反应迟钝，转变为高度重视各种信号和经济信号，并敏捷地做出反应。市场经济条件下，信息对企业生命攸关，企业不仅要及时捕捉瞬息万变的市场信息，又要洞察同行业竞争对手的经济、技术、经营信息，还得随时把握国家宏观经济形势和经济政策的信息，尤其是对经济宏观调控的价格、各种经济杠杆发生变动时发出的各种信号，必须随时掌握，灵敏反应，正确决策。

（5）从关起门在企业内部建设精神文明转变为在"两手抓"的总要求下，按企业经营定位和发展需要，有目标地培育企业精神，建设企业文化，进行企业形象设计。而在计划经济下的企业是属于政府的生产单位，企业之间的精神文明建设和思想政治工作没有区别。在市场经济下，一个企业就是一个市场竞争主体，为提高市场竞争力和企业内部凝聚力，每个企业必须在用户中和社会上树立个性，树立独特的形象，扩大社会知名度。

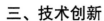

三、技术创新

中小微企业的规模特征和民营私营为主体的产权特征，决定了中小微企业在市场经济中的地位和作用。现代经济的发展史证明，中小微企业对技术创新具有较强的适应性。

1. 中小微企业技术创新的优势

（1）动力机制。中小微企业管理结构简单，经营者具有较强的创新意识；企业组织灵活，领导层比较精干，企业家的意图能得到充分体现；科技人员所做的贡献和所获利益直接挂钩，激励机制较强，更有利于技术创新的深入开展；中小微企业为争取生存空间而致力于产品创新，不遗余力地进行技术创新；中小微企业的自我激励机制，使其内部交易成本大为降低，有利于克服自身规模和财力方面的弱势，主动创新。

（2）创新能力。中小微企业专业化程度较高，具有满足特定的细分市场需求的技术创新能力；经营规模小，研究开发人员和生产销售人员能较好沟通，对市场和技术的变化有能力做出迅速而有效的反应；能够根据形势的变化及时调整经营方向，抓住技术开发的最佳时机，涉足大企业暂时难以顾及的领域；研究开发更具针对性，能够调动所有资源集中于某一项目进行创新。

（3）环境因素。中小微企业具有宽松和自由的技术创新内部环境，其灵活简便的作风有利于技术创新的开展；中小微企业的非产业领先者的角色定位，使其不会像大企业那样，因为害怕打破市场现有秩序而不愿轻易采用新技术、新工艺。

技术创新涵盖的领域十分广阔，中小微企业要科学定位，找准技术创新的实践途径，勇于实践，把创新的立足点放在科技成果的商品化、产业化、市场化运作上，确立在向现实生产力转化的基本定位上。同时，创新又是生产力要素的优化组合，这就要求企业经营者重新审视生产力要素，深刻认识信息技术、管理在推进生产力发展中的作用，坚持把技术创新与企业改组、改造、兼并、资产置换相结合，做到进退得当、有所作为，使技术创新在一个较好的质态层面上展开；把技术创新与建立现代企业制度相结合，使技术创新的实施有一个相适应的管理体制和运行机制保障。企业更要积极投入新科技的购买，强化开发力度，从而达到开发市场的目的，以一流的产品服务于市场。

2. 我国中小微企业技术创新的途径

（1）开展技术改造，增强骨干企业技术实力。马鞍山市按照"提升老企业、塑造大企业、培育新企业"的目标，以骨干企业为主要对象，积极引进、开发和推广技术含量高的新技术，加速工艺和装备的更新换代，促进了企业技术素质的整体提高。近几年来，马鞍山市累计实施近 100 个技术改造项目，开发新产品 150 多个，新产品利税率达到 17%。

（2）以高标准的工业小区推动技术创新。浙江永嘉县专门设立推动技术创新的三桥工业小区，实行高起点规划、高标准建设、高强度投入、高效能管理，强化配套基础设施建设，展示了一个现代示范工业区的雏形。在技术改造项目的带动下，全县出现了企业要求进工业园区的热潮。1999 年底，仅要求进工业小区的企业就多达 200 多家，这批技改项目的用地都在 2 亩以上，其中报喜鸟、奥康的用地为 60 亩。这些项目均由省级专业设计院设计，厂房布局、工艺流程等方面设计科学，档次较高。由于企业技改项目投资规模大，有力地促进了企业之间的联合重组，加快了规模经济发展。

（3）以高新技术推动传统产业技术升级。马鞍山市制定了符合市情的高新技术产业发展规划，把已有一定发展基础的新材料、机电一体化、生物医药、节能环保和信息五个高新技术产业作为重点加以培育。重点选择高性能磁性材料、提速车轮和新型散装水泥车等省级高新技术产品，加快产业化进程，壮大产业规模，全市有 14 个项目列入省 2000 年重点技术创新项目计划，鼎泰公司的每年 5 万吨稀土锌铝合金镀件被列入国家级火炬计划项目，获省"998"计划 350 万元的支持。

（4）坚持促进产学研合作，推动校企联姻。马鞍山市积极创造条件，与中国科技大学等高校建立了广泛联系与合作，促进企业与他们建立产学研联合体，增强企业创新能力。市生化制药厂与上海生化研究所成功研制的国家一类新药被科技部列为首批中小微企业技术创新项目。鼎泰公司与包头、武汉、南京的科研单位开展多边技术协作，获两项专利和省科技进步一等奖等奖项。为进一步促进校企联姻，加速科技成果转化为现实生产力，从 2000 年起，马鞍山市政府每年从三项费用中拿出 200 万元设立南京大学、东南大学科技成果转化基金，用于两所大学在该市企业中进行成果转化、高新技术产品开发和产业化的前期投入，在此基础上进而把马鞍山建成两校的产学研基地。

（5）推动中小微企业重组。一是捆绑大资本，对一些有规模、有竞争力、有发展前途的中小微企业，鼓励其利用自身技术、管理、市场营销和品牌优势，开展收购、兼并及其他形式的资产重组，在带活别人的同时盘强自己。同时，发挥区域优势、资源优势和部分产品优势，吸引外来资金。这样就不但引进了大企业的资金、技术和人才，还带来了全新的经营理念，培养了一批技术工人和企业管理人才；二是借梯上楼，借船出海。对一些经营基础较好，产品技术档次较高，但缺乏资金和市场开拓受限的中小微企业，采取挂靠联合的方法，与大企业、大集团、知名品牌嫁接联合。黄冈市近几年引进了青岛双星、娃哈哈集团红安分公司等知名大企业，不仅盘活了一批闲置或低效运作的资产，更重要的是推进了企业结构和产品结构的创新，使一大批有特色、有竞争力的中小微企业脱颖而出。

（6）以科研单位改制推动技术创新。近几年来，马鞍山市结合科技体制改革，打破科技资源条块分割，积极引导这些单位的科技人员投入到地方经济建设中去，进行科技成果转化和产业化工作。矿业学院按照科技型企业的模式进入市场，利用自身技术，承接科技咨询、技术服务、工程承包等业务，兴办产业，已建成了一批科技型企业，并形成了一定的规模。设计院成立了迈世纪高科技公司，专门从事科技成果的转化，这些院校企业在市高新技术产业化和技术创新工作中发挥着重要作用，是开展技术创新工作的骨干力量。

四、竞争力创新

前面已经提过，核心竞争力是企业竞争力的源泉。当今的企业竞争已进入战略制胜的时代，培育和发展企业的核心竞争能力已成为我国企业的当务之急。那么，怎样培养核心能力，进行竞争力创新？我们认为，培育、发展企业的核心能力应当是全方位的，至少应从以下几个层面、角度来实施。

1. 企业的内部战略性资源的整合、培养与创新

企业核心能力是以企业资源为基础的能力优势，而且必须是异质性战略资源，如技术、品牌、企业文化、人力资源管理等，只有在这些方面进行强化突出，建立互补性知识与技能体系，才能获得持续性竞争优势，别人才难以模仿。

企业内部战略性资源的整合、培养和创新，还要求中国企业能够建立知识、技能的学习与积累体系。企业可以通过建立本企业的信息库、知识库等有效手段建立自己的知识积累体系，为知识创新创造良好的外部环境。企业要特别注意实现公司内知识资源共享与交流，如爱立信公司将分布于 20 多个国家的 40 多个研究所、1.7 万名工程师的有关信息存入内部网络，使任何一个人可以随时了解公司在全球范围内的研究成果与技术现状。此外，还可以通过在企业中建立学习型组织，一方面可以与企业外部组织成立知识联盟，进行知识的转移与分享，达到一种"双赢"的结果；另一方面在企业内部建立自

己的学习组织，在基层、中层、高层次员工中成立学习小组、自主管理团队，成员相互交流，传递知识，进行技术创新等。另外，企业可以通过培训，对外合作以及在实践中创造性地"干中学"来全面提高员工素质，将企业长期发展过程中所积累的丰富技术、管理经验在员工中灌输，让员工吸收。我国的长春一汽、北京开关厂等一些老企业之所以能以较少投入成功进行技术改造和创新，长期的技术、管理知识与经验的积累无疑起了重要作用。

2. 围绕核心能力培育企业进行外部交易性战略

企业核心能力本身具有动态性、开放性。企业在发展壮大的过程中不可以守着原有的核心能力一成不变，而是不断调整、变化、扩充。如果企业在核心专长的培育上能够迅速吸收外来资源，则有可能在较短时间内获得必要的竞争力要素，抢先于对手赢得商机。因为受到企业内部资源的约束和传统观念束缚，仅从企业内部发展核心能力是比较慢的，可是现在的市场竞争非常激烈，有较好盈利前景的商机稍纵即逝，倘若企业不能迅速抓住机会，做出反应，将会被对手抢得先机。所以企业如能通过外部交易性战略如兼并、收购、联合、联盟、技术协议、许可证制度等来培育自己的核心专长也是十分必要和可行的。

3. 注意核心产品的市场开发

核心产品是核心能力的物质体现和市场体现，大力开发核心产品才能为企业核心能力培育提供物质保证。同时，发展核心产品会使企业避开在最终产品市场上由于垄断地位而受到的法律和销售渠道等因素制约，由此获得的收入和经验可以加快核心能力的发展。只有对核心产品进行不断开发、创新，就会使企业确立持久竞争优势，而且这种开放性战略还有助于制约竞争对手开发核心技术，不少来华投资的国外大跨国公司都是这么做的，并在一定程度上限制了民族企业的发展，我们对此一定要有清醒的认识。

4. 以顾客价值系统为导向，进行动态性、可持续性开发

企业核心能力的建造应以顾客价值系统为导向，以学习能力为基础，着力培养企业对顾客需求的预测和反应能力，迅速将新观念、新技术融入产品的能力，适应不同的经营环境的能力以及综合各种因素进行价值创造的创新能力。美国联邦快递公司在经营中意识到必须以最快速度、最优质服务将顾客所需要的商品送到手中，才是企业生存的唯一原则。为此，它吸收大型商场的商品管理技术后，把邮件的发送时间、邮递路线、邮政编码及承递商等信息编入条码中，开发了一种"超级追踪器"，可获得邮件传递的全部信息。

这项技术与邮递路线规划、邮件包装等其他技术结合在一起，便形成了公司服务质量超越于其他企业之上的快速传递核心能力。这种核心能力因其建立的基础是多项动态性技术的融合，而且始终围绕增加顾客价值这一根本出发点，所以联邦快递公司在今天的国际递送业中始终立于不败之地。国内不少企业近年也意识到这个问题，如小鸭集团的"超值服务"、小天鹅"顾客永远是第一"等，都是这方面的很好证明，这方面尤其值得中国企业学习。

5. 加强对核心能力的保护

企业的核心能力是通过长期发展和强化建立起来的，是一种无形资产，一旦丧失，带来的损失是无法估量的。因此，企业必须通过持续、稳定的支持、资助和保护，避免核心能力的丧失。一般核心能力丧失的原因有以下几点：核心能力携带者流失，导致关键技术外泄或能力无法发挥；在与其他企业合作中转移掉了，20世纪五六十年代日本企业正是通过与西方企业联盟、合作中获取了大量核心技术，支持了本国经济的高速发展；放弃某些经营业务，如通用、摩托罗拉在七八十年代退出彩电业而失去了自己在影视像技术中的优势。

在保护核心能力时要注意以下几点：加强对核心能力携带者的管理和控制，培养他们对企业的忠诚心；消除企业内的本位主义，对核心能力携带者进行合理配置；自行设计、生产核心产品；不要草率处理某些经营不善的业务，在这些业务中可能含有某些具有潜在价值的核心能力、核心能力组成部分或核心能力携带者。

中国企业在对核心能力保护中意识淡薄，传统工艺景泰蓝就是被日本参观人员学习、模仿而流失，并最终导致产品在国际市场上一败涂地，搪瓷也是如此。如果核心能力得不到有效保护，企业在培育中所付出的一切都会付诸东流。

6. 战略联盟与竞争力创新

在当今社会，竞争与合作是并行不悖的。事实上，合作已经成为竞争的一种形式，如跨国公司之间的战略联盟就是在竞争中应运而生的。这种竞争对手企业纷纷掀起了合作的浪潮，是当代市场竞争关系中非常值得研究的一种现象。

战略联盟是指两个或两个以上有着对等经营实力的企业之间，出于对整个市场的预期和企业自身总体经营目标、经营风险的考虑，为达到共同拥有市场、共同使用资源等战略目标，通过各种协议、契约而形成的优势互补、风险共担、要素水平式双向或多向流动的松散型网络组织。战略联盟多为长期性联合与合作，是自发的，非强制的。在世界经济一体化和区域经济集团化条件下，建立战略联盟是企业的竞争力创新，也是企业提高竞争力的必然需要。战略联盟使竞争力得到提高，先进技术创新是企业提高竞争力的关键。而在产品技术日益分散化的今天，已经没有哪个企业能长期进行技术垄断，企业单纯依靠自己的能力已经无法掌握竞争的主动权，为此，大多数企业的对策都是尽量采用外部技术资源并积极创造条件以实现内部资源的优势互补。

第九章 长春市中小微企业创新发展的实证研究

第一节 长春市中小微企业的发展现状

一、长春市中小微企业的发展现状

十一五时期，长春市中小微企业不断壮大，快速发展，民营经济和中小微企业在地方生产总值中的比重明显上升，成为拉动经济增长的重要力量，保持社会稳定的重要支柱，为促进全市经济发展和推进社会和谐及改善民生做出了突出贡献。

第一，中小微企业发展速度加快。2012 年，长春市中小微企业完成主营业务收入 9100 亿元，比 2007 年末增长 212.4%，年均增长 25.6%，净增 6187 亿元，占全省的 40.2%。实现增加值 2000 亿元，比 2007 年末增长 135.8%，年均增长 18.7%，占全市 GDP 的 44.4%，比 2007 年上升 3.5 个百分点，平均每年增加 0.7 个百分点。

第二，中小企业贡献率提高。2012 年，中小企业上缴税金 300 亿元，比 2007 年增长 387%，年均增长 37.2%，净增 238.4 亿元，占全省的 45.7%。占全市财政收入的 32.4%，比 2007 年末提高 10.8 个百分点，平均每年提高 2 个百分点以上。2011 年纳税超亿元企业 9 户，超千万元企业超过 100 户，超百万企业 1200 多户。

第三，民营企业规模不断扩大。2012 年，民营企业户数达到 6.6 万户，比 2007 年末增长 62.7%，五年增加了 25430 户，年均增加 5000 户以上，占全省的 50%。2012 年，民营"三上"企业达到 2276 户，比 2007 年增长 51.8%，净增 777 户，年均增加 155 户，实现主营业务收入 2466 亿元，占全市民营经济的 27.1%，上缴税金 136 亿元，占全市民营经济的 45.3%。主营业务收入达到百亿 3 户，10 亿元以上企业 29 户，亿元以上 458 户。规模以下工业民营企业超过 1 万户。民营企业户数占全市企业户数的 97% 以上。

第四，产业集群进展迅速。围绕汽车和轨道客车、农副产品深加工、光电子信息、生物与医药等支柱优势产业，逐步形成了汽车零部件产业、农产品加工产业、装备制造业产业、光电子信息产业、生物与医药产业、软件开发产业、现代物流产业、现代文化产业、商贸服务产业和品牌示范企业等 10 个中小微民营企业产业集群，集聚中小民营企业 1220 多家。

第五，全民创业氛围逐步形成。2012 年，小微企业发展到 60640 户，占全部民营企业的 91.8%，2008—2012 年五年创业生成小微企业 13000 多户。2012 年全市个体工商户达到 42.6 万户，比 2007 年末增长 45.1%，年均增加 2 万户。五年期间累计创业人员达到 10 多万人。2012 年创业基地达到 53 个。

第六，融资环境不断改善。2012 年，我市经省、市备案审批设立的担保机构共有 54 家，全行业注册资本金总额达 40.1 亿元，全行业累计为近万户中小微民营企业提供贷款担保达 460 亿元。2010 年"奥普光电"在深交所中小企业板上市、"安洁环保"在新加坡主板上市，2012 年 5 月长春迪瑞医疗科技股份有限公司通过了证监会创业板发审委审核。

二、长春市中小微企业的发展特点

改革开放以来，特别是国家全面实施振兴东北老工业基地战略以来，长春市中小微企业不断发展壮大，已成为全市经济发展的主体、财政收入的源体和转移安置劳动力的载体。到 2012 年底全市中小微企业约 6 万户，个体工商户达到 42.6 万户，从业人员达到 192 余万人。长春市中小微企业发展呈现如下几个特点。

1. 民营经济总量小，中小企业发展质量低的问题

2012 年长春市中小企业经济占 GDP 比重低于全国平均水平近 21 个百分点，更低于中小企业发达城市杭州、宁波、苏州等城市 30 个百分点左右，与东北其他副省级城市相比，总量和占 GDP 的比重也有一定的差距，在全国 15 个副省级城市中，长春市各项指标都比较靠后。与东北地区的沈阳市、哈尔滨市、大连市相比较，2011 年长春市中小企业增加值与沈阳、哈尔滨、大连分别相差 2027 亿元、591 亿元和 2264 亿元。占地方生产总值的比重分别相差 20.9、11.6 和 22 个百分点。长春市每万人拥有企业 117 户，武汉和宁波都在 200 户以上。截至 2012 年 10 月，我市规模以上中小工业 1035 户，与长春市经济规模相近的济南市和厦门市分别为 1515 和 1502 户。深圳、广州、青岛

都有十几个甚至几十个上百亿的民营大企业、大集团，而长春市只有三家主营业务收入达到100亿元以上民营企业。

2. 产业发展不平衡的问题

中小企业一产小、二产弱、三产散，大部分行业的整体优势不明显，产业特色不突出。在三次产业中，第三产业仍然是中小企业的主体，主营业务收入和企业数量都占到60%以上，而且主要是以传统产业和劳动密集型产业为主，产业集中度和集聚效应不高，特别是中小企业中工业占的比重不到四分之一，产业结构不尽合理，亟需调整优化。

3. 企业结构不优的问题

民营企业类型以微型企业为主体，民营企业大型企业占0.14%，中型企业占7.98%，小型企业占24.94%，微型企业占66.94%，呈典型的金字塔形态。"专精特新"中小民营企业总数的只占5%左右，战略性新兴产业、现代服务产业、高新技术产业中小民营企业比重低，特别是有发展潜力可以晋升为大型企业的中型企业还不是很多。

4. 企业融资难、融资成本高的瓶颈问题

在长春市成长型中小民营企业中，有75%的企业资金缺少，融资贷款困难。一些中小企业虽然有高尖端技术，却因资金不足和融资成本高及无抵押等原因，得不到资金支持。据调查，民营中小企业在银行贷款利率普遍上浮30%~50%，一些民营中小企业很难承受。目前，长春市银行信贷超过全社会融资总额90%以上，而来自资本市场的直接融资比例只有10%左右，其中股票融资占比不到1.5%。流动资金和固定资产投资不足是长春市过半数的中小企业反映最为突出问题，据统计，2012年长春市中小微型企业融资需求仍有近200亿元资金缺口，其中小微型企业120亿元。2013年融资缺口也在200亿元左右。

5. 产业集群化程度不高的问题

虽然经过多年发展，但长春市中小企业集群化程度低的问题仍然突出，特别是工业集中区，一个产业园区只有十几家企业甚至不足十家企业，而且不是同一产业。企业间产业链接、协作程度较低，生产经营分散，造成成本上升，难以实现规模效益。特色工业园区、创业孵化基地服务功能不完善也在一定程度上制约了民营经济集群发展。

6. 中小企业服务体系发展相对滞后的问题

中介组织数量不足、质量不优，发育程度不高，服务不规范，社会化服务体系跟不上民营经济发展需要。

7. 企业管理和技术创新能力还比较弱的问题

企业多数采取的是传统管理方式和家族式管理手段，真正建立现代企业制度，采用创新管理方式的还是不多。技术创新资金投入偏低，技术创新人力资源匮乏，自主创新能力弱，核心竞争力不强也制约了民营经济发展。

第二节 长春市中小微企业创新发展中存在的主要问题

通过对调查结果的分析和汇总整理，结合对部分中小微企业实地走访调研，认为中小微企业在其创新与发展过程中主要存在以下几个问题。

一、缺乏鼓励中小微企业创新的社会氛围

企业家是提高中小微企业创新能力的重要因素。企业家除了要获得利益外，还需要体现其存在的社会价值，如果一个社会是鼓励创业、宽容失败的氛围，企业家劳动价值能够得到社会的认可和尊重，那么这个社会企业家就会很多。我国南方经济发达的省份，中小微企业创新能力强于北方，一个重要原因就是南方省份企业家创业社会氛围比北方省份浓厚许多，企业家敢冒风险、勇于创新。

长春市作为东北地区的中心城市，大中型企业较多，由于受长期计划经济影响，人们思想保守、观念落后，缺乏敢冒风险、锐意创新的企业家精神。尽管国企下岗职工很多，但敢于创业的职工较少，人们更关心的是什么时候就业，薪金多少；而南方的人们更关心自己要创办什么样的公司、企业，股指是多少。这种差异的背后与企业自主创新的社会氛围不同不无关系。

二、知识产权很难得到应有的保护

1. 专利申报周期长

目前我国企业获得一项专利授权往往要等上一到二年，有的专利授权要等的时间更长。然而市场竞争变幻莫测，中小微企业随时面对市场竞争的考验，特别是实用新型专利技术随时面临变化调整，其变化快、保护周期短的特点，

比照专利申报、审批、授权的漫长等待过程，足以使弱势的中小微企业望而却步了。

2. 专利申报与维护费用较高

目前我国企业无论大小，在申报专利过程中启动申报程序和收费标准是一样的，大企业申报得起，维护得起；中小微企业即使申报得起，也维护不起，有的小企业由于资金困难，不得不放弃对自己专利技术的维护。

3. 侵权容易维权难

中小微企业专利产品一经投放市场也难以逃脱被仿制、假冒、伪造的命运，因为侵权企业获得的利润太大。中小微企业为了保护自有专利，启动维权诉讼程序时，法院审理程序最多达到6级，这样给企业造成很大负担。由于中小微企业维权成本太高，侵权企业并没有受到法律的严惩，使中小微企业新品开发、技术发明、申报专利的积极性大大地遭到挫伤。可见，如果中小微企业自主知识产权不能得到有效的保护和利用，中小微企业技术研发与创新工作的积极性将受到挫伤，企业创新，实现可持续发展的目标将会落空。

4. 中小微企业缺乏利用和维护知识产权专业化人才

在研究人员调查中发现，个别中小微高新技术企业拥有管理知识产权专业化人才，但绝大多数中小微企业没有管理知识产权专业化人才，其知识产权管理、维护、咨询等业务，往往委托专利代理机构完成。由于中小微企业资金紧张、涉及专利案件复杂、审理时间长，其所能支付的代理费用较低导致专利代理机构、律师事务所往往不愿意受理中小微企业专利纠纷案，因此，中小微企业一旦发生专利侵权诉讼案件，往往陷入被动无奈的境地。

三、社会化服务体系尚未形成

长春市为中小微企业进行社会化服务的资源比较分散，属于政府公益类的社会化服务机构有待于进一步加强和整合；属于以赢利为目的的社会化服务机构有待于政府大力扶持、管理、监督。长春市现有的服务机构以政府机关下属事业单位为主，大量的民间服务中介机构还没有建立起来。很多政府机构下属的围绕中小微企业发展的社会化服务机构服务内容单一，业务覆盖不全，其中介服务大多都局限在一些比较传统领域和项目，而提供企业融资、企业管理咨询、科技信息咨询服务、知识产权相关服务、高级人才引进、国际合作交流等中介服务还远不适应中小微企业自主创新及发展的需要。

尽管多年来，政府和社会各界就科技咨询、中介服务等方面制定很多优惠政策和鼓励措施，但是，依然难以满足科技型中小微企业的需求。一方面是由于针对科技型中小微企业服务要求从业人员具有较高的专业素质及职业道德；另一方面，我们政府缺乏对科技咨询及中介服务市场的扶持与规范。此外，受计划经济影响，我们的技术市场还没有真正放开。一个没有竞争的技术市场，是不完善的技术市场，其服务水平难以提高，其服务功能难以细化，其服务质量难以提高，其服务行为难以规范。

四、产学研合作体制还不健全

首先，产学研三方都有自己的政府主管部门。企业由经委、国资委、中小微企业局管；科研院所由科委或主管部门的科技处管；高校由教委管。政府各个职能部门都希望推进产学研合作，但又都希望保护自己所属基层单位的利益；另一方面经贸委、科委、教委各自的运行机制不一样。对于科技成果的推广、应用、选择合作伙伴、沟通信息等介于企业、高校和科研院所之间的协调管理缺乏有效的制度和机制，产学研各方，甚至包括政府对产学研合作的机制如管理机构、管理程序、管理制度和政策等都不尽完善。

其次，跨行政区划的产学研合作有待加强。目前，跨行政区划的产学研合作项目还很少。实际上，各省市的企业、高校和科研机构各具优势，但高校与高校，科研机构与科研机构，企业与企业，科研机构与企业，高校与企业之间也都有较强的互补性，存在较大的跨区划的产学研合作空间。

五、科技情报及专利信息不对称

经过各级政府多年来不遗余力的努力，长春市科技情报及专利信息工作取得了长足的发展，为科技型中小微企业科技情报及专利信息服务发挥了不可替代的作用。由于受长春市相关政府部门管理权限及信息沟通不畅的制约，很多科技型中小微企业还不会积极主动利用政府提供的免费科技情报及专利信息资源。以长春市浑南高新技术开发区为例，在该区内的科技型中小微企业普遍表现为信息来源狭窄，偏居一方，与外界沟通能力差的特点。这些特点与高新技术企业需要前瞻性的、源源不断的科技情报信息源的特性十分不相符合，除了中科院新松机器人股份有限公司、成大生物制药、红旗制药等少数几个成长和壮大型高新技术企业有较快发展之外，其他高新技术企业——特别是为长春市现代化装备制造业提供工业食粮的新材料产业，其科技研发实力日渐疲弱，企业与政府之间，企业与企业之间科技情报及专利信息共享和沟通不畅，单打独斗难以形成规模效益，研究认为，新材料产业的短板必将成为未来影响长春市装备制造业腾飞的重要因素。

六、创新型人力资源匮乏

中小微企业创新人才匮乏主要表现在：一方面是企业经营状况不佳，工资待遇低，缺少对高级人才的吸引力，更重要的是社会化人才市场体系不健全，吸纳高级人才的能力不足，难以满足中小微企业对各类高级人才的需求。比如，研究人员调研时发现，长春市浑南地区是自主创新高级人才重点吸纳地区，许多中小微高新技术企业时常被高级人才跳槽、彼此挖人的烦恼所困扰，但又显得很无奈，因为高级人才的供给少，需求人才的企业多，加上浑南地区交通闭塞，政府没给高新技术企业吸纳高级人才的特殊政策，更重要的是浑南地区没有满足高新技术企业需求有特色的、专业化的高级人才服务市场。

当然，创新型人才不仅仅是浑南地区缺乏，其他区县也急需各类专业必需的创新型人才。据调查，长春市各区县都有人事局，人才市场，但服务对象、服务内容与长春市人才市场雷同，仍然像计划经济时期那样，区级人才市场要听从市级人才市场的各项活动安排，执行各种行政命令，基本没有自主权。市场的特征就是竞争和利益，市场的功能是满足供需需求，但长春市人才市场仍然按计划时期行政级别划分，统得过死，在人才供给与调剂上，没有充分发挥人才市场的功能。

七、中小微企业产业集群效应小，创新乏力

截止到 2006 年上半年，长春市共有产业集群 21 处，共有 329 个新项目开工建设。为了加快长春市中小微企业产业集群建设，长春市中小微企业局将产业集群按规模确定为三个档次，分类推进。但是，产业集群建设整体推进工作中还存在许多障碍。

第一，集群多以低成本为基础，各企业创新意识和动力不足。长春市的中小微企业很少在创新基础上形成生命共同体，专业化层次较低，缺乏技术熟练的工人，技术水平不高，产品"低质跑量"比重较大，企业短期行为普遍，缺乏公益性产品开发服务和信息服务以及其他配套服务。仿制现象突出，诚信水平不高，金融担保体系尚未建立等等问题也较普遍。同时集群所在地行政管理中虽然普遍重视为产业集群创造条件，但仍然存在着铺摊子、比数量、地区分割等传统发展地区经济的封闭保守思想，妨碍了产业集群的提升和区域间专业分工的发展。

第二，围绕产业集群，缺乏完善、配套的政策法规体系和健全的社会化服务体系。专业化集群中没有设立相应的机构，没有将集群作为中小微企业政策的重要载体和基本工具，导致科技中介机构与产业的脱节。信用体系和担保体系的建立只是在省市县三个层次建立，发挥的作用十分有限，如果依托集群建立这些服务体系，对于中小微企业的扶持政策才能真正"落地"。

第三，相互协作有待进一步加强。技术创新是社会过程，是在企业之间、人与人之间交流和互动的基础上产生的。在很多行业领域，社会信任水平低下对分工协作的深化造成了严重的阻碍。企业重视内部信息化建设，例如垂直联系的应用系统，如财务、ERP等。但各种应用割裂，造成信息孤岛。显然，不可能每个企业都有自己的IT队伍，而且各自构建的基础架构资源很难在更广的范围内共享，各企业的应用服务不能很好地衔接。需要关联的终端设备、关联的基础架构平台，还需要专业化的IT厂商提供关联服务，以实现关联应用。在发展过程中，尽管集群可以产生外部规模经济，但"搭便车"形成的外部效应十分明显，如环境污染严重，可持续发展能力不足。

第四，行业协会没有发挥应有作用。长春市许多行业协会没有发挥应有的作用，中小微企业普遍感到缺乏政府与企业间、企业与企业间的沟通与了解。企业在封闭状态下运营，难觅行业协会踪影，很多中小微企业希望相互沟通，学习其他企业自主创新经验，共同研讨行业技术、标准、质量等问题，但行业协会很少组织这类活动。在向行业协会调查时，行业协会也有苦衷，行业协会认为，关于技术标准、品牌评价等工作本来应该行业协会做，但许多管理部门没有下放权限，致使行业协会不能开展工作，由于活动经费有限，各个行业协会把工作量压得很低。

第三节 长春市中小微企业创新发展对策

一、培养企业家创新精神、营造良好创新氛围

一个中小微企业经营的好坏，主要取决于企业经营者素质的高低。一个经济体运营优劣，很大程度上，也受企业家群体素质高低影响。研究人员在分析和研究国内外经济活跃地区时，发现这些地区都活跃着一批素质较高的中小微企业家群体，比如美国硅谷的中小微高新技术企业家群体；广东的深圳、东莞；江浙的杭州、宁波。基于中小微企业家极具自主创新精神的重要特质，长春市应把培养造就一批自主创新型优秀企业家队伍作为人才战略的

中心任务来抓，大力开展中小微企业自主创新人才培训工程。要充分利用国家正在实施的"银河工程"计划和市里已成立的"人才基金"，加大培训教育经费的投入，采取各种有效形式，对中小微企业经营管理者进行培训，不断提高中小微企业经营管理者素质。同时也鼓励和支持中小微企业积极申报"创新人才引进项目和创新人才培训项目"，推动中小微企业创新人才引进工程和创新人才培训工程的全面实施。

形成科学合理的企业家精神培育机制系统。为了更好地培育企业家精神，在企业内部应当建立起企业家激励机制，根据本企业企业文化和制度特点，建立起物质性激励、精神性激励、竞争性激励三者相结合的激励机制，充分挖掘企业家的潜能，最大限度地发挥企业家精神对技术创新的推动作用。在企业内部还应建立起企业家监督机制。因为企业在自身追求财富最大化时，必须设计一个监督与约束机制，使企业家的活动与企业追求财富最大化目标相一致。从而监督和约束企业家的行为选择，使其企业家精神发挥正面作用。培育企业家精神，还应形成科学合理的企业家竞争机制。科学合理的竞争机制可以通过建立和发展具有竞争和优胜劣汰的企业家市场，建立了企业家市场，企业对企业家人才的选择也就更加广泛了，企业家只能通过竞争上岗才能实现自己的价值和目标。在这种情况下，企业家就必须努力提高自身素质，使自己的"企业家精神"比别人更强，这样才能在竞争中取得优势。这是培育企业家精神的良好途径。为此，建议长春市在全社会大力营造有利于中小微企业创新的文化氛围，全体市民尽快达成"创业光荣、创新永存"的共识，使中小微企业创业者得到全社会的认同和支持，特别是提高中小微企业经营管理者素质的培训工作应尽快纳入政府相关部门的议事日程。

二、加大对中小微企业知识产权的保护

知识产权包括专利、设计、商业秘密、版权和商标等。专利制度是知识产权制度的核心，对经济的影响是多方面的，它不仅有利于发明创造和技术创新资源有效配置，还有利于技术的商品化、产业化，有利于保护技术创新成果，创造公平有序竞争的法律环境。知识产权缺乏制度性保护，就没有人愿意创新。没有自主知识产权的高新技术产业是非常脆弱的，它所支撑的经济有相当的泡沫成分。只有具有自主知识产权的高新技术产业，才能抢占知识经济的制高点。

中小微企业要强化专利意识。首先，采用创新战略，尽快形成自己的专利；预防侵权战略，对侵犯本企业专利权的要及时应用法律武器提起诉讼；抢先战略，对有关未来发展的技术和预期可以取得的专利，要及时抢先申请。

当今世界，国家核心竞争力表现为对知识产权的拥有和运用的能力，充分发挥知识产权制度对自主创新的巨大推动力和保障作用，提高全社会的创新管理实施和保护知识产权的意识和能力，对提升我国自主创新能力至关重要。

其次，推进知识产权工作与经济工作整合。把知识产权战略与技术创新结合起来，使知识产权保护与管理成为创新的重要内容和主要目标。把知识产权战略与市场营销战略结合起来，发挥知识产权战略对提高产品市场占有率的积极作用，借助市场的力量提高专利的交易额和实施率，促进两者良性互动，把知识产权战略与发展外向型经济结合起来，灵活运用知识产权保护策略，谋求出品产品在进口国的法律保护，增强企业的国际竞争力。为此，要加强组织建设，健全组织管理机构，进一步健全完善知识产权制度，加强服务体系和社团组织建设。规范专利代理机构的职业定位，完善对代理机构的监督管理，维护专利代理行业的秩序，加快培育具有自主知识产权的规模企业。

第三，完善自主创新的人才激励机制。中小微企业自主创新的核心是人才，企业创新建设成功与否的标志是能否吸引和聚集优秀人才创新创业。从利益分配入手，完善激励机制。研究制定科技人员知识产权形成的评价政策、工资报酬政策、绩效挂钩政策、知识产权入股的股利分配政策、研发人员送配股政策等，鼓励科技人员以自主知识产权入股，建立有利于高新技术产业发展的科技人员利益分配机制。

三、建立完善的中小微企业服务体系

大力加强创新中介服务体系建设，克服部门壁垒和地区壁垒，培育一批能够为企业自主创新提供有效服务的独立中介机构，引导各种社会团体和组织为企业自主创新提供各种专业服务。

中小微企业社会化服务体系是伴随中小微企业成长的一个完整的服务体系和链条，主要由融资、人才、管理、技术咨询与服务、专利检索和申报、会计、审计、工商、税务、法律咨询、质量体系认证等一系列中介服务机构组成。这些中介服务机构通过有偿与无偿服务为中小微企业随时解决创新和发展中遇到的各类困难和问题。因此，尽快完善长春市中小微企业社会化服务体系，也是提高中小微企业创新能力的重要途径。

一是积极建立中小微企业信息服务网络。由政府机构、金融机构、科研机构、行业组织、中小微企业基金组织和其他社会中介机构分工合作、相互协调，构成广泛的中小微企业服务网络。如建立中小微企业情报体系，收集国内外与中小微企业有关的各种经济、技术信息，建立中小微企业信息中心，定期公布市场的最新发展动态，向中小微企业提供技术创新方面的计算机软件、硬件和资讯等信息。二是创办中小微企业发展研究中心。该中心可由来自专业协会、法律界、银行界、学术界、商会及退休人员服务社组成，该组织在中小微企业发展中主要起协调各中介机构、社会团体和政府的关系，为已开办和拟开办的中小微企业提供管理培训、信息和技术帮助。三是建立中介组织为中小微企业技术创新提供信息、咨询技术、人才培训等全方位服务。帮助为中小微企业创新有偿服务的中介机构尽快进入现代服务业市场。培育、建立和完善现代服务业市场，鼓励各社会团体、各中介组织及行业商会、协会进入现代服务业，为中小微企业创新提供各项服务。要统一制定各种中介服务机构的行业服务标准，建立市场准入、退出制度，对中介服务机构进行定期的资格认定和复查，实施动态管理。引导中介服务机构提高管理水平和服务质量。

四、促进产学研合作，建立科技公共服务平台

按照政府支持、市场化运作、开放式服务的原则，在中小微企业相对集中、产业集群具有优势的地区，重点建设一批中小微企业技术创新公共支持平台，为中小微企业创新提供设计、信息、研发、实验、检测、咨询等服务。高校专业人才资源丰富，但企业对这些资源利用不够，高校的科研立项与支柱产业结合不紧密。因此，必须加大政府组织协调力度，出台相关政策，加快产学研结合步伐。建立公共服务平台是完善中小微企业技术创新服务体系的核心内容和重要的基础设施，是提高中小微企业创新能力的保障。重点抓好四个方面开发：一是中小微企业通过委托开发、联合开发、共建研发机构、创办经济实体等多种形式与大学、科研院建立技术合作联盟，开展联合创新；二是鼓励大学、科研院所和有条件的大企业开放应用研究中心、技术工程中心、实验室，为中小微企业持续服务；三是支持大中型企业和企业集团以及高新技术企业建立技术研发机构；四是抓好产业集群研发中心规范化建设。

现阶段中小微企业应加强与同行业企业、科研机构之间的创新协作。企业之间通过战略联盟，能迅速提升创新的实力。战略联盟是现实或潜在的竞争者之间所达成的合作协议。几家企业形成战略联盟，既专业化分工，又社会化协作，可减轻每家企业所承担的高投入压力，增强抵御风险的能力，共享自主创新的成果。重大技术的研发通常需要解决很多技术课题，其开发需要经过设计、研究、试验、制造等多个步骤，需要跨学科、跨部门、跨院所、跨企业的众多精英协同作战，没有协作就不可能实现重大技术的自主创新。对于那些关系国民经济发展全局和国家安全的重大技术，要组织全国范围的

技术协作和联合攻关。在加强国内协作的同时，还要在坚持自主原则的前提下，加强国际间的协作，通过国际协作或合作来提高我们在某些技术领域的自主研发能力和创新能力。

积极构筑虚拟创新组织。为了弥补中小微企业的能力缺陷，中小微企业可以与其他大中企业建立创新联盟，确立资源共享风险共担，创新收益共有的创新合作的伙伴关系。企业加入创新虚拟组织有利于实现资源互补，增加实力，改善形象，提高融资能力；此外，通过与其他企业的交流便于创新信息的掌握和知识的积累。中小微企业加入虚拟创新联盟，是只能作为企业发展过程中的一个策略，而不能作为企业长久的战略，中小微企业应该通过这个形式不断加强自身能力的培养，快速提升自我创新能力，早日摆脱对创新联盟的依赖。如可借鉴日本经验建立产品开发、生产加工、销售、采购、运输、培训、后勤服务及金融等方面的"策略联盟""事业协同组合"等协作联合方式，促进集约化发展。也可借鉴意大利的"无形大工厂"模式——中小微企业群，即同一地区从事同一行业的中小微企业通过分工协作形成一个有机整体、一个大工厂和大型企业。中小微企业群的成员企业既保持中小微企业的灵活性和积极性，同时又实现专业化生产，并获得规模经济效益。

五、引导中小微企业充分利用信息资源

基于中小微企业对科技情报及专利信息的强烈需求，建议相关职能部门做好如下几方面工作。

1. 加大宣传力度

近几年，长春市科技情报及专利信息工作发生了质地飞越，但是，面对日益壮大的科技型中小微企业队伍，长春市应进一步加强科技情报及专利信息宣传力度，让更多的科技型中小微企业了解、掌握、及时、高效地利用好科技情报及专利信息公共资源。

2. 强化服务意识

近几年长春市呈现各区普遍发展的态势，科技型中小微企业零散分布态势，无形中提高了长春市对科技型中小微企业管理的成本，也给科技服务工作者带来了更大的工作难度，交通、通讯成本的日益加大，需要我们建立更加强大的科技情报及专利信息服务网络，进一步强化服务意识，使长春市的科技情报及专利信息服务功能不断向下延伸。

3. 加强人才培训

在调研过程中发现，许多科技型中小微企业信息化建设情况不尽如人意，一方面体现在企业内部信息管理及沟通不畅等问题，另一方面还表现在对外部信息加工及处理的能力低下。如何尽快提高科技型中小微企业对科技情报及专利信息检索、分析及加工能力，是提高科技型中小微企业自主创新能力的基础工作，建议长春市应进一步加强对科技型中小微企业情报及专利信息人才的培训工作，帮助企业尽快提高信息搜集、检索、分析能力。

六、建立中小微企业创新人才支撑体系

1. 建立创新人才信息平台

政府有关部门要制定相关政策，为中小微企业吸引人才做好支持和培养工作，使中小微企业在人才选用、管理、职称评定等方面纳入规范化管理，享受特殊政策。同时，要建立创新人才、紧缺人才信息收集、储备制度，并及时向企业发布和对接，逐步实现长春市人才市场信息与国内外人才市场信息共享，国内外人才市场信息与企业需求信息共享。

2. 改进政府管理方式

首先，大力促进"产、学、研"相结合，为中小微企业与高校、科研院所等单位寻找合作切入点，使其优势互补，从而满足中小微企业对技术、项目、人才的需求。

其次，实行"订单教育"，各高等院校根据中小微企业对人才的需求调整教学内容，中小微企业可根据岗位需求制订计划，委托高校招收和定向培养学生。市中小微企业局、市人事局要定期组织中小微企业与高等院校和科研院所进行各种形式的人才交流活动，鼓励各类人才到中小微企业任职和兼职，促进人才"柔性"流动。

再次，定期宣传表彰优秀的中小微企业经营者和为中小微企业自主创新做出贡献的优秀人才。

3. 建立有效的人才激励机制

政府有关部门应组织建立中小微企业自主创新人才评价体系，定期对中小微企业的各类人才情况，按行业、技术水平、社会贡献等进行综合评价，建立自主创新人才个人资料档案信息库，对优秀人才要及时进行表彰和推介。使人才队伍建设同培训、教育、使用相结合，不断探索科学合理的人才分配

机制，促进人力资源向中小微企业合理流动。

七、发挥中小微企业集群创新优势

1. 中小微企业应该增强合作与协作，形成集成优势

首先，帮助中小微企业与大企业大集团建立稳定的专业分工协作关系，成为大企业的摇篮和战略伙伴，形成对大企业的专业化配套和专业化服务。如可借鉴日本的"承包制"模式，也可实行"卫星"模式，即以大企业为龙头，带动周围从事专业化生产的中小微企业为其供应零部件、配件，或从事某一工序的加工，由龙头企业负责最终产品的组装、关键部件的生产、技术开发与市场营销。但政府应通过相关的价格政策、货币支付政策、订货计划政策等限制大企业对中小微企业的恶性竞争的行为，保护中小微企业利益。

其次，引导中小微企业向"专、精、特、新"方向发展，占领特定市场。借鉴国内外成功经验，可结合小城镇建设与城市化进程、区域经济规划与产业结构调整，引导中小微企业特别是乡村企业逐步向城镇、工业小区和专业开发区合理集聚，形成特色工业园区，在空间上聚集专业化中小微企业群体。"空间集聚"作为一种资源配置或布局的空间形式，不仅能为企业带来基础设施同享的外部规模经济，而且有利于专业化协作的开展、信息交流与传播、降低交易费用等。实现由"企业数量集聚"模式向"产业关联集群"模式的转变，充分重视产业集群对自主创新能力提升的重要作用。在经济全球化、竞争国际化的背景下，集群的崛起是为创造竞争优势而形成的一种经济活动主体的空间组织形式。目前，我国民营科技企业的集聚往往侧重于在地理位置上的"扎堆"，企业之间的产业关联度并不高。为了有效提高民营企业的自主创新能力，广大民营科技企业应尽快通过采用产业关联集群的发展模式提高创新能力和国际化水平，完善企业的布局和分工，缩小与国际先进水平的差距，实现从企业数量扩张到企业质量提升的转变。

2. 发挥行业自律性管理的功能

充分发挥行业协会的作用，在集群内经常开展有利于中小微企业创新活动在产业集群内，要充分发挥各行业协会的协调、沟通作用，鼓励行业协会经常开展产学研对接会、大小企业产品配套洽谈会、招商引资项目说明会、组织企业赴国内外参加高技术展览会、组织中小微企业创新经验研讨会、创办产业集群刊物等活动。建议大胆尝试行业协会以龙头企业为载体，推荐龙头企业家出任行业协会中的重要职务，这样许多中小微企业在龙头企业的带

动下，在行业内部完成产业配套和产业链的连接工作。

地方政府根据实际的需要，鼓励和帮助已进入集群初级阶段的行业建立行业协会，并赋予法律合法性。行业协会的功能主要是信息服务（包括政策信息、产业信息、组织企业之间的各种交流活动）和指导帮助成员企业向中小微企业管理部门申请贷款、技术创新资助等方面的服务，以及协助政府促进中小微企业政策的实施。当集群内出现过度竞争时，政府要帮助待业协会发挥其治理功能，如对退出或转产的企业实施补贴，为兼并亏损企业提供服务。授权行业协会对市场秩序进行维护，包括最终产品市场、中间产品市场以及要素市场秩序的维护，对不正当的竞争行为给予处罚。

总　结

　　本书主要运用创新经济学、产业经济学、企业经济学等理论，以及系统方法、实证分析方法和比较方法等，紧紧围绕创新是企业发展的动力和源泉的理论观点，结合中小企业发展的特点，针对企业为什么要创新，企业怎样进行创新，如何有效地创新促进自身发展，既企业创新的动力问题、创新战略问题、提高创新的能力和创新绩效问题，展开深入系统的研究。

　　本书的重心是研究中小企业创新发展，即创新是企业发展的动力，发展是创新的有力保障，但并不意味着有了创新企业就一定能够发展，企业创新战略选择的好坏，创新战略管理的好坏会影响创新的产生和发展，但本书对创新的管理尚未触及，希望在日后的研究中能有所突破。

　　随着经济不断发展，相关的理论和政策也随之不断前进，就我国国情来讲，中小企业发展与创新充满了机遇，但能否把握住这些机遇，能否在日益激烈的市场竞争中立足，国家能否加大扶持力度，创造中小企业发展的优越环境，中小企业又该如何努力挖掘自身潜力，创造出更多的发展与创新模式，这些都离不开政府与企业的共同努力。总而言之，我国中小企业的发展与创新之路充满希望，但不会是一帆风顺，我们应利用开放化经济所能提供的一切便利条件，在立足本国国情的基础上，吸收国外先进经验，努力为中小企业的发展开拓出一条康庄大道，促进我国社会主义市场经济的蓬勃发展。

参考文献

[1] 张维达.社会主义市场经济导论 [M].吉林大学出版社，1994.

[2] 欧江波，唐碧海等.促进我国中小微企业发展政策研究 [M].中山大学出版社，2002.

[3] 陆道生，王慧敏等.中小微企业的创新与发展 [M].上海人民出版社，2002.

[4] 林汉川，魏中奇.中小微企业发展与创新 [M].上海财经大学出版社，2001.

[5] 蔡宁，陈功道.论中小企业成长性及其衡量 [J].社会科学战线，2001（01）：15–18.

[6] 陈亮.如何增强企业的核心竞争力 [J].技术经济，2002（08）：53–55.

[7] 彼得.德鲁克.创新与企业家精神 [M].机械工业出版社，2007.

[8] 何鹏.我国中小微企业创新力研究——基于成长的研究视角 [D].中南大学，2006.

[9] 何志毅.中国管理创新 [M].北京大学出版社，2007.

[10] 胡艳，杨利宏.论中小企业技术创新的动力机制模式 [J].科技进步与对策，2000（06）：10–11.

[11] 黄鲁成，张红彩.北京制造业竞争力与技术创新的协调性研究 [J].科研管理，2007（06）：16–21.

[12] 傅家骥.技术创新学 [M].清华大学出版社，1998.

[13] 傅汉清.美国小企业研究 [M].中国财政经济出版社，2000.

[14] [英] 马歇尔（A. Marshall）.经济学原理（中译本）[M].商务印书馆，1997.

[15] 戴发山.中小企业提高竞争力的策略 [J].经济论坛，2002（13）：38.

[16] 刘冀生，彭锐.创新时代的企业战略管理——理论、实务、案例 [M].

企业管理出版社，2007.

[17] 李汪. 网络环境下企业生态系统创新共生战略 [M]. 经济科学出版社，2007.

[18] 陈乃醒. 中国中小微企业——发展与预测 [M]. 民主与建设出版社，2000.

[19] 刘国光. 中小微企业成长 [M]. 民主与建设出版社，2001.

[20] 沈玉良等. 中小微企业产业选择 [M]. 上海财经大学出版社，2001.

[21] 刘小玄. 中国企业发展报告 [M]. 社会科学文献出版社，2001.

[22] 魏江，许庆瑞. 企业创新能力的概念、结构、度量与评价 [J]. 科学管理研究，1995（05）：51-55.

[23] 曹崇延，王淮学. 企业技术创新能力评价指标体系研究 [J]. 预测，1988（02）：66-68.

[24] 李金明. 企业创新能力的分析模型 [J]. 东华大学学报（自然科学版），2001（02）：27-29.

[25] 侯先荣，吴奕湖. 企业创新管理理论与实践 [M]. 北京：电子工业出版社，2003.

[26] 何鹏. 我国中小微企业创新力研究——基于成长的研究视角 [D]. 湖南：中南大学，2006.

[27] 赵文彦，曾明月. 创新型企业创新能力评价指标体系的构建与设计 [J]. 科技管理研究，2011（01）：4-9.

[28] 任小娟. 我国中小微企业技术创新能力问题研究 [D]. 湖南：湖南大学，2004.

[29] 崔静. 企业创新能力分析与评价研究 [D]. 陕西：西安建筑科技大学，2007.

[30] 周兵，冉启秀. 产业集群形成的理论及类型分析 [J]. 生产力研究，2004（08）：127-129.

[31] 任胜钢. 集群的分类研究 [J]. 软科学. 2004（05）：5-10.

[32] 张宏伟. 产业集群研究的新进展 [J]. 经济理论与经济管理. 2004（04）：69-74.

[33] 韩晶，王迎军. 产业集群学习能力的动态模型 [J]. 经济学研究，2005（03）：26-31.

[34] 郑亚莉. 产业集群中的知识创造机制 [J]. 浙江社会科学，2005（05）：65-30.

[35] 梁琦. 产业集聚论 [M]. 北京：商务印书馆，2004.

[36] 魏江，叶波 . 文化视野内的小企业集群技术学习研究 [J]. 科学学研究，2001（4）：66–71.

[37] 鲁若愚，徐强 . 中小微企业集群创新动因研究 [J]. 科技管理研究，2003（3）：56–58.

[38] 林汉川 . 中小微企业发展现状与面临问题剖析 [J]. 改革，2001（05）：26–29.

[39] 万兴业 . 中小微企业技术创新与政府政策 [M]. 人民出版社，2001.

[40] 谢升峰 . 中国中小微企业政府支持体系研究 [M]. 中国财政经济出版社，2001.

[41] 朱塞佩 . 罗萨 . 处于困境的企业 [M]. 西安出版社，2001.

[42] 赵玉林 . 创新经济学 [M]. 中国经济出版社，2006.

[43] 袁礼斌 . 关于中小企业发展的几个基本理论问题 [J]. 经济学动态，2000（01）：16–21.

[44] 韩太祥 . 企业成长理论综述 [J]. 经济学动态，2002（05）：84–88.

[45] 钱得勒 . 看得见的手——美国企业的管理革命 [M]. 北京：商务印书馆，1997.

[46] 彼得 . 德鲁克 . 创新与企业家精神 [M]. 彭志华，译 . 海口：海南出版社，2000.

[47] 刘春蓉 . 把企业家精神引入经济增长理论的思考 [J]. 广东金融学院学报，2005（04）：34–35.

[48] 贺小刚，李新春 . 企业家能力与企业成长——基于中国经验的实证研究 [J]. 经济研究，2005（10）：101–111.

[49] 池本正统 . 企业家的秘密 [M]. 沈阳：辽宁人民出版社，1985.

[50] 何志毅 . 中国管理创新 [M]. 北京大学出版社，2007.

[51] 侯先荣，吴奕湖 . 企业创新管理：理论与实践 [M]. 电子工业出版社，2003.

[52] 王立新，高长春 . 企业技术创新的过程及创新风险研究 [J]. 哈尔滨工业大学学报，2005（06）：77–78.

[53] 托尼 . 达维拉等著，刘勃译 . 创新之道，持续创新力造就持久成长力 [M]. 中国人民大学出版社，2007.

[54] 王世豪，中小企业自主创新 [M]. 上海财经大学出版社，2007.

[55] 徐冠华，梅永红等 . 全球化竞争下我国创新型中小企业发展的挑战和对策 [J]. 科学发展，2010（01）：65–80.

[56] 赵玉林，汪芳 . 基于高技术产业与传统产业关联的湖北产业结构升级

研究 [J]. 中国科技论坛 2007（04）：81–85.

[57] 中国中小企业协会，南开大学中小企业研究中心 . 中国中小企业蓝皮书 [M]. 中国发展出版社，2007.

[58] 张伟东，吴华 . 浙江民营中小微企业发展创新研究 [J]. 浙江树人大学学报，2013（05）：42–45.

[59] 杨文斌 . 基于系统动力学的企业成长研究 [D] 复旦大学，2006.

[60] 朱岩梅，吴霁虹 . 我国创新型中小企业发展的主要障碍及对策研究 [J]. 中国软科学，2009（9）：23–31.

[61] 伊志宏等 . 中国企业创新能力研究 [M]. 北京：中国人民大学出版社，2008.